膜拜現象研究叢書2

膜拜團體與新宗教簡史

(第二版)

[加] 道格拉斯·E·考恩 (Douglas E. Cowan)
[美] 大衛·G·布羅姆利 (David G. Bromley)　合著
邵　鵬　譯

蘭臺出版社

《膜拜現象研究叢書》 編委會

《膜拜現象研究叢書》弁言

在科學昌明的今天，以超自然信仰爲基礎、以在世人士爲精神領袖、以類似宗教組織爲形式、以心身修煉爲實踐方式，帶有政治、經濟或其他利益目的的團體仍時常產生並活躍於一定社會範圍。這是一種常見的社會文化現象，值得關注和研究。事實上，這個領域已經有了不少研究和治理實踐。特別是1980年代以來，膜拜現象的社會治理、心理疏導和學術研究，均積累了不少成果。爲了推進膜拜現象研究，助力膜拜現象治理，我在海內外學者和出版者的支持下，組織出版這套《膜拜現象研究叢書》。

本叢書所說的膜拜現象，指涉與新宗教（new religion）、宗教越軌（deviance in religion）、民間信仰與宗教（folk belief and religion）、救贖社團（redemptive society）、異端教派（sect）、基於信仰的氣功（belief-based qigong）、會道門（superstitious and secret society）、靈修（spirituality）、特異功能（exceptional ability）、超感官知覺（extrasensory perception）、超自然信仰與實踐（supernatural belief and its practice）等相關的集體現象。

人們使用「膜拜現象」這個詞，起初是爲了用中性言辭表達這種現象，這無可厚非。但是，毋庸諱言，的確有膜拜團體系統性地造成了對其成員和他人的心身傷害，乃至非法破壞社會秩序。當然，現代社會尊重個人的信仰、言論和行爲自由。爲了保證每一位公民都能夠享受和行使

這種自由權，現代社會要求每一位公民不得妨礙他人享受和行使同樣的自由權力，不得傷害他人和破壞社會秩序。我們在客觀意義上使用「膜拜團體」這個詞，但不避諱這個詞也涵蓋具有系統破壞性的膜拜現象。

　　本叢書收入的作品包括專著、教科書、治理方法、文集、演講稿、調研報告等多種形式，也包括一些有價值的譯著和再版舊作，唯以客觀嚴肅的態度和啓發性論述爲標準。除注明文獻來源的資料和觀點之外，書中材料、數據和觀點皆爲作者本人所有。

任定成

2020年8月30日

北京玉泉路

▶ 目　錄

獻給喬伊和唐娜

　　——我們的靈魂伴侶

第二版序言

　　本書第一版受到歡迎，這讓我們感到非常高興。這本書在歐洲和北美已經成爲了關於膜拜團體與新宗教的流行的入門教科書，並且已經被翻譯成了德語、捷克語和日語。我們希望在未來見到更多語種的譯本。我們盡力提供一個詳盡的，且對學生和老師都可以接受的文本，爲他們的研究提供更多資訊，以激發他們進一步研究的興趣。新宗教一直持續出現——一些富有爭議，一些沒有。我們所討論的議題和問題不僅是新宗教運動，而且是宗教本身，我們的研究將圍繞這些進行。我們倆都會定期向媒體調查有關新宗教方面的情況。記者們仍然想要知道，例如科學教是不是一個「眞正的」宗教。我們對所有這些問題的回答始終是一樣的：新宗教運動的內容遠比你在報紙、電視或博客中所能瞭解到的要多得多。

　　《膜拜團體與新宗教簡史》是爲在這一領域幾乎沒有正式準備的教師和對近半個世紀以來新宗教研究的中心問題感興趣的學生編寫的。我們希望這本書可以讓人們對這些運動有更廣泛和豐富的理解，並對它們的多樣性和適應力有遠超社會上常見和膚淺描述的鑒別力。

　　自從第一版問世以來，發生了很多事情，其中一些我們能夠涵蓋進來。但是更多的事情發生得很快，以至於不可能全部涵蓋。例如，文鮮明，統一教的創始人，在2012年去世。正如現代社會學創始人之一馬克斯·韋伯告訴我們的那樣，一位克里斯瑪式領導人的去世會給一個組織

帶來深遠的壓力，我們看到這樣的狀況正在統一教運動中發生。另一方面，儘管我們以賴特（又被稱爲藍慕莎）來烘托「危險膜拜團體」的概念，但在2014年，她曾因在一段視頻中發表種族主義和恐同言論而被她以前的一名學生起訴。我們從中學到的是，宗教無論好壞，都是一種人類現象，受制於人類共有的缺點和優點。

除了將提到的膜拜團體全部更新，這一版《膜拜團體與新宗教簡史》加入了我們認爲對學生和老師特別有價值的兩個部分。第一，在每一章的末尾，我們都增加了一個關於研究方法的章節，展示了不同學者已經完成的和持續進行的新宗教研究的方法。這樣做並不是試圖要窮盡研究方法，而是提供一個樣本，用以理解人類宗教行爲不斷出現和進化的方式。第二，在最後的章節中，加入了一些我們認爲值得關注的知識卡片（text box）。這些難以描述的團體已經出現了，我們應該給關注膜拜團體和新宗教的學生和老師一些超越「普通懷疑」的指導。

我們要感謝威利·布萊克威爾出版社（Wiley Blackwell）的編輯們，特別是喬治娜·科爾比（Georgina Colby），她總是會發出溫柔的提醒並且充滿善意。數以百計的學生在課堂上提出了許多想法，這一直是我們學術生活中的快樂源泉。喬伊（考恩）和唐娜（布羅姆利），我們對你們虧欠太多。

膜拜團體這個術語……一般理解它具有負面涵義，指的是在道德上應受譴責的、偏離歷史上的基督教的實踐和信仰。

　　　　　　　　　　　——鮑勃·拉爾森，反膜拜團體活動家

一個群體或一場運動，展示出對特定個人、觀念或事物的極度甚至過度虔誠和投入，乃至使用不合倫理的操縱性說服和控制手段，來達到該群體領袖的目標，對其成員及其家庭或社區造成事實上或潛在的傷害。

　　　　　——L·J·韋斯特和邁克爾·D·朗高尼，反膜拜團體活動家

他們蜷縮在紐約和三藩市陰暗的地下室裡，對著魔鬼頂禮膜拜。他們耐心地等待基督復臨，或者審視搜尋天空中將會帶來新時代的太空船。有一些人在與世隔絕的山區小鎮實踐著多偶制。數以萬計的人遵循一個從未謀面的領袖的教導，拋棄自己的家庭、朋友、教育和職業。

　　　　　　　　　　——梅琳達·貝克和蘇珊·弗拉卡，記者

……新宗教運動是重大文化和社會變遷的重要指標。它們也是通過對急劇的社會變遷做出新詮釋，用實踐回應進行實驗，而適應這種變遷的有趣嘗試。因此，它們實際上就是社會和文化實驗室，在這些實驗室裡進行的是理念、感受和社會關係的實驗。

　　　　　　　　　　——詹姆斯·A·貝克福德，社會學家

對我而言，新宗教運動是美好的生活樣式，因克里斯瑪而神秘和令人悸動。每個「膜拜團體」都是一類迷你文化，一種原型文明。先知和異教徒創造的幻想世界，堪比菲力浦·K·迪克或L·弗蘭克·鮑姆的幻想世界。

　　　　　　　　　　　　——蘇珊·帕爾默，社會學家

新宗教向其成員開放高度創造性的生活方式，使他們想像自己就是
由我們的世界變化而成的全球城市的市民。像基督徒的使命一樣，
它們是全球性的運動，這種運動用一種新的世界觀激勵其信徒。
新宗教運動從其社會和歷史情境之中根除傳統，以此提出各種新
的生活方式，給其成員以生活和期待未來的理由。

　　　　　　──歐文‧R‧海克斯漢姆，歷史學家和卡爾拉‧鮑威，人類學家

第一章　初識膜拜團體與新宗教

　　上頁中所列的各種定義以及說明都清楚地表明，圍繞「膜拜團體」或「新宗教」究竟包括什麼，通常存在著高度的爭議，並且受主觀情緒的影響。對於一些人來說，新宗教是所有宗教信仰和實踐當中危險和反常的縮影。對於另一些人來說，它們展示了人類如何組織他們的生活來構建宗教意義和塑造宗教體驗的迷人一面。然而，由於各種利益集團具有不同的議題，這些只會加劇對於新宗教理解的差異。

　　一方面，一些社會團體主動挑戰新宗教運動的合法性，力圖說服新宗教的信徒們放棄他們的誓言。例如，上頁的第一段引語中，福音派（evangelical）基督教的反膜拜人士鮑勃・拉爾森（Bob Larson）（1989: 19）便對新宗教心存懷疑，僅僅因為它們偏離或完全不同於對基督教教義的理解。確實，在一個特定的社會中，當新宗教的基本概念不同於主流宗教傳統時，常常會受到懷疑。正如宗教歷史學家J・戈登・梅爾頓（J. Gordon Melton）指出的，這一情況隨著國家和地區的不同而有著很大差別。「例如，」他寫道，「在美國，衛理公會（United Methodist Church）是占主導地位的宗教團體之一。在希臘，它卻被政府指控為破壞性的膜拜團體。」（Melton 2004: 79）因此，在特定情境下被認為的膜拜團體，在另一個情境中可能是最為主流的宗教傳統之一。另一方面，現實中的反膜拜活動不僅源於神學教義方面的衝突，那些秉持公民精神的自由論者

也推動了這一運動，他們擔心依附於新宗教所導致的某些心理層面的狀況。我們常常受某種意識形態影響指責新宗教進行諸如「洗腦」、「思想控制」等邪惡實踐，例如第二段引語所展示的那樣（West and Langone 1986: 119-20）。但是上述兩類反對運動卻涉及同樣明顯的一系列問題，即：我們如何證明膜拜團體是危險的？我們如何警告人們去抵制膜拜團體？最重要的，我們如何使人們離開膜拜團體？（關於宗教反膜拜運動與世俗反膜拜運動的具體歷史，以及二者的比較研究，參見Shupe and Bromley 1980; Cowan 2003a）。

　　但是，大部分人對於新宗教運動幾乎沒有直接瞭解。雖然少數人可能知道或已經加入了某個被稱爲「膜拜團體」的組織，但是事實上大部分人是通過媒體才獲得了關於新或爭議性宗教的主要資訊。儘管偶爾也有例外，但總體上來說，「膜拜團體」不過被認爲是一個爲了講述特定的故事而表現得古怪或危險的宗教團體。只有當一些極端的事情發生時，新聞媒體才會注意到新宗教——例如1978年發生在圭亞那的人民聖殿教（Peoples Temple）集體自殺事件（Hall 2004）、1993年美國煙酒槍械管理局/聯邦調查局（Bureau of Alcohol, Tobacco and Firearms, BATF/ Federal Bureau of Investigation, FBI）圍攻大衛支派（Branch Davidian）住所事件（Tabor and Gallagher 1995; Thibodeau 1999）、1995年和1997年，太陽聖殿教（Order of the Solar Temple）在瑞士和加拿大製造的謀殺/自殺事件（Mayer 1999）、1997年天堂之門（Heaven's Gate）「遠征隊」（Away Team）的自殺事件（Wessinger 2000: 229-52）、其它「爲世界末日做準備」的群體，如普世全勝教（Church Universal and Triumphant, Whitsel 2003），以及其他被政府機構搜捕的團體，如「十二支派」（Twelve Tribes）與上帝之子/「家」（Children of God/The Family, Palmer 1999; Chancellor 2000;

Bainbridge 2002）、恢復上帝十誡運動（Movement for the Restoration of the Ten Commandments of God）的烏干達新千年謀殺/自殺事件等（Mayer 2001）。因爲幾乎圍繞新宗教的任何話題在媒介的報導中裡都呈現出負面色彩——俗話說「越血腥，越吸引眼球」（if it bleeds, it leads）——人們對於新宗教運動僅有的印象便是詹姆斯·貝克福德（James Beckford）所說的「恐怖、奇怪、剝奪、壓抑與挑釁」（1994:143）。儘管絕大部分新宗教運動從未「越界」（Bromley 2002），但他們中的很多還是被描述成負面的。

　　圍繞新宗教的每個定義實際都存在著一系列的問題。例如，反膜拜宗教人士經常基於某種神學上的傲慢，把除了他們自己以外的任何一個宗教團體界定爲「膜拜團體」。甚至在美國，一些著名的信奉正統基督教的團體也能輕易地被圈進膜拜團體的範疇。世俗反膜拜團體則依賴各種「思想控制」或「洗腦」的隱喻去解釋爲何人們加入新宗教，他們常常辯稱膜拜團體展示了一套典型的消極組織特徵與實踐。國際膜拜團體研究會（The International Cultic Studies Association, ICSA）——前身爲20世紀70年代成立的美國家庭基金會（American Family Foundation），是世界上最大的世俗反膜拜團體之一——ICSA從疑似「膜拜團體」中總結出十五條特徵。其中較爲典型的特徵包括：「我們對抗他們」的兩極分化的心態、過度地開展「致幻（mind-altering）實踐（例如冥想、念咒、說方言、譴責、令人衰弱的日常工作）」、「全神貫注於斂財」與「擴充新成員」、對於「將大量的時間投入於團隊和與團隊相關的活動」的熱衷等（Lalich and Langone 2006）。但是，相關學者對這些特徵能否構成「膜拜團體」實際產生了懷疑，表現在三方面：（1）沒有跡象表明在這些「特徵」中有多少是必須存在的才能使一個團體稱得上「膜拜團體」；（2）

對於什麼是「過度的」和「不正常的」信仰、實踐或行為，沒有適當的界定，也沒有在定義上證明它們是有害的；（3）那些可能確實存在危險的少數宗教團體，與表現出相似的特徵、但對其成員或整個社會有很少或沒有危害的大量其他宗教與社會團體之間，並不存在明顯的區別。總之，由於新宗教運動幾乎總是以爭議性的面目呈現在媒體的報導中，造成了兩方面的問題：一方面，由於缺少一般性膜拜團體的資訊，媒體的相關報導就成了關於這些群體文化的知識儲備。無論這些報導多麼偏頗和不準確，它們都成為「膜拜團體常識」的基礎。第二，由於「只有那些能夠快速而又準確地引起公眾注意的事件才可能成為新聞。」（Cowan and Hadden 2004: 75）因此，圍繞新宗教運動的負面報導常常顯得迅速、簡單而且失之偏頗。媒體針對個別團體的特定事件的報導，常常被認為是反映了該類團體普遍存在的狀況。

相反，新宗教運動的研究者已經開始指出，許多被貼上「膜拜」標籤的團體通常在特徵上與那些具有合法性的傳統信仰組織，例如公社與理念社區、修道院、寺廟，以及其它高度虔誠的宗教社團、多層級行銷機構、武裝部隊訓練和精英戰鬥部隊等並無二致（參閱Bromley 1998）。這樣一種模糊的邊界導致了世俗反膜拜人士往往要戲劇性地重申其應用範圍。例如，著名的反膜拜學者瑪格麗特·辛格（Margaret Singer）曾寫道：「我已經多次強調為何美國海軍陸戰隊（United States Marine Corps）不是一個膜拜團體，我甚至可以把我說這句話的各種場合列一份清單。」（Singer, with Lalich 1995: 98）這也許可以作為一個例證，說明並不是辛格的聽眾出了什麼問題，而是關於膜拜團體的界定方面存在著某些根本性的缺陷。近期世俗反膜拜團體運動的聲明已經承認了其早期立場的弱點，並向新宗教學者的觀點靠攏。

　　不同於福音派反膜拜團體，世俗反膜拜團體，或者主流媒體、社會科學家與宗教研究者的旨趣在於根據社會、文化和歷史的情境去理解新宗教。新宗教從哪裡來？它們為何在特定的時間和地點出現？它們是如何發展的？是什麼導致了它們的演化、成功，以及並不少見的衰落？這些學者想去理解膜拜團體自身招募和背叛、實驗和成熟、加入和退出的過程，而不是說服信徒去改變他們的信仰。人們為什麼加入或退出膜拜團體？新宗教運動是否真的像大眾媒體所描繪的那樣危險？當社會科學家處理這類問題時，重要的區別是他們的陳述是他們工作的結論，而不是前提。

　　在過去的幾十年中，社會科學家已經嘗試了多種方法去修復「膜拜團體」這一術語，儘管這些取得了些許成功，但在通常意義上該術語仍然具有消極的涵義。與此同時，他們也提出一些替代性的概念。除「新宗教」（new religions）或「新宗教運動」（New Religious Movements, NRMs）使用最普遍外，其它的包括「替代性宗教運動」（alternative religious movements）、「浮現中的宗教」（emergent religions）、「爭議性新宗教」（controversial new religions）和「邊緣宗教運動」（Marginal [or peripheral] religious movement）等。但這些概念大都不甚理想。究竟到什麼時候一個群體才不再被認為是「新的」？什麼是「替代性的」？什麼樣的群體既新、且具有替代性，但又相對沒有爭議？成為「邊緣」又意味著什麼——僅僅關乎群體規模的大小，還是指一種獨特的社會特徵？「浮現中的宗教」一詞似乎涵蓋了某些特徵，但是由於很多新宗教一直被社會所忽視，因此也不能算作「浮現」過。總之，沒有一個概念是完美的。

　　除了上述問題，還有件事情值得一提：本書之後的各個章節所涉及的膜拜團體，它們的成員從不認為自己是「膜拜團體」的一員。少數新宗

教，如雷爾教派（Raëlians）儘管承認自己屬於「膜拜團體」，但他們修正了膜拜團體的概念，剝離了該詞的負面涵義。而儘管一些信徒的確將自己看作是新宗教的成員，但諸如「超驗冥想」（Transcendental Meditation, TM）的修行者根本不認爲自己是在從事宗教運動。除此之外，科學教（Church of Scientology）的成員堅持認爲他們的團體是善意的宗教，儘管大眾媒體和反膜拜運動人士並不贊同。此外，例如統一教（the Unification Church）、大衛支派或上帝之子/「家」的成員，認爲他們的信仰並非新，他們認爲自己是虔誠的基督徒，是這個星球上最大的獨立宗教團體的成員。

在這本書中，我們的立場是，新宗教成員希望（也應當）像其它宗教信徒一樣被正視。任何憑藉先入之見認爲新宗教信徒被洗腦，精神上被欺騙，或精神有問題，不僅從經驗的角度來看是有問題的，而且爲充分理解這些有吸引力的社會運動設置了巨大的障礙。這也是爲什麼我們把新宗教理解成爲一種眞誠（儘管偶爾會出問題）的嘗試的原因——新宗教的信徒將其信仰視爲生命中最重要的事，對於研究者來說，比起簡單地將其看作神學騙子而取締他們、將其作爲社會異類而攻擊他們、或者當其有新聞價值時利用他們；理解他們的信仰、與其進行對話、協商，要來得更爲積極和富有建設性。

新宗教運動的範圍

無論我們如何定義新宗教或者新宗教運動，它們仍舊是重要的難以捉摸的社會實體和組織。正如宗教社會學家羅恩·道森（Lorne Dawson）指出的，他們不僅「發自內心地感興趣」，而且其信仰與行爲常常是「不尋常的，甚至是奇異的」（2006: 179）。更重要的是，它們有潛力

揭示它們所處的社會的重要情況，這些社會時而興盛，時而衰退。在此前的一個時代，基督教牧師簡‧卡雷爾‧范‧巴倫（Jan Karel van Baalen）稱膜拜團體是「教會未支付的帳單」（1960: 420）。儘管他用了一個最為負面的術語來表示——新宗教運動的出現是基督教教會的不作為、或錯誤作為的結果——他的論述涉及「新宗教在晚期現代性社會中的出現」這一更為宏觀的議題。究竟什麼樣的社會允許新宗教的出現？一個特定社會對新宗教的成長與發展會有怎樣的反應？新宗教運動的出現如何改變社會形態或社會趨勢，或是相反？我們將在隨後的章節中討論這些問題。

　　新宗教的出現貫穿整個歷史。某種意義上說，每種宗教傳統在特定時間或特定地點都曾是「新的」或「可替代的」。例如，歷史上有一時期，任何形式的基督教信仰都並不存在。當基督教信仰作為一個自覺的社會組織出現的時候，也曾像今天的新宗教一樣，被普遍性地懼怕和懷疑。一千多年之後，作為歐洲支配性的社會和宗教勢力，基督信仰被熱心的天主教傳教士們傳入北美，並強加給當地土著居民，對他們來說，這樣一種宗教同樣是新的、可替代的以及危險的。

　　在美國，新宗教已經有好幾百年的歷史，其數量還在持續的擴張中。依據梅爾頓的統計，美國大約有2,500個不同的宗教團體，其中一半都是「非傳統」（non-conventional）的（Melton 1998: 9）。此外，新團體的數量正以每十年200個左右的速度增長。這使美國成為了世界上和歷史上宗教信仰最多樣化的國家之一。這些「非常規」群體的規模都非常小，很少引起社會關注。但是，少數幾個群體所產生的爭議則遠遠超出了它們的規模。

　　儘管具有「替代性」特徵，諸如耶穌基督後期聖徒教會（Church

of Jesus Christ of Latter-day Saints）即摩門教（Mormons）、耶和華見證人（Jehovah's Witnesses）以及各種唯靈論（Spiritualist）與新思想運動（New Thought Movements）等教派宗教運動自19世紀便已在美國出現。1965年開始，新宗教開始了爆發式的增長。關於新宗教運動在20世紀60年代到90年代的興起，最常見的一種解釋是特定社會和文化因素的「發酵」，包括青年一代對於主流文化的反叛、美國民權運動及其背後的社會創傷、越戰以及反戰運動、水門事件以及政府公信力的下降，等等。由此觀之，那個時代的特點是意義和身分都出現了深刻的危機，而新宗教成爲了替代性的意義結構和新身分的傳遞者，成爲了20世紀60年代反文化運動的繼承者（Glock and Bellah 1976）。隨著1965年美國放鬆對一些亞洲國家的移民限制，新宗教也開始宣稱其具有某些東方宗教的根源。當把目光從各種西方文化遺產中移開，許多人開始「轉向東方」（Cox 1977），尋找更多有意義的宗教體驗。

　　福音派反膜拜團體常常將新宗教進行簡化和還原，而世俗反膜拜團體以及媒體則不同，對於它們來說，新宗教是多樣的、在教義和實踐層面都具有複雜性，它們或起源於各種文化傳統、或直接由這些傳統內容構成。對於一些新宗教，例如統一教、大衛支派以及上帝之子/「家」來說，它們已經具備了特殊的教派教義與實踐模式，從自己的母體基督教中分離了出來。而對於另外一些新宗教運動，我們則很難稱其具有某種「宗教的」傳統。例如，科學教將技術創新、治療、健康管理方法以及企業化運營和全球化的組織方式結合在一起，這使得我們很難僅僅在宗教層面上對其進行定位。當代的新宗教迥異於19世紀的宗教運動，它們現在更可能基於一種實用主義的考慮，就是否將自己界定和表現爲一種「宗教」、是否尋求作爲一種宗教組織在法律或政府層面上的合

法性，而有意識地進行決策。另外一些團體，例如國際克利希那知覺會（International Society for Krishna Consciousness, ISKON）與超驗冥想運動，被更明確地表述爲亞洲文化移植的結果。因此僅僅對於西方社會來說，它們才是新的。這些群體儘管顯示出其起源社會的制度性特徵，但爲了能夠在新環境中勝出，它們常常能夠使教義與時俱進，簡化其複雜的神話原型，並降低參與門檻。最後，還存在著一些具有新穎信仰的群體，它們對其宗教傳統源頭進行了徹底的顚覆。在許多UFO團體，例如尤納裡科學院（Unarius Academy of Science）、天堂之門、雷爾教派，以及伊希瑞斯社團（Aetherius Society）當中，將同外星人接觸這樣一種晚期現代性神話與各種靈修實踐結合在一起，從而創造出似乎是獨一無二的新宗教形式。

　　學者們已經提出了一些新的概念，來界定晚期現代性社會中的新宗教。本書將採用的概念叫做「看不見的秩序」（unseen order）。這一概念源於1902年，威廉・詹姆斯（William James）在愛丁堡大學著名的吉福德講座（Gifford Lecture）中，將「宗教生活」定義爲「相信有一種看不見的秩序，我們的至善（supreme good）在於和諧地爲這種秩序調整自己」（[1902]1994: 61）。這個定義有三個主要原則：第一，它並沒有把「宗教」限制在那些相信某種至高無上存在的傳統之中，而是允許對宗教信仰與實踐進行廣義的理解。第二，這種擴大了的理解將「眞實性」問題擱置了，這個問題在圍繞新宗教運動的文化語境中讓利益相關方十分擔憂。現在確定其是否爲「眞實」的誘惑已經不存在了。第三，也是最爲重要的，它避免了所謂「善良的、道德的、得體的謬論」，這是一種流行的誤解，即「宗教在社會中總是代表善的力量、而負面的社會影響則源於錯誤或虛假的宗教實踐。」例如，阿茲台克人的「看不見的秩序」假定

戰神的存在，戰神維齊洛波奇特利（Huitzilopochtli）永遠在和其他神祇戰鬥，以保佑人民的興旺。由於戰神需要源源不斷的血液來保持其戰鬥力，因此阿茲台克人有獻祭活人的習俗。儘管這幾乎可以肯定是一種社會控制機制，但在阿茲台克人看來，這是爲了向著他們所理解的「看不見的秩序」進行的「和諧地調整」。每年有多達20,000名男女因此被黑曜石刀剜去了心臟。

　　對於任何宗教傳統來說，「看不見的秩序」視角至少有著兩方面優勢。第一，它可以激發對於特定敘事、宗教神話和信仰的說明，從而能夠描述看不見的秩序的性質、闡釋看不見的秩序同日常世界的關係，並說明如何使個體尋找到走向至善的道路。第二，這些神話故事在具象層面體現爲各種規定性的行爲、宗教儀式與實踐。這些實踐和行爲用一種明顯的、有意義的，以及對於實踐者來說不可否認的方式，將信仰信徒同看不見的秩序相聯結。新宗教運動在文化意義上區別於既有宗教群體的，是它們對於神話敘事、信仰、儀式以及實踐的明確強調——這構成了他們與主流文化的顯著差異。

　　在很多情形中，新宗教的敘事不僅站在了廣大社會的合法信仰的對立面上，也站在了調節人類關係的主流社會習俗的對立面上。例如，儘管統一教承認《聖經》的眞實性，但該教派還是通過主張類似「非統一教成員不能像文鮮明（Sun Myung Moon）受神啓那樣獲得關於這個世界的隱含眞理」等特殊的教義，對傳統基督教信仰構成了挑戰。在上帝之子/「家」的理論體系中，當下所有的基督教教會——大衛·伯格（David Berg）諷刺爲「教會教」（churchianity）——都不具備正當性，因爲他們都曾拋棄上帝，接受物質、墮落的以及邪惡的誘惑。雷爾教派認爲，傳統基督教對於《聖經》中創世神話的表述是一種誤讀。人類不是

由上帝、而是由叫做埃洛希姆（Elohim）（他們譯爲「來自天上」的先進的外星種族）所創造。這些埃洛希姆具有從DNA中創造生命的能力，並將地球作爲實驗室。類似的對立還表現在，許多新宗教都特別強調，人類已經同其最初目的相分離，從而導致了所有的罪惡、墮落與痛苦。例如統一教與上帝之子/「家」教義的一個突出主題，便是我們故意違背上帝的規劃，帶來了道德的淪喪以及歸屬感的缺失。其他群體，例如科學教和藍慕莎開悟學校（Ramtha's School of Enlightenment, RSE）確信人類已經同他們自己身上的那種上帝品質失去了聯繫、同內在神性相割裂，陷入物質世界的泥淖之中。

每一種關於「看不見的秩序」的想像，都在實踐層面上展示了他們對於「至善」的理解。就像新宗教的神話敍事一樣，他們的儀式與實踐也具有對抗性質。科學教的信徒認爲，審察實踐（practice of auditing）能夠幫助他們克服隨年齡的增長、以及由創傷所導致的身體虛弱。統一教教徒將文鮮明與韓鶴子（Hak Ja Han）當作「眞父母」，承認文鮮明是基督復臨，從而將統一教與上帝創造人的規劃結合在一起。上帝之子/「家」的成員相信，通過重新闡釋基督教長期以來對於人類性行爲的立場，可以更加接近耶穌「將愛作爲所有人際關係基礎」的訓誡。對於高級超驗冥想修行者來說，「超驗靜坐」（TM-Sidhi）和「瑜伽飛行」（yogic flying）能夠使他們所身處的物質世界和自然法則（Natural Law）的看不見的秩序達到平衡。

在許多傳統中，宗教共同體都是根據神話敍事體系與儀式體系組織起來。通過具體的組織手段，他們通過自我調整以符合看不見的秩序的要求。新宗教在社交方面也不同於既有的宗教組織。儘管新宗教很難稱得上「新」，但它們總是能夠對一些古老的信仰、實踐、儀式進行

再發現、再融合和再創造，具有與眾不同的社會特徵（參見Barker 2004; Bromley 2004; Melton 2004）。新宗教運動在組織層面是新的，例如皈依者構成了第一代會員中的大多數，為推動相關運動的開展提供了主要的激情和動力。通常來說，這些皈依新宗教的人並不能代表社會中的普通大眾。本書所討論的案例所涉及的人群，他們中的大多數都有一些共同點：白人、中產階級、受教育程度良好的年輕成年人。這些運動常常被克里斯瑪式（charismatic）人物領導，他們的思想構成了對既有社會秩序的挑戰，他們的克里斯瑪式權威為運動凝聚了力量。由於新宗教沒有相對固化的組織傳統，它們在組織形式上經常發生快速和頻繁的改變，來適應其生命週期中的各種壓力和挑戰。

從這個角度，我們可以把新宗教運動可以看作一些實驗，通過這些實驗，我們可以為一個新的、或改良後的看不見的秩序構築共識基礎，嘗試著接近這一秩序、影響它，並且說服一些人加入它們，向著某種特殊的宗教觀進行「和諧地調整」。通常，當新宗教開始運用看不見的秩序的相關觀念時，爭論也會隨之而來，它們的實驗對現有的社會秩序構成了挑戰——在有些情況下手段有限，但有些情況卻充滿戲劇性且觸及根本。有時，新宗教作為主流信仰的對立面，儘管規模小、力量分散，但同現有社會秩序的衝突，會將主流社會體制捲入同新宗教運動的衝突之中，結成反對同盟。在高度緊張與矛盾激化的情況下，反對者常常把新宗教稱作「膜拜團體」，表明他們不願承認新宗教具有任何形式的社會或文化合法性。鑒於此，「膜拜團體」不過是一個宣傳用語——表明某一教派從一開始就變得名聲敗壞，沒有任何瞭解的必要。曾經在一個圍繞不同利益群體如何定義「膜拜團體」的研討班上，經過冗長的討論，一個學生似乎抓住了重點，頗具挖苦意味地說：「教授，看來您的意

思是，『膜拜團體』僅僅是一個可以指代任何人們不喜歡的宗教的名詞吧。」

關於新宗教運動的爭論和流行看法

本書的任務之一是全面地呈現一幅新宗教的圖景，去展現他們各自的歷史（而不僅僅是當下），並且表明，每一種宗教都有虔誠的信徒，這些信徒可以根據自己的意願任意選擇修行方式。不僅如此，像所有宗教組織一樣，新宗教也在不斷地變化、發展和演化。需要特別指出的是，雖然在接下來的章節中提供了必要的簡明概覽，但是這些運動往往非常複雜，他們的信仰和儀式也十分微妙，並且都發生了重大變化。事實上，自從本書第一版問世以來，文鮮明，統一教的創始人去世了，這為新宗教生存過程中最重要的環節奠定了基礎：一個克里斯瑪式領導人去世後的組織程序化。我們之所以呈現這些運動所引發的爭議，僅僅在於這些爭議有助於界定這些特定群體，以及瞭解公眾總體上對它們的反應。

但是，一些社會或文化的汙名，往往使相關爭議超出了理性探討的邊界。這種爭議從最初的「某些團體能否算作一種宗教」，發展到後來「新宗教運動同國家機構的全面對抗」。有些衝突源於新宗教社團內部，例如雷爾教派的一個分支機構在2002年聲稱成功克隆了人類胚胎，或天堂之門中的「遠征隊」組織造成了1997年的自殺事件。而另一些則是外部力量作用的結果。如果不是美國煙酒槍械管理局在一些世俗反膜拜運動人士以及脫教者的鼓動下，貿然於1993年2月對大衛支派住所實施搜捕，恐怕在這個德克薩斯韋科（Waco）小社區之外很少會有人聽說過大衛·考雷什（David Koresh）和他的信眾。據調查，在那之前，當地

96%的居民都對該團體一無所知（Baylor Center for Community Research and Development 1993: 4）。因此可以認爲，對於晚期現代性社會中的幾百種新宗教運動來說，它們中的絕大多數都是極爲低調的。許多新宗教並沒有因爲衝突而成爲公衆關注的對象，它們給主流社會道德觀念以及宗教信仰所帶來的挑戰，頂多算低級的。

　　當我們以爭議性事件來切入對於特定運動的考察時，有兩點需要注意。第一，這些爭議性事件並不能代表新宗教的所有團體或者它們的整個歷史。正如1997年的自殺事件並不能展現天堂之門的全貌，1993年發生在天啓牧場（Ranch Apocalypse）的慘案也並不代表大衛支派的全部。根據這些戲劇性事件所做出分析概括大都是成問題的。第二，本書中所涉及的爭議並不侷限於少數幾個團體。例如，當我們以統一教爲例討論洗腦（brainwashing）與脫教（deprogramming）問題時，會發現許多其它宗教團體——不論屬於新還是傳統或主流宗教——也具有洗腦的嫌疑，並受到強制脫教者，卽所謂「退教諮詢專家」（exit counselors）和「思想改造顧問」（thought reform consultants）們的攻擊。幾個世紀以來，性異常、性剝削以及兒童性虐待方面的指控也已經成爲批評和反對新宗教運動的一項主題。但是，隨著近期羅馬天主教會的性虐醜聞被曝光，我們發現上述這些指控很難說是新宗教運動所獨有的。

　　當然，以上表述並不是說新宗教運動不存在問題——實際上，它也會出現侵犯公民和人權的行爲。但重點在於，類似行爲也會在其它宗教組織中出現，而新宗教運動不應因此被過度地汙名化。不論是否發生了類似事件，它都不應當成爲判定越軌事件產生與否的先驗證據。同時，我們也要區分新宗教的領導人與普通信衆。新宗教像所有大型複雜組織一樣，其中只有很少一部分人能夠被實際控制住。而就像汽車廠裡的

流水線工人很少參與製造商的決策過程，科學教的普通信眾也很少對該教派的發展施加過影響。

在新宗教被迫參加的各種鬥爭中，最常見的是爭取承認（是一種宗教）的鬥爭。本書討論的前兩個案例面臨的相似的社會合法性問題，它們分別用不同的方式爲自己建立了信譽。其中，科學教可以成爲許多新宗教組織在全球範圍內爭取官方承認的典型。目前在美國，科學教已經成爲501(c)3類組織，即被國內收入署（Internal Revenue Service）認可的具有免稅資格的宗教類非盈利組織。在加拿大，科學教尚未被官方認可。在法國和德國，科學教被列入了「危險膜拜團體與教派」的觀察名單。在希臘，科學教在1997年被政府取締，並在2003年再一次被駁回了成爲合法宗教組織的申請。爲了獲得官方支持以及文化上的合法性，科學教積極採取多種策略，包括爲其社會改革計畫設立慶祝節日、精細策劃世界各地新建築的啓用儀式、用名人作代言，以及嘗試獲得新宗教研究學者的支持等等。

與科學教同樣具有世界性規模的超驗冥想運動，則選擇了另一種方式去獲取社會和文化合法性。瑪哈里希·馬赫什瑜伽師（Maharishi Mahesh Yogi）在跟隨古魯（Guru，即師父——譯者）修行多年之後離開印度，起初，他組建了精神重生運動（Spiritual Regeneration Movement）。但到了西方後，爲了廣泛地吸引社會各界人士，很快又發展出了不同的修行組織。其中，大部分組織都將超驗冥想呈現爲一種經過科學驗證的冥想實踐，它本質上既不是一種宗教，也不附屬於任何特定的宗教傳統。事實上，儘管批評者對此並不贊同，但超驗冥想者們堅決否認它們的實踐當中存在任何的宗教成分。因此，如果說第二章的主題可以概括爲一個問題——「治療實踐何時變成了一種宗教？」那麼第三章則是去探討，

一項根植於古代宗教傳統的冥想實踐是否可以作為一種世俗的醫療方法去推廣。

第四章和第五章探討了「危險膜拜團體」的概念，以及這一概念被建構和強化的過程。儘管超驗冥想的信徒們所投身的是晚期現代社會中的超驗冥想實踐，但這些實踐被認為是構成了鬆散的新時代運動（New Age Movement）的一部分。本書傾向於將「新時代」看作是一種亞文化而不是一種運動，在第四章中調查了眾多新時代支持者中的一個案例（或者兩個人物，這取決於讀者的觀點）：賴特（JZ Knight），以及聲稱是35,000年前亞特蘭蒂斯（Atlantis）戰士轉世的藍慕莎。賴特在華盛頓的耶姆（Yelm）建立了藍慕莎開悟學校，一個號稱在世界範圍內超過5,000名學生的「美國諾斯替學校」（American Gnostic School）。但是，在賴特和她的學生看來，藍慕莎開悟學校並不屬於像科學教或超驗冥想那樣的宗教，它只是為那些認為可以從藍慕莎開悟學校中獲得生命意義和價值的熱衷者們提供精神產品，並收取服務費用。

對此，批評者們很快便開始質疑，到底是什麼意義和價值，使信徒們如此心甘情願且出手大方地為某些精神產品買單。正如第五章所討論的，在大眾出版物與世俗反膜拜運動中，上述行為通常被看作是「洗腦」與「思想控制」的結果。20世紀70年代，文鮮明的統一教便在美國受到了宗教洗腦的指控。統一教教徒的親朋好友們迅速集結成一個反膜拜主義的意識形態陣地，他們稱文鮮明是用「思想控制」來奴役信眾、為騙取錢財不擇手段。從那時起，圍繞洗腦/脫教的論戰便成為新宗教研究的核心，該論戰也為進一步瞭解新宗教所涉及的其它爭論、及其面臨的其它指控提供了幫助。

儘管在衣著（如克利希那教徒）、公共生活方式（如天堂之門）

等方面都有顯著的不同，但性的問題——尤其是對信徒間的性放縱以及對未成年人的性虐待的指控——卻引起人們對於膜拜團體的普遍非議。怪異的性習俗，不僅導致了「釣魚傳教」（flirty fishing）以及成員間的開放式婚姻，像上帝之子/「家」這樣的新宗教還因為性的問題遭到了審查。在20世紀60年代反主流文化裡湧現出的各種「耶穌運動」（Jesus Movement）中，「家」始終是最知名的組織之一，儘管它將自己看作是福音派的基督教運動，但其成員所宣稱的啟示，還是將該團體排除在了主流的基督教之外。正如第六章要討論的，由這些啟示所帶來的革新已經有將近40年的歷史，「家」在性實踐上的革命性和實驗性，對其公共形象產生了巨大的影響，也成為了一份它今後必須為之繼續鬥爭的遺產。

　　公眾形象，尤其是源自媒體報導中的形象，往往會對新宗教運動產生毀滅性的影響。從1993年2月28日美國煙酒槍械管理局的特工在大衛支派住所進行「動態入侵」，到4月19日清晨住所被焚燒、70余信徒斃命，發生在德克薩斯韋科的危機吸引了全球媒體的關注。在圍攻住所的過程中，官方的說法一直是（到現在依舊是），聯邦特工是在依法執行任務，並遭到「全副武裝的膜拜團體信徒們」的殊死抵抗。本書的第七章便據此討論，通過對邊緣宗教群體的信仰進行曲解，聽取脫教者、官方以及反膜拜人士的一面之詞，對社會科學家們糾偏的建議置之不理等方式，主流媒體是如何使人們一再相信，凡是涉及關於新宗教的報導一定沒有「好事」。

　　我們已經指出，只有當新宗教牽涉到暴力問題時，它才能通過媒體報導而為公眾所知曉。但是，新宗教與暴力的關聯遠比主流媒體的報導複雜得多。1997年，39名天堂之門信徒為了在另外一個演化層次中得到

重生而選擇集體自殺，新聞媒體以及專業反膜拜運動很快便將這一事件同其他眾所周知的宗教暴力事件扯上了關係。實際上，1978年發生在圭亞那的人民聖殿教集體自殺事件可以理解為是對危機情況的絕望反應，大衛支派的死亡悲劇是由美國政府的錯誤一手造成，蘭喬聖菲（Rancho Santa Fe）的集體自殺可以被認為是對該組織的一個主要預言實現之後的積極回應。第八章通過對天堂之門的討論，旨在探討是否所有牽扯到宗教的暴力都具有可比性。

　　第七章和第八章會談到，現代異教（Paganism）流派——如巫術、威卡（Wicca）還有德魯伊教（Druidry）等——同樣需要同媒體的刻板印象相抗爭。幾百年以來，對於巫術的恐懼深深地植根於西方文化之中，這一刻板印象普遍地表現為，或明或暗地將現代巫術（或威卡）與撒旦崇拜（Satanism）相等同，儘管前者僅占後者的一小部分。通過對20世紀中期始於英國的威卡歷史進行描摹——當然，現代異教崇拜囊括了除威卡之外更廣闊的信念和實踐範圍——第九章將指出，儘管女巫團（covens）以及儀式工作小組中的勾心鬥角、性格衝突以及理論爭端一點不少於其它的宗教共同體，威卡的信仰、原理和實踐還是清楚地表明了它同撒旦崇拜的區別。

　　除了少數特例，在每章的開始，我們都會先簡要介紹一下每種新宗教運動的創始人或重要領導人的生平。這樣做的原因很簡單：儘管當下許多宗教團體和運動都已高度體制化，常常給人以非人格化的印象，但不要忘了，構成這些團體和運動核心的還是一些重要人物。就像沒有約瑟夫・史密斯（Joseph Smith）就沒有耶穌基督後期聖徒教會、沒有A・C・巴提韋丹塔・帕布帕德（A. C. Bhaktivedanta Prabhupada）就沒有國際克利希那知覺會，沒有L・羅恩・哈伯德（L. Ron Hubbard），科學

教恐怕還都只是科幻小說。接下來，我們將分別考察每個團體的信仰、實踐與組織發展（會根據案例的不同調整具體順序），然後集中討論該團體或運動所引發的爭議性論題。儘管存在其它寫作方式，毫無疑問一些讀者也會選擇不同的理解策略，但本書認爲，通過更廣闊的社會來界定和理解特定的群體是一種較爲合適的思路。最後，我們考慮到了研究新宗教的具體的方法論議題。每章的結尾都會附上重要的參考文獻（延伸閱讀），以便感興趣的讀者對特定群體做進一步瞭解。

延伸閱讀：新宗教運動

- Daschke, Dereck, and W. Michael Ashcraft, eds. *New Religious Movements: A Documentary Reader.* New York: New York University Press, 2005.

- Dawson, Lorne L. *Comprehending Cults: The Sociology of New Religious Movements.* 2nd edn. Oxford and New York: Oxford University Press, 2006.

- Hammer, Olav, and Mikael Rothstein, eds. *The Cambridge Companion to New Religious Movements.* Cambridge: Cambridge University Press, 2012.

- Jenkins, Philip. Mystics and Messiahs: *Cults and New Religions in American History.* New York: Oxford University Press, 2000.

- Lewis, James R., ed. *The Oxford Handbook of New Religions Movements.* New York and London: Oxford University Press, 2004.

- Melton, J. Gordon, ed. *Melton's Encyclopedia of American Religions.* 8th ed. Detroit: Gale, 2009.

- Nova Religio: *The Journal of Alternative and Emergent Religions.* Berkeley and Los Angeles: University of California Press.

- Robbins, Thomas, and Benjamin Zablocki, eds. *Misunderstanding Cults: Searching for Objectivity in a Controversial Field.* Toronto: University of Toronto Press, 2001.

第二章　科學教：宗教問題

科學教通過宣揚人的精神實質和人在來世的角色來實現自己的宗教目標。它還從理性的角度處理宗教的傳統問題，這是一種用科學很難爭論的方法。科學教涵蓋的範圍是巨大的。包含宗教經文在內的全部知識囊括在4千多萬字的與此有關的口頭和書面文字中——所有這些都出自科學教的創始人L‧羅恩‧哈伯德。

——國際科學教，《科學教：當代宗教理論與實踐》

在各種各樣的出版物中，國際科學教（the Church of Scientology International, CSI）自稱是「世上增長最快的宗教」（見，如CSI, 1998, 2004a, 2004b），並且「毫無疑問是20世紀出現的唯一偉大的宗教」（CSI 1998: 561）。從科學教的理論基石《戴尼提》（Dianetics）（Hubbard [1950] 1990）一書開篇，到包含有近百篇佈道辭的《科學教：背景、組織、儀式和訓誡》（The Background, Ministry, Ceremonies and Sermons of the Scientology Religion）（CSI 1999）中，科學教的著作裡充滿了類似的言論。例如，後一本書宣稱「科學教是當今世上最有活力的運動」（CSI 2002: 166），「科學教擁有一套以理性爲唯一基礎，關於倫理和公正的體系，這樣的體系是從前沒有過的。」（CSI 2002: 389）並且還宣稱「宗教教師所教授的，或者佛陀承諾的任何東西，甚至是基督教的願景，都

能在科學教的『結果』（result）中得以實現」（CSI 2002: 503）。

如今，科學教在全球擁有超過1,000萬名成員，「在167個國家有超過1.1萬個教會、傳道會和附屬團體」（Frago 2013）——幾乎是2008年我們出版第一版時報導的組織數量的兩倍。然而，獨立的評估並不支持這些高數字。相反，他們認為，美國的會員數量只有數萬人，且在過去幾年裡，即便是這些數量不多的會員也在大幅減少。例如，歷史學家休·厄本（Hugh Urban）指出，根據《美國宗教身分調查》（American Religious Identification Survey），會員人數「從2001年的5.5萬人大幅降至2008年的2.5萬人」（2011: 206）。

雖然宗教常常具有誇大其詞的特點，但大多數至少是帶有宗教性質的。許多宗教傳統都有自己對「教會之外無救贖」（extra ecclesiam nulla salus，outside the church there is no salvation）的解釋。然而，科學教正是在這個問題上竭力爭取認可。舉例來說，在1982年得到澳大利亞的官方認可之前，科學教被禁止了許多年。經過了長達20年的恢復免稅權鬥爭，終於在1993年12月1號，美國國稅局（US Internal Revenue Service）恢復了該教會501（c）的免稅地位，把它作為一種「特定的宗教機構或慈善機構」。一週之後，成千上萬的科學教教徒聚集在洛杉磯，就為了能夠親耳聽到官方宣佈這一消息，然後慶祝這場被教會視為「爭取宗教自由的歷史性勝利」（CSI 2002: 236）。但在其他國家，他們的努力就沒有在美國這樣成功了。儘管在2000年，義大利法院判決科學教具備作為宗教的資格，紐西蘭也保證教會在2002年享有部分免稅權。但是，在英格蘭和威爾士，科學教作為慈善機構的申請一年前被駁回了（Meek 1999）。2013年，當兩名科學教教徒想要在位於倫敦維多利亞女王大街的科學教教堂（London's Queen Victoria Street org，詳情見參考文獻——譯者）舉行婚

禮時，關於科學教是不是一種宗教的問題出現在英國最高法院。在撰寫這部分時，法院對此持保留態度（Bowcott 2013）。

可是，在過去的十年間，西歐的一些國家堅決反對承認科學教是一個合法的宗教。在1997年，希臘法庭稱「科學教教會對社會有危險，並責令它關閉」（Carassave 1997）。經過「教派與精神膜拜團體調查委員會」（Die Enquete-Kommission "sogenannte Sekten und Psychogruppen", the Commission of Inquiry into So-called Sects and Psychocults）兩年的調查後，1998年，科學教在德國被列為眾多危險組織之一，德國政府認為這些組織非常危險，並給它們貼上了「verfassungsfeindlich」的標籤——該詞涵義為「對憲法安全性的巨大威脅」（Hexham and Poewe 1999; Richardson and Introvigne 2001）。在其他方面，德國呼籲市民聯合抵制由湯姆·克魯斯（Tom Cruise）主演的電影，因為湯姆·克魯斯無疑是科學教的教徒中最有名望的。科學教教徒被禁止加入基督教民主黨（Christian Democratic Party），並且受政府監視（Staunton 1996）。類似地，法國在2000年頒佈的「關於皮卡爾法」（About-Picard Law）中，把科學教列入175個對社會有害的組織之中。在這一點上，法國政府的多個分支機構之間相互爭執了將近10年，因此很多評論員仍將科學教視作歐洲最嚴厲的反教派立法的主要目標之一。

儘管這些舉措受到了宗教領導者、學者、立法者和世界範圍內的人權擁護者的批評（見，如Kyriazopolous 2001; Richardson and Introvigne 2001; Schoen 2002），並且在德國實施的一些禁止條令也已經廢除了，但是科學教的恥辱仍在，它爭取承認的鬥爭仍在繼續。不管怎樣，這些爭論解決了。可是，無論對於科學教，還是對於其他邊緣化的宗教團體，始終有兩個主要的核心問題，一個是：什麼是「宗教」；另一個是：這些運

動合法嗎？

L·羅恩·哈伯德與科學教的起源

　　不管科學教的實際會員人數是多少，科學教是拉斐特·羅恩·哈伯德（Lafayette Ron Hubbard, 1911-1986）開創的（在很多方面也是他結束的），他是一位比較成功的科幻小說作家，並成爲了「科學教的源頭和創立者」（CSI 2002: xii）。如果沒有哈伯德，就不會有科學教。他對著作的貢獻標誌著今天的科學教，並且確保了他的影響力在可預見的未來仍具有統治地位。的確，對於哈伯德的大量成果，教會非常重視。以致有一個專門機構——「靈技教」（Church of Spiritual Technology）正在把哈伯德的所有原始文集鑴刻到鋼板上，並且堅信這些鋼板能歷時上千年之久。一旦完成雕刻，這些鋼板將會被存放在一個特殊製作的鈦合金的容器裡，然後將它深埋在新墨西哥群山下。科學教的教徒相信，如果有全球性的大災難發生，那麼哈伯德的學說對於文明重建是至關重要的（Leiby 2005）。

　　對於創始者人生的大致輪廓，批評者與信徒們傾向於達成一致，這在新宗教運動中是很常見的。但是，在細節方面會差異就很顯著。這對科學教和L·羅恩·哈伯德來說是一樣的。哈伯德生於內布拉斯加州的狄爾登（Tilden），他的父親是海軍少尉，母親是小鎮上一個獸醫的女兒。據大家所說，當哈伯德逐漸長成一個紅頭髮的小夥子時，他深信自己的偉大命中註定。在20世紀30年代末期，他就給諸如《驚駭》（Astounding）和《未知》（Unknown）等雜誌寫一些通俗科幻故事，以此自謀生計。他自稱在1929到1941年間就已出版小說1,500萬字（CSI 1994: 11），數量上相當於200部暢銷小說。在日本偷襲珍珠港的前幾個月，哈

伯德進入海軍後備隊服役，整個二戰期間從事了很多類型的工作。儘管對於哈伯德是否見過真正的戰鬥存在不小的爭議，但日本投降幾天之後，他在位於加利福尼亞州奧克蘭（Oakland）的奧克諾爾海軍醫院（Oak Knoll Naval Hospital）結束了他的軍旅生涯。

在20世紀40年代末期，哈伯德又重新開始寫作，並於1950年在《驚駭科幻小說》（Astounding Science Fiction）雜誌發表關於戴尼提（科學教的前身）的開創性文章，以及完整版著作《戴尼提——現代精神健康科學》（Dianetics-The Modern Science of Mental Health）（Hubbard [1950] 1990）。依其所述，戴尼提的意思是「穿透靈魂」，他教導人們：人類的精神本質——在其他的宗教中稱作靈魂（soul）或精神（spirit），但是哈伯德後來稱之為「希坦」（thetan）——被囚困和限制在過去有關失去、痛苦和無意識狀態的種種體驗中。（CSI 2002: 16）通過「戴尼提療法」，這些堆積的有害物質就可以被清除，然後人們就可以回到哈伯德所認為的人類正常狀態。

在作家服務中心（Author Services Center）的贊助下，出版了16卷《L·羅恩·哈伯德叢書：完整的傳記百科全書》（L. Ron Hubbard Series: The Complete Biographical Encyclopedia），科學教把創始人描繪成了一個更加戲劇性的人物。對科學教教徒來說，他的生活「與眾不同」。他的父親通常被稱為是一個海軍軍官，羅恩則少年老成，在他嘗試做過的任何事情中都能表現出色。當他們全家生活在蒙大拿州赫勒納（Helena）的時候，年幼的羅恩就很照顧當地的黑腳人（Blackfoot）部落的成員，這些人告訴羅恩關於他們的秘密，並在他六歲的時候，將他作為結拜兄弟吸納入群。哈伯德說，當他仍是個少年的時候，就已經獨自一人探尋了遙遠的亞洲地區，拜訪了中國西部佛教徒的修道院，還與遊牧的蒙古土匪

流浪於大草原，從中國魔術師那裡學習了超自然的秘密，那個魔術師的血統可以追溯到忽必烈大汗。在20世紀30年代早期，那時他就「已經是許多不同文化的專家了」（CSI 1998: 35）。哈伯德考入了喬治華盛頓大學（George Washington University），後來他「到加勒比海地區和波多黎各從事國際民族學的探索。」（CSI 2002: 88）二戰爆發時，哈伯德被派遣到澳大利亞，他在那裡協助情報活動，隨後，擔任一艘護航艦和一艘潛艇的指揮官（CSI 2005）。根據科學教的說法，哈伯德除了是一位非凡的作家，還是一位出色的導演、作曲家、編舞、哲學家以及放映技師/攝影師。每一項經歷都以他深入廣泛的學習和對該領域獨特的貢獻爲特點。無一例外地，哈伯德給世人呈現的形象衆多，他是無畏的探險家，是勇敢的領航員、船長，是有遠見的哲學家，是科學和藝術的天才，更是宗教藝術大師。

　　科學教既有公開教義也有私人教義，既有供大衆消費的通俗材料也有留給信徒的深奧資訊，類似的做法也塑造了L‧羅恩‧哈伯德的傳記。公開的材料——主要是教會的主要網站——提供了關於哈伯德生活的一般性的、沒有爭議的資訊。更有爭議的聲明——哈伯德的衆多非凡成就的故事，長期以來爲科學教的批評者提供了素材——是在教會成員、參與活動和爲信徒準備的文學作品中提出的。雖然這些非凡的聲明中有很多都受到了批評者的質疑（在某些情況下被推翻），但重要的是要記住，科學教教徒所做的與其說是傳記，不如說是聖人傳記。也就是說，他們創造了一個「聖人的生活」，一個關於他們核心宗教人物的引人入勝的故事，不論規模大小的宗教中，這都是一個常見的做法。

　　不管傳記是否眞實，哈伯德的確研究了人類心靈和精神的工作方式，並首先把研究成果呈遞給了美國心理協會（American Psychological

Association），但被協會徹底並且有點草率地回絕了。這件事也許可以解釋爲什麼後來科學教攻擊精神病學和心理學時會表現出惡毒的情緒。同年，《戴尼提》出版。哈伯德創立了戴尼提研究基金會（Dianetics Research Foundation），並開始提供個人的「審察」（auditing）課程和訓練。「審察」是他發展出的一種諮詢技術。根據科學教在1954年創辦的教會的說法，「截止到1950年的晚秋，全國已經有750個團體在應用戴尼提技術。」（CSI 1998: 48）接下來的30年，哈伯德全身心地致力於建設和擴張科學教。

凡是花時間參觀過科學教不同傳教中心、佈道處所或者教堂（所有這些處所被稱作「組織」[orgs]，它們最近被重新命名，科學教官員現在宣稱這是哈伯德的「理想組織」[Ideal Org]概念）的人，或者讀過科學教著作，聽過科學教錄音帶的人，或者僅僅簡單地觀察過被科學教佔領的地盤，都會意識到哈伯德簡直是無處不在。「審察」訓練需要遵照哈伯德的書面指示，不能有絲毫偏差。週日禮拜服務的「教堂活動」，需要在舞臺右側放置一尊高大的哈伯德半身像，半身像在誦經臺和科學教的十字架之間。在科學教96篇官方佈道辭中，超過半數直接提到了哈伯德。每條佈道辭最後都引導聚會者要麼參見哈伯德本人的作品，要麼參見科學教的書籍，而這些書籍也是基於哈伯德著作的。仿照在猶太教徒逾越節晚餐上爲以利亞（Elijah，猶太教先知——譯者）留一個空位的方式，每個科學教機構，不論大小，都爲哈伯德保留了一間永久辦公室。在加利福尼亞好萊塢（Hollywood）的作家服務中心，是哈伯德著作的名副其實的聖地，在這裡他的著作包括了多種多樣的版本和譯文。該教是如何不斷建構哈伯德的聖人傳記的，「哈伯德生活展」（Hubbard Life Exhibition）提供了一個很好的例子（Christensen 2005）。

自哈伯德1986年去世以來，該教堂一直由大衛·密斯凱維吉（David Miscavige）領導，他聲稱自己是哈伯德指定的繼承人，並正式擔任宗教技術中心（Religious Technology Center）的董事會主席。密斯凱維吉很少把注意力吸引到自己身上，他繼續把科學教的權威和準確性定位在L·羅恩·哈伯德的教義上。對於那些像密斯凱維吉這樣虔誠的科學教教徒而言，哈伯德是修道的創始人，是經文的作者，是信仰的試金石，是救贖的保證人。可是，對於其他人，哈伯德不過是一個騙子，一個在精神上裝腔作勢的人。除了下面提到的其他原因外，科學教的宗教合法性問題也常常存在於這種差異之中。如果哈伯德是一個騙子，科學教的信仰怎麼可能不具有欺騙性呢？

科學教的信仰和實踐

科學教教徒把他們的信仰稱作「應用宗教哲學」，它的「根源在於所有偉大宗教最深處的渴望和信仰」（CSI 1998: 1）。應用宗教哲學的主要目標是人類精神本質的完全恢復。這些精神本質包括他的能力、他的感知、對自己永生的確信（CSI 2002: 16）。隨著從20世紀40年代末期的戴尼提療法演變到50年代早期的科學教，哈伯德的思想發展成了複雜且晦澀難懂的宗教哲學，它完全解釋了人類的精神狀態、宇宙的創造和持續的存在，以及兩者之間的有意義的關係。簡而言之，一些基本的概念：精神的真實性、心靈的本性、救贖的途徑、以及人類獲得救贖的能力，這些概念支撐了科學教的所有信仰和實踐。科學教主張：通過理解這些原理，並且應用由哈伯德開發的方法（這些方法被統稱為「技術」[tech]），不但個人可以發現無限和終極實現，而且對整個世界而言，所有阻止這些實現的東西——犯罪、毒品、偏見和戰爭最終都會被清洗掉。

不像許多其他的宗教系統，科學教把人分成三部分：精神（the spirit）、心靈（the mind）和身體（the body）。精神的本質，每個人的「生命力」（life force）被稱作「希坦」，科學教教徒很快指出人並不擁有希坦，他們本身就是希坦。他們是人體化的精神個體，而不是簡單地擁有精神的物理個體。儘管「希坦通常的位置是人體的頭顱」（Hubbard 1988: 64），科學教教徒堅信希坦可以存在於常規時空參考係框架之外。「希坦沒有品質、沒有波長、沒有能量、也沒有時間和空間位置。」（Hubbard 1996: 45）

據科學教的說法，哈伯德對於希坦的發現，把科學教放在人類對生命意義追求的核心地位，並證明了「它的起源和宗教思想本身一樣古老」（CSI 1998: 561）。可是，科學教認為：正是他們對於希坦的理解，把科學教同其他宗教傳統區分開來，尤其是猶太教和基督教。這表現在三個重要的方面。第一，很多宗教都把軀體和靈魂的概念融合在了一起，但希坦是分離的、獨立的，「心靈和身體都是希坦與物質世界相互作用的交通工具。」（CSI 1998: 561）第二，不像世界著名的三個一神教，科學教信仰重生。希坦已經存在了許多世，也許是成千上萬世。實際上，哈伯德稱：他是在20世紀50年代早期，在對戴尼提療法受訓者往世經歷的調查中，偶然發現了希坦的概念（[1958] 1977; 1996: 52-63）。第三，與基督教原罪的概念相反，科學教堅持希坦的本質是好的，但是他們認為，精神本質失去了與它本性的聯繫。哈伯德寫到「精神，並不是一件東西，它是所有東西的創造者。」（1996: 45）

對科學教教徒而言，心靈是「希坦和它外部環境之間的交流系統和控制系統」（Hubbard 1988: 65）。基於他對佛洛德心理分析的理解（科學教稱哈伯德從12歲就開始研究佛洛德的精神分析學說），哈伯德把心

靈拆分成兩個主要的成分：分析性心靈（the analytical mind）和反應性心靈（the reactive mind）。早期的著作也包含了第三個部分──軀體性心靈（the somatic mind），但是，科學教的大多數信仰和修道實踐都是以前兩項爲中心的。分析性心靈就是思維，是「觀測資料、記住它並解決問題」（CSI 1998: 64）的積極主動的控制機制。分析性心靈觀測到的所有事情都存儲在「記憶銀行」，這些用於服務於科學教教徒信仰的資訊是所有生命的「基本動力」──「生存！」（CSI 1998: 62）但是，分析性心靈並不記錄痛苦的經歷，不管是情緒上的、精神上的還是身體上的。這些痛苦經歷由反應性心靈處理，反應性心靈是一種「應激反應機制」，它把每個創傷經歷存儲爲一個個獨立的記憶圖像，這種記憶圖像被稱爲「記憶痕跡」（engram）（Hubbard 1988: 68）。一個人的負面經歷在希坦的不同世代累積，被埋藏在反應性心靈深處，所有總和構成了一個人的「時間軌跡」（time track），「它是所有陣痛，不必要的擔心、壞情緒、痛苦和身心疾病的來源。」（CSI 2002: 16）當一個人遇到的情況與反應性心靈中存儲的情況類似時，特定的記憶痕跡將會被重新啓動，並會對人的生活產生消極的影響。

　　一個用來演示這個（理論）的通用辦法是「夾痛測試」（pinch test）。一個人坐在哈伯德電子心理測試儀前面──該教把這種儀器定義爲一種用在懺悔室的「宗教性質的人工產品」，最常被稱作電儀錶（E-Meter）（CSI 1998: 83）──然後另一個人將輕輕捏他的手臂。作爲回應，電議表上的指針會移動。電儀錶是一個低電壓的皮膚電流計，本質上來說就是一個惠特斯電橋，用來測量參與者握著的兩個電極之間的電阻變化。這些電極受皮膚導電率（例如，出汗）和電接觸（例如，緊緊地或輕柔地抓住電極）變化的影響，能夠反映在電儀錶的指針上。一

會之後（甚至是幾個月之後），如果實驗對象被要求回想剛才被掐的情景，電儀錶的指針就會轉到和此前一樣的刻度。科學教教徒把這個現象當作存儲在反應性心靈中記憶痕跡存在的不可辯駁的證據，並且是審察療法的科學依據，審察則因此成為科學教的中心療法和宗教實踐。

作為科學教的主要儀式，教會把審察當作「牧師和教友間精神諮詢的精密形式」（CSI 2002: 33）。應用一台電儀錶和嚴格控制的一套問題和指令，審察者（牧師）通過一系列分等級的進程引導實習人員（教友）。這些分等級的進程被設計成用來識別累積在時間軌跡裡的特定記憶痕跡。一旦確定了記憶圖像的位置，更近一步的問題幫助參與者提出記憶痕跡然後消除。審察的初始目標是為了移除所有累積的記憶痕跡，把受訓者從過去經歷的負面影響中解放出來，「擺脫世代逐漸累積加重的枷鎖。」（CSI 2002: 34）「事實是，」教會聲稱，「當科學教合理地應用在一個真心實意想要提升自己生活的人身上時，它百分之百有效。」（CSI 1998: 215）任何失敗都應歸因於「技術」（tech）被審察者誤用或者接受審察的人員不願意完全、真誠地接受這個過程。

審察按兩個平行的軌道進行，這兩個軌道分別是「訓練」（training）和「處理」（processing）。當他們完成不同的課程和等級，以及被稱作「裁剪」（rundowns）的中級步驟時，接受審察的人會提升到科學教教徒稱為「完全自由之橋」（The Bridge to Total Freedom，簡稱為「橋」）的境界。科學教的新入教人員以待潔淨者（preclears）開始，也就是說，他們是仍處在反應性心靈和存儲在它裡面的記憶痕跡奴役下的人。他們的初始目標是變得潔淨（Clear），這是個需要很多審察課程的過程，也許需要兩年時間。「潔淨」是通往「完全自由之橋」的第一個具有重大意義的里程碑。並且，一旦接受審察的人「走向了潔淨」，他們就被認為擺

脫了累積的記憶痕跡，而且將不再受他們反應性心靈不合理的控制。科學教教徒相信這些呼吸療法（pneumo-therapeutic）的結果在人類歷史上是獨一無二的。實際上，「潔淨者類似於佛教中稱作菩提或者覺悟的一種意識狀態，潔淨是一個永久的精神意識水準，並且絕不會先於戴尼提和科學教得到」。

　　一旦成了潔淨者，受訓者就可以開始向上穿過15個被稱作OT的水準，OT即「能動的希坦」（Operating Thetan）。這些高級的審察課程只在全世界很少的、特定的中心可用，並且包括教會為那些最忠誠的信徒保留的教義。在這些水準上，審察常常是單獨進行的，審察人員提供問題和答案，這些問題和答案取決於那個水準規定的目的。因為反應性心靈在潔淨階段就已經消除了，所以OT水準的主要目標是：通過讓審察者重新認識希坦的「原生能力」（native abilities）（CSI 1998: 167）、增加精神意識和心靈意識。「原生能力」是在一個人的時間軌跡中被反應性心靈蒙蔽的希坦的真正本質。國際科學教在關於宗教理論和修道方式的標準參考作品中這樣描述道：「在這樣一種精神狀態下，希坦是有可能擁有完全的精神能力、自由、獨立和寧靜，有可能從無休止的生死輪環中解脫出來，有可能具有獨立於軀體之外的完整的意識和能力。」（CSI 2001: 37）

　　不論是待潔淨、潔淨還是能動希坦階段，各種形式的審察過程都由一個受嚴格控制的科層組織提供。單個教所或「組織」被授予特許權，以一種收費服務的方式，為受訓者提供審察。在許多國家，該教的宗教免稅權要求這些費用被當作捐贈的錢財，該教也宣稱審察是嚴格建立在非盈利基礎上的。引導課程可能花不了50美元，但是後續的審察一星期就要花費數百美元甚至更多。高等級的課程更加昂貴，審察人員要

花費幾十萬美元才能到達「完全自由之橋」。高昂的審察費用已經成了科學教和它的批評者之間劍拔弩張的根源。該教自豪地宣稱：他們的成員中，只有不到2%的人接受政府的社會救助（CSI 1998: 467），考慮到科學教高額的服務費用，這也是可以理解的。可是，並不是所有科學教教徒的花費都是相等的。審察並不只是一個收費服務，接受審察的人還被鼓勵參加培訓然後成為審察者，或幾個人之間相互審察。這是一種可以有效減少費用的方法，同時也能加強受訓者對科學教教會和它的多個機構承擔義務的意識。那些選擇加入組織的人，或者為該教工作的人，不論兼職還是全職，也可以將接受審察作為他們酬勞的一部分。

科學教的組織結構

　　像教義一樣，科學教的組織結構也是複雜、多維且高度官僚化的。其組織結構中的每個部分都被精密的管理，每個機構都須嚴格遵守上級指示、各項規程以及哈伯德在他的12卷的「管理技術」（administrative technology）中提出的各種政策。從大的方面說，機構的每個要素都可以歸入三大類別：科學教服務和產品的遞送，管理、維護和公共關係服務，社區改善項目。

　　遞送服務形成了科學教的教會結構，範圍從現場審察人員（一些提供引導課程和最基本的審察服務的個體、幾個人或者是小的群體）到「旗艦服務機構」（Flag Ship Service Organization）。該機構在一艘長達440英尺，名叫「自由風」（Freewinds）的內燃機遊輪上，可以為「科學教最高級別的審察和訓練課程服務提供一個安全的、唯美的、沒有打擾的環境。」（CSI 1998: 296）在這兩者之間，還按照等級安排了很多不同的組織階層：科學教佈道團（Scientology Missions）、

第五級組織機構（Class V Organizations）、聖徒山組織（Saint Hill Organizations）、高級機構（Advanced Organizations）以及旗幟服務組織（Flag Service Organization）。旗幟服務組織位於佛羅里達的克利爾沃特（Clearwater），是「科學教在世界上的焦點」（CSI 1998: 295）。事實上，在2013年，教會宣佈其在克利爾沃特的超能力大樓（Super Power Building）開幕。這座大樓建造了近15年，這將是科學教教徒可以獲取「超能力綱要」（Super Power Rundown）的唯一去處，這是一套高級課程，訓練高級成員的所有「57」種感官，哈伯德稱為「感知者」。

系統裡的每一個機構都被母教會（Mother Church）許可提供所有的低級機構可獲得的審察和培訓服務，但不能提供沒有被許可的課程。任何組織日常事務中非常重要的一部分就是收集「統計資料」（stats），即各種各樣的績效變量，這些變量將會被定期評估，並據此評價每個機構的效率。只有保持了國際科學教設定的品質標準和生產指標，機構才能保有遞送服務的權利。

如果說審察的遞送服務的等級制度組成了教會的結構，那麼不同的管理、服務和公關機構則組成了教會的公司結構。這些機構不負責審察和培訓，而是負責規劃、落實、以及給科學教在全世界範圍的活動做廣告。位於加利福尼亞州洛杉磯（Los Angeles）的國際科學教是教會機構的首腦（母教會）。通過各種各樣的從屬機構，如科學教國際傳教部（Scientology Missions International）、國際哈伯德牧師教會聯盟（the International Hubbard Ecclesiastical League of Pastors, I HELP）等，國際科學教確保科學教世界範圍的擴張以及它的信念在社會各階層中的滲透。成立於1982年的作家服務公司（Author Services Inc., ASI）是哈伯德文學遺產的資源庫，是負責哈伯德作品後續出版以及維護這些作品版權的

代理機構。除了哈伯德自己的著作之外，作家服務公司也出版了很多以哈伯德相關故事爲特色的雜誌和書籍，還有很多他「以前從未出版」的著作中的一些節選。另一方面，特別事務部（Office of Special Affairs, OSA）負責管理和調整影響教會的法律事件。許多批評者認爲，特別事務部差不多就是監護辦公室（Guardianship Office）的恢復名譽版——監護辦公室是科學教的一個分支機構，該機構被認爲要爲20世紀70年代的很多犯罪行爲負責。1979年，科學教的九名成員（包括哈伯德的妻子瑪麗·蘇[Mary Sue]）便因此被處以罰款和監禁（Miller 1987: 336-64）。但是，幾乎沒有確鑿的證據能夠支撐這些指控。

　　科學教還參與到各種各樣的社區服務項目中，所有項目無一不是建立在哈伯德的學說基礎之上的。舉例來說，國際哈伯德牧師教會聯盟負責管理牧師志願項目，該項目成員提供各種服務，從針對各種社會和個人問題的免費諮詢服務，到賑災救援。通過哈伯德著作的譯本、出版物以及一本名爲《快樂之道》（The Way to Happiness）的小冊子的大量發行，與小冊子同名的快樂之道基金會（Way to Happiness Foundation）推行了一個簡單的道德和倫理準則，作爲解決各種社會問題的靈丹妙藥。小冊子中包含諸如「樹立一個好榜樣」（Hubbard [1981] 2005: 14）和「不做任何違法的事」（Hubbard [1981] 2005: 19-21）這樣的名言警句。基金會聲稱：《快樂之道》小冊子已被譯爲90多種語言，並且在全世界範圍內發行超過6,700萬冊。

　　其他的兩個主要的社會服務計畫是「那可拿」（Narconon）及其相關機構「可明納」（Criminon）。那可拿開始於20世紀60年代中期，是科學教的一個戒毒康復計畫，它使用被嚴格指導的鍛煉養生療法、桑拿浴療法、以及維他命和營養療法等手段幫助患者擺脫毒癮。那可拿與科

學教教徒在一系列「通往完全自由之橋」過程中所遇到的「例行訓練」
（training routines, TRs）類似，參與者被教導如何克服吸毒和復吸的各種
負面影響。儘管在一些國家，那可拿宣稱他們的成功率超過了80%，但是
批評者認爲眞正的成功率是相當低的，並且科學教想要在公立學校推行
這一項目的多次嘗試均遭到了強烈的抵抗（Asimov 2004, 2005）。可明
納計畫應用類似的方法和「例行訓練」來減少監獄裡的累犯人數，與那
可拿一樣，他們也公佈了一個驚人的結果：「完成整個項目的人中，只有
不到1%的人再次犯罪。」（CSI 1998: 418-19）

　　爲了集中於本章的中心問題，我們還需要專門涉及科學教組織生
活的另外三個方面：科學教提供的教會服務（the church services）、海洋
組織（the Sea Organization），以及被認爲是「科學教未來的保障」的宗教
技術中心（Religious Technology Center, RTC）。（CSI 1998: 305）

　　像傳統的基督教會做禮拜一樣，科學教的每個機構也提供每週
一次的禮拜活動。教區居民集中起來，唱讚美詩，做科學教的禱告，背
誦科學教的信條，還有首席牧師講道，聚會人員還參加 「團隊加工」
（group processing）———一種基於戴尼提原理的交互體驗。佈道辭是從
哈伯德的作品和教義中得來的，是《科學教：背景、組織、儀式和訓誡》
（CSI 1999）的原文，不允許任何的修飾和修改。儘管禮拜室內的佈置跟
新教教堂非常類似———一張中央臺，一個誦經臺，一個足有講道壇大小
的《背景》（The Background）複印本，一尊哈伯德的半身像，以及科學教
的十字架———但沒有哪個房間或者建築物佈置成這樣完全是爲了佈道。
在每個教所內，多功能房間會按需要臨時變成聖殿。由於禮拜活動不是
「完全自由之橋」的部分，因此禮拜活動對很多參與者的生活來說並不
是首要的。雖然機構聲稱自己有數千個有規律的參與者，但是在禮拜活

動上只能看到很少一部分信徒。

可是對於那些最忠實的信徒，還有個海洋機構（Sea Organization）稱爲「海洋組織」（Sea Org），（Christensen 1999; Melton 2003）教會把它描述成一個「兄弟般的宗教秩序」（a fraternal religious order），海洋組織的成員在科學教的等級制度中「佔據著高級教會中最重要和最受信任的職位」。（CSI 1998: 323）被授予科學教最機密和嚴密保護的教義，只有海洋組織的成員可以提供最高級別的培訓和審察。海洋組織成立於1967年，借鑒哈伯德參戰時期的經歷和海軍準將（Commodore）軍銜的影響，哈伯德要求海洋組織成員穿著類似海軍的制服。像很多其他的宗教機構，海洋組織成員過著社區生活，僅僅爲他們的工作領取名義上的報酬，並且全身心地致力於科學教的未來。這份承諾以每個成員簽訂的「十億年合同」（billion-year contract）作爲象徵。（CSI 2006b）

最後一個組織是宗教技術中心，很多人把它視作教會王權背後眞正的權力所在。最重要的是，宗教技術中心掌握著戴尼提和科學教所有宗教性技術的商標權。（CSI 1998: 306）它與作家服務公司成立於同一年，作家服務公司負責維護哈伯德作品的純粹性。宗教技術中心主要有三項任務：第一，確保科學教和戴尼提的所有服務嚴格按照哈伯德留下的指示執行；第二，與那些侵犯科學教商標權和版權的人作鬥爭；第三，通過精心製作的自我報告系統、受訓者監督系統以及督察長（Inspectors General）國際網站等，來保護「技術」的完整和正統性。據宗教技術中心傳教人員的說法：「全球的科學教人員都認爲宗教技術的保持和不動搖對他們的救贖是至關重要的，宗教技術要與創立者的原作保持嚴格的一致性。」（CSI 1998: 307）的確是這樣，該教會堅稱：「只有嚴格按照教會所描繪的方式，人類才能得到精神上的救贖。」（CSI 2002: 45）

科學教與宗教問題

　　科學教假設了一種看不見的秩序，在這個看不見的秩序中宇宙是完全由純粹能量（「希塔」theta）構成的，此外是純粹能量的個體即「希坦」（thetans）。作為希坦，我們創造了我們所經驗到的物質存在，希坦所賦予的實在之外不存在其他的物質世界。但是，通過以物質形式呈現，希坦會慢慢地同它的真正本質相分離，經過許多世代以後，在物質世界消極經歷的負面影響，會以記憶痕跡的形式在反應性心靈中累積。科學教致力於揭示這個看不見的（也在很大程度上屬於未知）秩序，清除掉阻礙受訓者理解和體驗現實本來面目的障礙，重新連接受訓者和它們「能動希坦」的真正本質。通過參與科學教與眾不同的宗教儀式，一直向著完全自由之橋前進，受訓者就會把自己從物質世界的種種限制中解脫出來。科學教人員會定期測試受訓者通過訓練所體驗到的極大的個人轉變。並且期望通過他們費盡心血和持續的審察訓練，他們所注重的任何問題都能夠被消除。的確，在希坦的今生以及所歷經的前世中，他們會持續地展現能動希坦的力量和能力。

　　從戴尼提療法到科學教的宗教性，這種轉變是階段性的，每一階段都讓受訓者更加接近看不見的秩序，同時也讓該組織同主流社會間的矛盾更加突出。之前談到，正是一篇關於戴尼提受訓者過去生活經歷的報告，引導哈伯德斷定了希坦這一科學教教義最基本要素的存在（見 Hubbard [1958] 1977; Hubbard 1996: 52-63）。可是，這一混合了治療、技術和宗教的運動，很快便引起了政府管理機構的注意。科學教就其治療方法提出了一些不當的權利要求，基於相關指控，一些部門採取了相應的措施。例如1963年，美國食品和藥物管理局（the US Food and Drug Administration, FDA）搜查了科學教的辦公機構，沒收了100多台電儀錶

以及重達2噸的相關檔案。FDA指控，該教派針對電儀錶的醫療效果所做的宣傳違反了聯邦食品、藥品和化妝品法案（the Federal Food, Drug, and Cosmetic Act），涉及虛假和誘導廣告。8年之後的1971年6月初，該案在華盛頓特區（Washington D.C.）進入到最後的庭審階段。在法庭上，政府辯稱：該裝置的使用構成了「實質性的公共危害」（substantial public hazard）。另一方面，科學教的律師則辯護稱：電儀錶具有宗教性質，政府沒有權利干涉該儀器作為宗教用品的使用。之後不到兩個月，儘管將使用電議表譴責為一種江湖騙術，法院還是裁定：科學教符合作為一個宗教的法律標準，最後歸還所收繳的儀器設備和相關檔案。但是，科學教只能繼續以宗教目的使用它們，禁止展開任何宗教之外的醫療盈利活動。

　　科學教篤定地宣稱自己是「應用宗教哲學」，並於其所在的每個國家尋求作為宗教的正式承認。不僅如此，它明顯借用了北美主要宗教的各種外部標識——尤其是基督教，既有新教也有羅馬天主教。不論是審察還是進行針對特殊需要的諮詢，那些提供科學教服務的人員被稱作「教士」（ministers）和「牧師」（chaplains），都被冠以「尊者」（Reverend）的頭銜。像其他宗教裡的牧師一樣，他們為科學教成員提供人生重要的儀式，包括婚禮、葬禮，以及「命名儀式」，類似於基督教洗禮和命名禮。電儀錶被認作是一種「宗教裝置」，審察是在「懺悔室」（confessional）內進行「精神諮詢」（spiritual counseling）的一種形式。哈伯德的著作被視作科學教的聖經。教會已經授予了許多商標符號以重大的宗教意義。比如，科學教的十字架和標誌，戴尼提標誌，以及潔淨者和能動希坦的標誌。

　　儘管對於許多科學教教徒而言，它的宗教身分是毋庸置疑的。但

對於研究宗教的學者，科學教是否能夠作爲一種宗教而被接受這個問題，還是引發了廣泛且持續的爭論。儘管科學教最虔誠的信徒裡有很多明星，例如湯姆·克魯斯、約翰·特拉沃爾塔（John Travolta）、科斯蒂·阿利（Kirstie Alley）、珍娜·艾夫曼（Jenna Elfman）、奇克·科瑞亞（Chick Corea）、麗莎·瑪麗·普雷斯利（Lisa Marie Presley）、以撒·海耶斯（Isaac Hayes）。但總體來說，媒體對該教派的報導鮮見溢美之詞。1991年，在《時代》（Times）雜誌的封面報導中，理查·比海爾（Richard Behar）稱科學教是一個「貪婪、勢力龐大且蒸蒸日上的膜拜組織」。美國的很多報紙也刊登了針對該教派的調查文章，凸顯了其發展過程中負面形象（見 Sappell and Welkus 1990; Mallia 1998; Sommer 2005）。長久以來，科學教旗幟服務組織所在地克利爾沃特的一家當地日報《聖彼德堡時報》（St. Petersburg Times）便一直堅持對科學教進行批判，尤其是對1995年麗莎·麥克弗森（Lisa McPherson）死亡事件的報導上。麗莎是一名科學教教徒，當時死在了科學教的治療過程中。當然，互聯網給批評者們提供了一個幾乎沒有限制的攻擊戰場，並且許多人都利用了這一優勢。例如，荷蘭基本教義派（fundamentalist）基督徒安東·海因（Anton Hein）常常在很多他的網站上稱科學教爲「仇恨組織」（hate group），許多其他反對者也不斷地在網上發佈一些敏感的教派秘聞（見Cowan 2004a）。

　　另一方面，許多研究科學教的學者卻認爲，社會學家評估和界定宗教的各種準則——實質性（substantive）、功能性（functionalist）、可比性（comparative）等等，完全適用於科學教（見Beckford 1996; Frigerio 1996; Kelley 1996; Melton 2000; Cowan and Bromley 2006）。儘管學者沒有公開宣稱如何評價一個團體的神學教義上的有效性，但科學教卻明顯地擁有一套「將信仰者和生命終極意義相聯繫的信仰或信條系統」

（Flinn 1994: 2）。不僅如此，這套信仰系統還導致了特定的「行爲準則」以及「儀式和典禮」（Flinn 1994: 2），並且它「聯合了大量信徒或成員，形成了一個可辨識的團體。」（Flinn 1994: 3）考慮到科學教修行的性質和目的，許多學者報告指出：由於信徒是帶著功利心入教，我們所認爲的明顯的宗教方面的東西（例如以做禮拜爲名的定期聚會），對他們的生活倒沒有那麼大的意義。甚至長期批評科學教的學者斯蒂芬·肯特（Stephen Kent）也承認：「科學教宗教聲明背後的歷史原因，以及該組織在進行這項聲明時的選擇性，都沒有減少科學教教徒將其承諾視作宗教承諾的可能性。」（Kent 1999b）

那麼，爲什麼針對科學教作爲宗教的聲明和認證會有如此多的爭議呢？主要有四個方面的原因，可以分別概括爲：外部特徵（appearance）、盈利問題（expense）、定位模糊（ambiguity）以及不透明性（secrecy）。

首先，不管怎樣努力，科學教在很多方面的確不符合作爲宗教的特點。也就是說，對於很多人而言，它看起來根本不像一個宗教。它沒有教堂建築物或者聖殿；也沒有宗教修行的神明中心；對於科學教的大多數人員，每週的禮拜活動並不具有任何約束力。對於普通民衆來說，沒有這些東西，科學教絕不能合法地聲稱「教會」的頭銜。

第二，是費用的問題。當科學教把戴尼提療法轉化爲宗教後，它保留了付費醫療的盈利模式——早期的戴尼提療法正是基於這一模式。而且，之後教會還不斷地擴展宗教產品線。正因爲此，批評者聲稱，科學教的宗教地位訴求至多是一種權宜之計，至少是一種僞裝，僅僅是爲了該組織的跨國商業利益。斯蒂芬·肯特（1999a, 1999b）和本傑明·貝特·哈拉漢米（Benjamin Beit-Hallahmi 2003）都曾發表過長篇文章，批評科學教

僅僅是一個跨國的企業帝國，它成爲宗教的意圖，僅僅是爲了保障其作爲宗教團體可獲得的社會利益，其中最主要的就是稅收減免，儘管這在一些國家需要政府認證以及進入教育系統。一些人認爲，在很多其他類似的企業都失敗的情況下，正是科學教對宗教地位的訴求，使得大家所認爲的「不當商業」（deviant business）取得了成功。科學教披上宗教的外衣只是爲了掩蓋它真正的商業目的，這一罪名激發了人們對於科學教終極目標的懷疑。畢竟，科學教開始作爲戴尼提療法出現，然後自覺地把自己組織成爲一個宗教。實際上在20世紀40年代末期，哈伯德的確曾對一群科幻小說作家說：「一分錢一個字地賺稿費是荒唐的……如果一個人真的想要賺百萬美元，那麼最好的方式就是建立自己的宗教。」（引自 Miller 1987: 148）可是對於很多人而言，無論一個團體是否屬於宗教，它都不能基於功利和貪慾。

第三，除了在批評者眼中更像是一門生意而非一種宗教外，通過披著宗教外衣提供類似治療的服務，科學教也模糊了宗教實踐和世俗治療的界限。與我們下一章將要討論的「超驗冥想」不同，科學教將自己表現爲一種宗教，以科學的名義使自己的真實訴求合法化。然而，科學教不但跨出了傳統宗教組織的藩籬，還以人們視作激進的方式來維護自己的利益。正如一位科學教的新聞發言人曾坦率地承認：「科學教是人們感覺非常非常強烈的一種東西，它並不是一種『例行公事』（go-to-church-on-Sunday）式的宗教，而是激烈的宗教。一旦選擇了這條道路，便要與別的道路一刀兩斷。」（引自 Lattin 2001b）並且科學教已經在這樣做了。在和FDA、美國國稅局以及歐洲各種不同政府機構的鬥爭中，科學教已經宣稱：這些機構主觀且惡意地侵害了個人的宗教自由權利。在和心理學和精神病學專家長期的衝突中，科學教將心理醫生稱爲兇手，並稱

精神病學不過是一種控制社會的陰險手段。

　　最後，儘管科學教的一些教義已經通過法律程序爲大家所熟知（見Cowan 2004a），但是關於其內部教義和一些材料，教會仍保持極大的隱秘性。科學教聲稱是世上最開放的宗教之一，但到目前爲止，它還沒有准許過任何針對它的系統性研究。而類似研究已經在其他的一些爭議性宗教中展開，如愛琳·巴克（Eileen Barker）在1984年對統一教的研究，再比如詹姆斯·錢塞勒（James Chancellor）2000年對上帝之子/「家」的研究。一方面，這給公眾留下了這樣一種印象：科學教有些事情見不得人需要藏起來，它的任何聲明都是爲了避免監督審查。另一方面，也不無道理，該教派擔心他們的信仰和修行方式會被歪曲，進而對其尋求被承認爲一種宗教產生負面影響，這導致它對學者採取了謹愼提防的立場，而學者對它也同樣變得謹愼和提防（見Cowan 2004b）。因此，人們對於科學教的不信任才與日俱增，而圍繞該教的宗教主張引發了（很有可能繼續產生）如此激烈的討論，也就不足爲奇了。

研究科學教

　　研究新宗教運動的核心問題之一是談判，獲取，以及也許是最重要的，保持與該組織成員的接觸，包括其記錄、其組織足跡、尤其是財務材料。就研究方法而言，科學教更重要的是它所提出的問題，而不是它所提供的答案。目前，大部分關於科學教的文章可分爲三類：（1）前組織成員，包括近期大量從組織叛逃的高層（例如Manny 2009; Miscavige Hill 2013; Rathbun 2013），經常被作者對教會的負面經歷所影響。（2）另一方面，新聞報導（例如Behar 1991; Reitman 2011; Wright 2013），常常受到媒體追求轟動效應的慾望、24小時新聞週期的生產壓力和限制以

及新聞價值的基本原則的驅使——其中首要的是報導事件的負面特徵（Cowan and Hadden 2004）。（3）學術報告通常基於有限的資訊、二手材料和叛教者的證詞（例如Lewis 2009; Urban 2011）。綜上所述，當你試圖研究科學教時，你會遇到三個具體的問題：進入的問題，潛在的合作和控制的問題，以及訴訟和報復的問題。

與其他新宗教如統一教、國際克利希那知覺會和「家」不同，科學教一直堅決拒絕讓學術研究人員自由接觸現有成員、教會領導和組織記錄。少數人（例如Christensen 1999）獲得了有限的進入該組織的資格，但沒有人得到其他組織提供的那種研究合作。這意味著，在大多數情況下，我們缺乏回答關於這個團體特定問題所需的精確資料：誰加入了團體，他們準備沿著「完全自由之橋」走多遠？一個「普通」成員的參與程度如何？他們從參與中得到了什麼好處？既然科學教以其奢華的設施而聞名，那麼這些錢從何而來，又去往何處了呢？

許多新宗教將學術利益視為其組織的一種合法形式，而有些則試圖控制或影響學術成果，以使他們的信仰呈現出最好的面貌。無論是含蓄的還是明確的，新宗教經常要尋求比他們通常在新聞中得到的更為積極的表現。在這裡，研究人員小心行事：試圖在學術上嚴謹，雖然這可能意味著質疑新宗教教徒的主張，但仍然需要接觸這些信徒以進行研究（見Shupe and Bromley 1980）。當學者們不符合該組織的需求或要求時——例如，雷爾教派（Palmer 2001）和法輪功（Falun Gong）（Ownby 2008）——進入該組織將受到限制或被拒絕。

最後，對於許多學者來說，科學教在試圖影響學術研究成果方面尤其積極——例如，為了「確保準確性」，他們會尋找論文和會議報告的試行本。然而，最成問題的是，學者們普遍擔心，如果教會領導人對作

品不滿，科學教將起訴他們或他們的機構。不幸的是，這種愛打官司的
名聲已經足以阻止許多學者對科學教進行任何研究（見Cowan 2009）。
儘管沒有跡象表明學者們眞的被教會告上了法庭，但社會學家羅伊・沃
利斯（Roy Wallis）迫於壓力，在他1976年出版的《通往完全自由之路》
（The Road to Total Freedom）一書中，加入了一個爲科學教辯護的附錄。

延伸閱讀：科學教

- Behar, Richard. *The Thriving Cult of Greed and Power.* Time, May 6, 1991, pp. 50–57.

- Christensen, Dorthe. *Rethinking Scientology: Cognition and Representation in Religion, Therapy and Soteriology.* PhD dissertation. University of Arhus, Denmark, 1999.

- *Church of Scientology International. What is Scientology?* Los Angeles: Bridge Publication, 1998.

- Church of Scientology International. *Scientology: Theology and Practice of a Contemporary Religion.* Los Angeles: Bridge Publications, 2002.

- Hubbard, L. Ron. *Dianetics: The Modern Science of Mental Health.* Los Angeles: Bridge Publications, [1950] 1990.

- Hubbard, L. Ron. *Scientology: The Fundamentals of Thought.* Los Angeles: Bridge Publications, 1998.

- Melton, J. Gordon. *The Church of Scientology.* Turin: Signature Books, 2000.

- Miller, Russell. Bare-Faced Messiah: *The True Story of L. Ron Hubbard.* Toronto: Key Porter Books, 1987.

- Urban, Hugh B. *The Church of Scientology: A History of a New Religion.* Princeton, NJ: Princeton University Press, 2011.

- Wallis, Roy. *The Road to Total Freedom: A Sociological Analysis of Scientology.* London: Heinemann Educational, 1976.

- Wright, Lawrence. *Going Clear: Scientology, Hollywood, and the Prison of Belief.* New York: Alfred A. Knopf, 2013.

第三章　超驗冥想：科學與治療問題

現在，擁有任何宗教信仰的人，都能夠輕易地開始練習超驗深度冥想，通過直接體驗神性存在的絕對意識，而獲得一種完整的生命狀態。一個僅僅告訴信徒行善、卻不能發展信徒的意識、也不能將信徒的人生自然提升到完美境界的宗教，只是停留在字面意義上的宗教。　一個配得上宗教稱號的宗教是具有實踐價值的。它應當直接將人們置於一條完美和遠離邪惡的人生道路上。

——瑪哈里希・馬赫什瑜伽師，《存在的科學和生存的藝術》

1999年的歐洲議會選舉中，來自英國和歐洲大陸的選民，以及那些投票支持在蘇格蘭和威爾士進行宗教集會的人們，看到了一家名叫自然法則黨（Natural Law Party）的系列競選廣告。這個政治黨派是基於瑪哈里希・馬赫什瑜伽師（Maharishi Mahesh Yogi）所傳授的超驗冥想（Transcendental Meditation, TM）教義建立的。「最好的政府是自然的政府，」每個競選點都如此宣稱，「自然法則無聲地支配著宇宙，令其充滿完美秩序，沒有任何差錯。自然法則還支配著所有生命，從銀河系到太陽系再到地球，當然也包括我們每個人。」（Natural Law Party 1999a）他們聲稱對大自然的法則有著深刻的洞察，比如蘇格蘭和威爾士的自然法則黨競選人許諾削減轉基因食品生產、減少污染，以及促進發展自然

的、可持續的農業。他們還許諾，一直到學歷教育階段都將提供全時、免費的教育。競選人承諾，將「引進開發意識層面的教育以彌補現代教育的缺失。科學研究表明，練習超驗冥想的學生，在智力、創造力以及學業方面都展現出了顯著的進步。」(Natural Law Party 1999a)最後，隨著美國主導的反對前南斯拉夫共和國的戰爭爆發，「給歐洲五十年來的和平穩定帶來了最嚴重的威脅，」英國的自然法則黨競選人傑佛瑞‧克萊門茨(Geoffrey Clements)宣稱：「自然法則黨提供了一個眞正的、能夠立刻解決科索沃危機的方案。」

> 眾所周知，瑪哈里希的超驗冥想方法能夠減緩壓力，提升生產率，促進人與環境的和諧。同樣地，科學研究表明，超驗冥想在其最高境界，也就是瑜伽飛行(yogic flying)的階段，能夠在整個社會引發同樣的效應。在瑜伽飛行的過程中，大腦功能將達到最高程度的集成和凝聚。當一群人練習瑜伽飛行時，將會產生強有力的作用並輻射到周圍環境中，緩解整片地區的壓力，提高整片地區的一致性和積極性。(Natural Law Party 1999b)

與其他候選人一樣，克萊門茨引用了相關的研究學說。這些研究顯示，超驗冥想和瑜伽飛行練習使英國主要城市的犯罪率呈現明顯下降趨勢，並且減少了中東地區的戰爭死亡和武裝衝突。在2006年以色列同黎巴嫩眞主黨(Hezbollah)爲期兩週的衝突中，30名瑜伽飛行者聚集在以色列北部加利利海(Lake Kinneret [Sea of Galilee])的一個賓館裡實施冥想。儘管只有約235名修行者，他們卻聲稱可以「圍繞以色列創建一個堅不可摧的盾牌並立即使暴力停止」(Mizroch 2006)。

自然法則黨聲稱他們的候選人曾在地方和區域選舉中當選，然而

它在1999年的歐洲議會選舉中僅有約50名支持者，在隨後的2001年選舉中也沒有舉薦任何候選人。自然法則黨也嘗試過其它的類似競選——包括1993、1997和2000年的加拿大選舉，卻以相似的結果而告終，加拿大自然法則黨於2003年解散。在1996年和2000年，美國的自然法則黨推舉量子物理學家約翰·哈格林（John Hagelin）為總統候選人，卻只獲得了屈指可數的選票。

除卻其政治願望，自20世紀60年代被引入之後，超驗冥想和科學教一樣擁有了它的明星支持者，包括演員簡·方達（Jane Fonda）、米婭·法羅（Mia Farrow）、克林特·伊斯特伍德（Clint Eastwood）、史蒂芬·柯林斯（Stephen Collins），電影導演大衛·林奇（David Lynch），歌手多諾萬（Donovan）、喬治·哈里森（George Harrison）。與科學教不同的是，超驗冥想脫離了其吠陀（Vedic）起源，試圖不被界定為一種宗教，而是被認定為一種經過科學驗證的、能提高健康、智力和個人及社會總體福祉的運動。從20世紀70年代末開始，超驗冥想的支持者們嘗試將一系列的項目推廣到北美、歐洲和澳大利亞的公立學校體系中，然而新澤西的一個法庭於1977年裁決停止超驗冥想在當地的公立學校授課，儘管支持者堅持認為他們並沒有傳教或是進行宗教活動，只是提供了經科學驗證能使人類意識發展的課程。又如在加拿大，儘管瑜伽飛行術在加拿大選民區的政治效益並不比在歐洲多，支持者們依舊努力促進其教育效益。自然法則黨加拿大地區前領導人、現為愛荷華費爾菲爾德（Fairfield）的開悟時代瑪哈里希學校（Maharishi School of the Age of Enlightenment）主管阿什利·迪安（Ashley Dean），2006年在到訪美國一些城市時，告訴教育人士，教授孩子們超驗冥想技術「能解決你在教育中遇到的所有問題」。

如果我們在之前的章節討論的問題是科學教是否是一個宗教，那麼本章的問題就是，像超驗冥想這樣源自純粹的印度宗教情境中的實踐活動，在今天能否被認定爲一個世俗的、經科學驗證的精神治療方法。

瑪哈里希・馬赫什瑜伽師與超驗冥想的降臨

1958年之前，當創立精神重生運動（Spiritual Regeneration Movement），即超驗冥想組織的前身時，很少有人知道瑪哈里希・馬赫什瑜伽師。保羅・梅森（Paul Mason）在爲其撰寫的傳記裡記載了盡可能多的資訊，但還有很大一部分是基於推測。據記載，瑪哈里希・馬赫什瑜伽師於1917年1月出生在印度中央邦（Madhya Pradesh）的馬赫什・普拉薩德・瓦爾馬（Mahesh Prasad Varma）。他的父親是一個低階的政府公務人員，屬於刹帝利（Kshatriya）種姓。據說他在一個充滿愛的大家族中長大，「他的父親、母親和叔叔阿姨輪番將他放在膝蓋上，毫不吝嗇分享他們的甜蜜和愛。」（Mason 1994: 10）他知道克利希那（Krishna）和羅摩神（Rama）的傳說故事，從這些故事裡他學到了信奉一生的信念，即「虔誠地服從」（worshipful obedience），並在後來的課程中講授這一信念。當他的父母意識到印度教傳統需要同印度不斷發展的現代化共存的時候，他們確保他接受了必要的教育。於是，他開始進入阿拉哈巴德大學（Allahabad University）學習物理和數學。但是，他在那裡過得似乎並不開心：「我對我在大學裡學習的東西完全不滿意，」梅森引述到，「因爲我知道，這不是全部的知識，我在尋找能讓我藉由其而理解萬物的東西。」（Mason 1994: 12）

1940年，馬赫什遇到了那個後來成爲他古魯的人，史瓦密・不拉赫

曼南德·薩拉瓦提（Swami Brahmanand Saraswati），他是一位傑出的「非二元論」（Advaitic, non-dualistic）印度教領袖，他所教授的冥想方法後來由馬赫什傳播於世。在史瓦密·不拉赫曼南德將馬赫什收爲弟子之前，他要求馬赫什完成他的大學教育，這一要求後來影響了超驗冥想運動的整個發展。同時他要求馬赫什在得到父母的同意之後才能開始他的門徒生涯。一年之後，馬赫什正式成爲古魯上師（Guru Dev）的門徒，得名巴爾·布拉瑪刹利·馬赫什（Bal Brahmachari Mahesh）。

　　在經歷了兩年半的門徒階段之後，古魯上師准許馬赫什退居到岩洞中修習入定（sadhana），或稱爲隱居修行。在接下來的幾年裡，馬赫什交替著隱居和跟隨古魯修行的生活。在古魯的修行處，他習得了印度教經文的分支《吠陀經》（Vedas），祈禱實踐和冥想。馬赫什還在古魯晚年擔任了他的秘書。古魯上師於1953年5月去世，據說在去世之前，他叫來了他最愛的弟子馬赫什，對他進行了臨終教誨。根據梅森的記載，這對師徒的最後交流由馬赫什的叔叔拉傑·瓦爾馬（Raj Varma）記載。「環顧四周，」據說他這樣告訴他年輕的弟子：

> 許多人感到沮喪，他們的精神中缺少能量，不夠強大。迄今爲止，我傳授給你的東西也包含著「居士」（householder）的技術知識，這些知識在幾個世紀間被曲解和遺忘了。不要考慮四處旅行的花費，不要擔心也不要害怕獨處，不要爲任何事而焦慮。只要開始工作，所有事情都會自然而然的發生。（引自Mason 1994: 23）

　　就超驗冥想在西方被接受的方式來說，「針對『居士』的技術知識」這個概念的提出是很有意義的。這種冥想的技術不再只是針對放棄物質生活而修行的人，也不只是面向宗教領袖和他們的信徒。這些技術

現在也可以被「居士」——傳統印度教生活四階段的第二階段，也是人數最多的階段——所掌握。

　　因爲他的種姓不是婆羅門（Brahman），馬赫什不能擔當起社區領導者的角色，於是他去到了更北方的喜馬拉雅山區，在那裡，他花了更多的時間來隱居修行和靜默冥想。1955年，他離開北部地方，開始穿越南印度的朝聖之旅。一路上，人們開始聽他講學，慢慢地這種講學活動變成了公開演講。他的演講變得極爲受歡迎，僅僅幾個月他就被奉爲「瑪哈里希」（Maharishi）或者「偉大的聖賢」（great sage）。聽講的人裡面「居士」占了很大比例。馬赫什在演講中提出了支撐整個超驗冥想運動的哲學思想：一個人不必成爲聖人也可以得道。他指出，「『歐姆』（Om）是出家人（sanyasi, renunciates）的禪語（mantra）。」如果一個「居士」沉浸於冥想中，並且以歐姆爲禪語，那麼「他將經受物質生活被毀滅的影響，這種影響先從錢財的損失開始，然後發展到所喜愛的事物一個接一個地被破壞。」（引自Mason 1994: 30）換句話說，「居士」若想得道，如果像出家人那樣做的話注定是要失敗的。根據梅森書中的記載，這恰恰就是他的聽衆們想聽到的東西，因此他更加受歡迎了。

　　1958年1月1日，瑪哈里希宣佈發起目標簡單卻又充滿野心的精神重生運動：

> 精神重生運動的目標之一，是提供一種簡單的冥想方法，並將這一冥想體系灌輸到地球每個角落的每個人的每日生活中。為了達到這一目標，該運動已經付諸行動，開始在任何有人類居住的地方建造冥想中心了。（轉引自Mason 1994: 33）

超驗冥想的信仰和實踐

　　在超驗冥想中，瑪哈里希·馬赫什瑜伽師聲稱重新發現了一種遺失的冥想形式。這一冥想形式可以追溯到印度哲學中的一部經典——《帕坦伽利瑜伽經》（The Yoga Sutras of Patanjali，西元前二世紀）中的記載。然而，超驗冥想也吸收了克利希那教義、佛教教義和西元十八世紀著名的印度教改革家、理論家商羯羅（Shankara）的教義。超驗冥想又稱之為「創造性智慧科學」（Science of Creative Intelligence），它採用自己所稱的「意識技術」（technology of consciousness）來幫助修習者發掘自己完全的精神潛力。達到了「自我實現」（self-realiazation）境界的修習者（所謂「自我實現」，指的是修習者本身與世間一切事物不變的根源達到合一的境界，或者稱為婆羅門）聲稱對現實的體驗更加清晰，自己獨一無二的存在更加真實，與其他人的關係也更加開放、有意義，更加平和。

　　印度教的修行者，他們的修行之路是漫長而又艱辛的。他們捨棄一切物質生活，嚴格地按照規律作息，長期冥想，以此來達到「自我實現」。與印度教不同，超驗冥想則允許修習者在更技術化的社會中，僅通過每天兩次的練習來認識到冥想的益處。不僅如此，超驗冥想也不要求修習者排斥物質世界，或者放棄他們或許已經擁有的宗教信仰，取而代之的是讓修習者通過每天的冥想，學會與周圍每個人越來越和諧地相處。有限的練習時間，和不要求與物質世界切斷聯繫，這兩點讓超驗冥想對西方的修習者很有吸引力。

　　瑪哈里希說，有意識的精神活動發生在思維的表層，這裡的活動雜亂而不集中。而創造性的思想發源於思維固有的深處，紛亂的日常生活無法觸及到這裡。超驗冥想的每日練習能夠讓修習者將表層的紛亂活動變得平靜，並且將精神集中到思維深層的創造性過程中。這樣做

的方法是將思想集中到一個念頭上,對剛開始練習冥想的修習者,會給與他們一句「禪語」供其在修習中默念。與其科學取向相符,超驗冥想稱其遵循熱力學的基本定律,卽當一個系統內部的活動減弱,這個系統會變得穩定。所以,通過冥想來減少思維活動,呼吸和新陳代謝的速率就會減緩,這樣大腦的活動會變得更加有序和有條理。一旦做到了這一點,冥想者就能夠超越意識知覺,進入純粹的創造性思維領域(見Bloomfield et al. 1975)。

超驗冥想的基礎課程有七個步驟,其中前三個對公眾是免費開放的。對超驗冥想感興趣的人先學習一個介紹性的課程(概述冥想的益處),然後是一個最初的「預備研討班」(介紹超驗冥想的起源和基本技巧),之後是與一個委派的冥想教師進行個人面談。這三個部分總用時兩到三個小時。按照所有這個運動的文獻的說法,超驗冥想的修習只能在合格的教師指導下進行。書籍、磁帶、DVD或錄影都不能作爲替代品。

像許多其他宗教團體一樣,超驗冥想依賴於排他的眞理主張,它的產品是專營的。斯科特·洛(Scott Lowe)是少數深入研究超驗冥想的學者之一,據他描述,瑪哈里希·馬赫什瑜伽師擔心,如果修習者學習其他冥想技巧或聆聽其他冥想老師的教導,超驗冥想的「純眞」(innocence)──以及可能的獨特益處──將會喪失。「他說,超驗冥想是獨一無二的,是一條完整的道路,所以應該避開其他的老師和教導。」事實上,洛注意到「新的發起者(超驗冥想教師)簽署誓言,發誓要『保持教學的純粹性』,他們的理解是,偏離瑪哈里希·馬赫什瑜伽師所規定的方法是不能容忍的。」(Lowe n.d.)

實際的修習中,教師會一對一地教授修習者,用時一小時左右。

雖然超驗冥想組織否認這裡面牽扯任何宗教，但實際上在這一部分的課程中，修習者在開始的時候要做「普伽」（puja，印度教的傳統禮拜儀式），禮拜的過程中要祈求多個印度教神明，以及對瑪哈里希的精神權威進行膜拜。新修習者被要求帶來一塊潔白的手絹、一些鮮花，以及一些水果作為「普伽」過程中的祭品。禮拜的核心內容是「禪語」的傳遞，所謂「禪語」是一個或一串梵語單詞，每個冥想者都有一個特定的「禪語」，在冥想練習中用來集中注意力。雖然這「禪語」只有教師和修習者知道，並且二者都將其視作是為修習者特別選定的，但實際上每個「禪語」都是從一張根據冥想者的年齡和性別制訂的表格中挑選出來的。拋開這種機械的方法不談，修習者相信「禪語」的法力存在於其發音之中，一定要精確地發出每個音，所以「禪語」必須要準確地教授給新修習的人。不過，「禪語」本身包含的單詞並沒有固有的含義，修習者在練習過程中不會大聲地重複它，而是在心裡默默重複。一旦這個入門階段完成，新修習者會被要求每天早晚各練習一次，每次二十分鐘。

　　在接下來的幾天或幾週中，新修習者將回到冥想中心，接受練習效果評估，並且與其他新修習者交流經驗，獲得他們應當在每天兩次的修習中被證實的、超驗冥想的更大的益處。雖然冥想組織接下來會授予這些修習者免費的聽課許可權，也鼓勵他們參加當地的超驗冥想中心活動，然而事實上他們中的絕大多數並沒能參與到更高層級的超驗冥想課程中。只有很小一部分人能夠被當作超驗冥想教師繼續得到訓練，或者參加較長的課程，這些課程承諾會帶來比日常冥想更大的收穫。19世紀70年代，當超驗冥想在美國極度流行的時候（見後），成人課程的收費已經從135美元到200美元不等了。而寫作本書時，一個在加拿大多倫多（Toronto）外部的授課中心的基礎課程收費，已經超過1,300美元（比

出版本書第一版時便宜了將近1,000美元）。就像廣告裡說的那樣，這些錢被稱作「你有史以來最棒的投資」。

和科學教相似，超驗冥想將人類所經歷的許多問題——無論是個人的還是社會的——定位爲壓力隨時間累積的結果，就超驗冥想而言，是由神經系統所攜帶的。通過超驗冥想的練習，冥想者們逐漸清除了這種壓力，並開始（重新）體驗更高的意識狀態，瑪哈里希・馬赫什瑜伽師說我們所有人都是從這種意識狀態跌落的。正如洛所指出的，超驗冥想認識到人類可以達到的七種意識狀態或層次。睡眠、做夢和清醒是前三種狀態，是那些不修煉超驗冥想的人的生活水準。超驗冥想實踐啓動了第四種狀態，超驗意識（transcendental awareness），這是通往更完全意識之旅的第一階段。洛指出：「不同於前三種狀態，它的特徵是一種既寧靜又機敏的幸福狀態」，「超驗冥想的科學家已經嘗試，也許成功地確定了這種狀態的生理關聯。」（Lowe n.d.）

隨著時間的推移，通過超驗冥想的勤奮實踐，超驗意識的體驗變得持續而不是短暫，第四階段可以說是「穩定」了。第五階段，被稱爲「宇宙意識」（cosmic consciousness），冥想者開始生活在超越中，而不是僅僅偶爾和短暫地體驗它。從這裡，正如許多冥想系統的主旨一樣，冥想者可以冷靜地觀察到意識的活動。然而，正如洛所指出的那樣，「批評家們聲稱這聽起來像是對人格解體的一種描述，一種被西方心理學家和精神病學家視爲病態的分離狀態」（Lowe n.d.）。毫不奇怪，超驗冥想的實踐者並不同意這種評價。高級修行者可以進入第六階段，「上帝意識」（God consciousness），在這一階段中，他們「大概看到了一個天上的、變形的世界」。而第七階段，「統一意識」（unity consciousness），關於這一階段的瞭解相對較少（Lowe n.d.）。

　　超驗冥想還有一點與科學教相同，也宣稱專注的修習者將獲得巨大的回報。它許諾修習者們，通過冥想，除了能夠緩解壓力、與精神深處的創造性思維自然聯通，還能夠獲得非凡的自信、廣博機敏的思維、充沛的精力，還能夠延年益壽。超驗冥想聲稱每天的修習對多種疾病都能起到積極作用，從高膽固醇、心臟病，到免疫缺陷、糖尿病；從濕疹、牛皮癬、慢性鼻竇炎，到失眠、抑鬱症和不孕症，無所不包。就像在大多數治療體系中一樣，修習者們定期彙報突破性的成果，超驗冥想的網站上也頻現各種了不起的見證。「我曾經活得非常分裂，到了什麼也做不了的地步，」一個修習者如是說，「而當我開始練習超驗冥想，每天都變得越來越光彩，我馬上就達到了超驗體驗，許多次都感受到了純粹的意識。現在我已經回到了工作崗位上並且升了職。我的精力至少提高了200%。」（Bloomfield et al.1975: 45）

　　針對那些的確想進行更深入修行的人，1976年，超驗冥想推出了一項名爲「超驗靜坐」（TM-Sidhi，也被稱作「TM-perfection」，意爲「超驗圓滿」）的高階課程，許諾這個項目的修習者將獲得比基礎課程更大的收穫。《帕坦伽利瑜伽經》中記載了超過50項人類達到精神頓悟的境界後會獲得的益處（見Patanjali 1990: 183-204）。那些達到這一境界的人可以掌握超自然能力，其中包括控制饑渴感覺的能力、知曉他人前生的能力、非凡的神力，以及脫離肉體，以純意識的形態周遊的能力。儘管參與「超驗靜坐」的修習者們的確宣揚了一些諸如隔空猜物、預測股票走勢之類的超能力，不過最爲人熟知的還是自然法則黨候選人所擁護的「瑜伽飛行」。

　　在通過冥想達到一個合適的思維境界以後，練習「瑜伽飛行」的修習者盤腿坐在蓮花座上，一隻腳的腳背放在另一條大腿上。從這個姿

勢開始，他們前後搖擺，彈動身軀，直到他們的身軀能夠跳起來足有一英尺高，接著又落到蓮花座上，然後緊接著重複上述動作。超驗冥想中心的所謂「飛行室」（flying rooms）裡鋪滿了厚泡沫墊，以防修習者們從房間這一端「飛」去另一端的過程中受傷。信徒們們宣稱，通過超驗冥想修習，只有讓精神和身體達到完美的調和狀態，擁有這種能力才有可能的。這被他們看作是能夠真正懸浮的前奏。正如瑪哈里希所說：「我們這樣教導學生：通過冥想集中注意力，能夠在身體和地面之間產生強大的能量場，能量場越強，冥想的人就能飛得越高。這是一個簡單的證明。」（Mason 1994: 249）

在這個項目推出十年後，也就是1986年，一群瑜伽飛行師在華盛頓特區向記者們展示了這一技能。即便他們跳起來落下去的時間遠遠算不上是漂浮，卻也算不上失敗。他們相信，練到最後的階段，是能夠在蓮花座上方懸浮起來的。超驗冥想組織宣稱，截至當時，按參與冥想至少兩個月為標準，有八萬人參加到了「超驗靜坐」的項目中。不過，有一點很重要，那就是這些修習者遠遠沒有將瑜伽飛行僅僅看作是個人的進步——當足夠數量的練習者都能夠做到時，它會對整個社會起到顯著的作用。按超驗冥想組織的說法，這一結果是「實踐性的（practical）、整體性的（holistic）、具有科學正當性的（scientifically validated）」。比如網站上的宣傳材料是這麼寫的：

> 縱觀全世界，練習「超驗靜坐」的個人和團體，已經製造出了「全球瑪哈里希效應」（Global Maharishi Effect），在意識世界也是一樣。這一效應現在已經讓世界和平的黎明到來。隨著越來越多的人參與到「超驗靜坐」中來，「瑪哈里希全球效應」也會越來越強大，人類即將享受到地球上最具品質的

生活，如同天堂降臨地球一般。（Maharishi Vedic Education
2001）

在愛荷華州費爾菲爾德的瑪哈里希吠陀城（Maharishi Vedic City），
這裡的美國瑪哈里希吠陀學者校園（Maharishi Vedic Scholar Campus of
America）為500個「吠陀學者」和印度超驗靜坐修習者提供了設施。「這
就好比一劑無形的催化劑，將在吠陀城創造出8,000名為了和平的瑜伽
飛行學生，這些學生將為美國的和諧和全世界的永恆和平貢獻無可匹敵
的力量。」（Vedic Scholars n.d.）

超驗冥想的成長和發展

雖然一些名人在超驗冥想的歷史中與其有聯繫，但1968年可以說
是超驗冥想歷史上公關最成功的一年。遵循喬治·哈里森的遺願，甲殼
蟲樂隊（The Beatles）來到了印度，並且在瑪哈里希位於喜馬拉雅山腳下
的修行地瑞詩凱詩（Rishikesh）待了一段時間。甲殼蟲樂隊成員穿著最
簡單的印度服裝，戴著花環，有些還在額頭上燙上了賓迪（bindi）標誌。
甲殼蟲樂隊和他們的隨從們被拍攝到坐在他們新宗教導師的腳下。儘
管除了喬治·哈里森，甲殼蟲樂隊成員們最終都認清了瑪哈里希的本
質，可他們的拜訪還是立即引發了全世界對超驗冥想運動的關注，人們
喧鬧著想更多地瞭解超驗冥想。（見Lapham 2005）

19世紀70年代早期，和科學教一樣，當超驗冥想在北美社會尋
求認可時，從各州和當地官方獲得了不少支持的聲音（Bainbridge and
Jackson 1981: 137-8），瑪哈里希也經常成為《拉里金現場》（Larry King
Live）、《莫夫格里芬秀》（Merv Griffin Show）這樣全民知曉的脫口秀節
目的座上賓。與此同時，學術界的擁躉也開始發表關於超驗冥想益處

的論文，甚至還發表在了像《科學》（Science）（Wallace 1970）、《科學美國人》（Scientific American）（Wallace and Benson 1972）這樣的知名期刊上。沒有其它團體能做到這樣，斑布裡奇和傑克遜甚至認爲，超驗冥想在公共關係上所取得的成功比甲殼蟲樂隊更高（Bainbridge and Jackson 1981: 136）。如今，超驗冥想的宣傳刊物聲稱超驗冥想和超驗靜坐的功效已經在600多種獨立報導和研究中得到科學證實。（見Wallace, Orme-Johnson, and Dillbeck 1990）

超驗冥想恰當地被稱作「市場化社會運動」（marketed social movement）（Johnston 1980），伴隨著人們多樣的興趣和擔憂，它發展出了複雜關聯的國際組織體系。1958年，瑪哈里希‧馬赫什瑜伽師在印度發起精神重生運動後不久，就開始在不同組織之間建立關係網，以期培訓教師和推廣超驗冥想技能。雖然基礎性冥想練習保持不變，但是瑪哈里希並未將超驗冥想包裝成通用形式推廣到全球，而是建立了多種組織團體來吸引不同的目標群體。不管怎麼說，這都是他「市場化社會運動」方法的高明之處。例如，精神重生運動原本是針對更成熟的成年人設計的。當超驗冥想1961年進入北美之後，它變身爲國際冥想協會（International Meditation Society, IMS），並巧妙地剝離了宗教內涵，將瑪哈里希的理論推廣給大衆。瑪哈里希在對衆多大學進行訪問期間，收穫了熱烈反響，基於這一情況，他在1965年創立了學生國際冥想協會（Students International Meditation Society, SIMS），來吸引智識水準更高的校園群體。同時，爲了招徠其它潛在的冥想群體，美國創造性智慧科學基金會（American Foundation for the Science of Creative Intelligence, AFSCI）憑藉其具有感染力的言論，將超驗冥想的理念傳播到了商界。

1972年，瑪哈里希在靜修七天之後，提出了他稱之爲「世界計畫」

（World Plan）的戰略目標。自那以後，便開始依據該計畫來指導運動及其下屬組織。世界計畫包含七個相關目標：（1）全面挖掘個人潛力；（2）鞏固政府政績；（3）實現教育的最高理想；（4）解決犯罪及一切給人類帶來不幸的問題；（5）最大化實現環境的合理使用；（6）爲個人、家庭和社會帶來滿足感；（7）實現這一代人類所有的精神目標（cf. Bloomfield et al. 1975: 245; Johnson 1980: 340-2）。世界計畫實行委員會（World Plan Executive Council）總部坐落在瑞士，負責協調全世界各類組織的活動。起初，世界計畫需要建立3,600個超驗冥想中心來培訓冥想導師，大約每100萬人配備一個中心，每一個中心有1,000個導師，每一個導師負責指導1,000個學生。

　　世界計畫發佈不到三年，瑪哈里希便開始宣傳超驗冥想改變世界的潛力。1975年，他宣佈發現了「瑪哈里希效應」（Maharishi Effect），又稱「場效應」（field effect），並將該年稱爲「開悟時代的黎明」（Dawn of the Age of Enlightenment）。該概念基於瑪哈里希認爲宇宙是由能量波構成的，能量波之下是純粹的創造性智能的領域。他認爲集體的超驗冥想練習能夠形成能量場向外擴散。擁護者相信其具有驚人的能量，並認爲只要有1%的人口練習超驗冥想就能創造出「過渡階段」（phase transition），從而極大地維護社會秩序、和諧以及世界和平，同時顯著改善氣候、增加作物生產和人類壽命，減少犯罪率、意外發生率、疾病和壓力。隨後，超驗冥想估算了在擁有總人口數1%的平方根的給定區域內創造和平所需的冥想者數量（Falsani 2002）。

　　瑪哈里希在此之後建立了開悟時代世界政府（World Government of the Age of Enlightenment），這是一個主要在意識領域進行統治的政府。瑪哈里希並未對抗或試圖取代現有政府，而是給政府、國家以及國際組

織提供機會發展所需的超驗冥想修行者，來獲取「瑪哈里希效應」的益處。

　　1971年，超驗冥想購買倒閉的帕森斯學院（Parsons College），創辦了瑪哈里希國際大學（Maharishi International University），也就是現在的瑪哈里希管理大學（Maharishi University of Management），該校園位於愛荷華州的費爾菲爾德，得梅因（Des Moines）西南部80英里處。自那以後，它便成為了眾多相關教育機構的所在地。例如開悟時代瑪哈里希學校便是其中之一。這是一家私立學校，提供所謂「意識為本」（Consciousness-Based^{SM}）教育，涵蓋了從學前到12年級。該學校位於羅伯特·基斯·華萊士博士街（Dr Robert Keith Wallace Drive）上，該街以瑪哈里希管理大學的創辦人、同時也是首位著書宣傳超驗冥想益處的學者之一的華萊士博士命名。學校主張「發掘每一位學生內心的天賦」，並宣稱「我們的高中部學生始終在國家標準化考試中位列前1%」（Maharishi School n.d.）。坐落於此的還有理想女子學校（Ideal Girls School），是一所大學預備學校，只接受女生，1996年特許建立，2001年遷至愛荷華校址。這兩所學校都強調以「通過『意識為本』教育來彌補完整教育中缺失的三分之二內容。它提供系統性的超驗冥想技術來消解壓力，完善大腦功能，使認知者全面發展，從而優化認知或學習的過程。」（Ideal Girls School n.d.）

　　除此之外，費爾菲爾德也同時支援許多其它的高等教育機構。瑪哈里希管理大學提供各種藝術和科學，以及商業和人文學科的本科和研究生學位課程。和中西部許多其他州立大學一樣，瑪哈里希管理大學經認證可頒發學位，已有700餘名在校或遠程教育學生在校註冊。瑪哈里希開放大學（Maharishi Open University）以英式高等教育模式之一為基

礎，通過互聯網和衛星電視提供遠端教育。瑪哈里希開放大學的教學通常由視頻展示構成，主題包括「高階意識」、「全知視野」、「掌控自然，通向完美人生的坦途」等。瑪哈里希開放大學同時也支持瑪哈里希衛星電視頻道。頗具爭議的是，超驗冥想運動兩大雄心勃勃的計畫之一便是在愛荷華的費爾菲爾德建立瑪哈里希吠陀城，而另一件則是在全世界建立和平宮（Peace Palaces）（見Lowe 2010）。

　　世界計畫的目標是建立上千所超驗冥想培訓中心來傳播瑪哈里希效應在全世界的影響，和世界計畫相似的是，瑪哈里希提出建立3,000座和平宮是為了削減所有集體練習高級超驗冥想技術（例如，超驗靜坐）的所在城市的負能量。和平宮的設計參照吠陀建築原理和景觀美化原則，它同其他超驗冥想機構一樣同時提供超驗冥想和超驗靜坐的培訓和練習。他們也提供閱讀吠陀占星書籍，吠陀按摩治療，利用聲波「提高人體內在智力」的「瑪哈里希吠陀振動技術」（Maharishi Vedic Vibration Technology）。

　　超驗冥想在西方推銷自己是一種准世俗的冥想療法，過分強調《吠陀經》的重要性就變得困難。《吠陀經》是印度教經典中最古老的經文。這和最近其他試圖協調量子物理和東方精神傳統的嘗試並沒有什麼不同（例如Capra 1999; Zukav 1979）。事實上，根據斯科特·洛的說法：

　　　　瑪哈里希教導說，現代物理學告訴我們，世界是由振動構成的，而在《梨俱吠陀》（Rig Veda，可能是現存最古老的印度文本）中發現的古老咒語歐姆（Om，或Aum）是這些振動的原始來源。瑪哈里希進一步斷言，吠陀讚美詩提供了與提婆（devas）——吠陀宗教的神——的直接聯繫。通過誦經和

吠陀儀式，熟練的精神技術專家可以徵召這些神來改變世俗世界。（2011: 57）

2001年，超驗冥想運動圍繞瑪哈里希的吠陀意識科學建立了一個完整的社區。對於信徒來說，愛荷華州的瑪哈里希吠陀城是一個模範社區，它按照超驗冥想的吠陀原則來運作，受自然法則的約束。它具有內部使用的貨幣「讓姆」（Raam）、負責管理的市議會、向遊客開放的旅館和景點。建築物的構造同和平宮一樣以吠陀建築爲基礎。吠陀農業方式主張生產有機作物，並且吠陀醫療保健遵循自然和預防爲主的原則。地方安保由冥想靜坐者組成的常設小組提供，他們在社區周邊不斷地釋放瑪哈里希效應，信徒們將該小組稱爲「自然安全局」（Natural Security Agency）（見Maharishi University of Management n.d.）。

超驗冥想：科學與治療問題

對於超驗冥想的練習者來說，看不見的秩序是完全由自然法則支配的。就事物的自然規則而言，其絕對現實（Absolute Reality）和內在自我是一致的。然而，正如科學教教徒所理解的看不見的秩序，人類失去了與絕對現實的接觸，因此我們獲得的意識是有分歧的，在物質世界裡得到的虛幻的經驗和不變的絕對現實之間存在矛盾。超驗冥想對這一問題的解決方法是通過冥想練習重新組建內在自我。物質存在由物理定律支配，而滿足個人要求則需運用創造性智慧科學（Science of Creative Intelligence），這一「意識技術」能讓個人充分發揮潛力。通過練習超驗冥想和超驗靜坐，練習者相信他們能獲得純粹的創造性智慧並在生活的各個方面實現眞正的滿足感。

在上一章爭論科學教是否應被視作合法宗教這一問題上，超驗冥

想不僅是鏡面式的參照，還提供了有意義的對比。科學教在發展初期只是一種治療方法，它力圖得到宗教認可；而超驗冥想起初是一個宗教組織，之後擺脫其宗教內涵，而僅以治療冥想技術面世。然而當超驗冥想開始提出充分理由，證明自己僅僅是治療性的冥想技術，並且主動不以宗教的面孔問世時，矛盾卻產生了。儘管它重申其療法具備科學事實依據，然而它卻不斷展示出眾多的傳統宗教元素，阻礙其保持任何形式的非宗教身分。

很明顯，當瑪哈里希應用和推廣冥想練習時，他是用宗教術語的方式來思考的。加利福尼亞的精神重生運動組織的官方文章中明確表示：「該組織是一個宗教組織」（Art. 11）；其主要目的是「謀求精神福祉」（Art. 4）；「該組織的精神領袖」是瑪哈里希·馬赫什瑜伽師（Art. 6）（Spiritual Regeneration Movement 1959）。在印度，特別是在印度傳統文化中，宗教和非宗教之間的區別並非像在西方社會中那樣清楚，瑪哈里希在20世紀50年代晚期發起精神重生運動時或許並未考慮這個問題。他確實也明確地表示過「在宗教占主導地位的國家裡應以宗教的形式教授超驗冥想；在以政治占支配地位的國家裡應以政治的形式教授超驗冥想；在經濟佔優勢的國家應以經濟的方式教授超驗冥想。」（Johnston 1980: 339）

然而，瑪哈里希很快就認識到，大部分被超驗冥想吸引的西方人既不對宗教知識也不對精神維度和宗教譜系感興趣。他們冥想是為了減輕壓力，提高生活品質。根據梅森的書中記載，瑪哈里希注意到「科學的發展使得這個時代的人們不相信任何帶有神秘主義色彩的事物。讓我們通過科學、系統的方法來認識絕對存在（Absolute Being），每一個成就都會由相應的個人經歷來填補。」（Mason 1994: 48-9）因此，為了吸

引西方世界以科學為導向的人們，1970年左右，超驗冥想開始從宗教習俗轉變為世俗的治療方法，並且加尼福利亞精神重生運動組織的文章中刪去了所有有關「宗教」和「宗教的」字眼。

　　當超驗冥想努力爭取治療性冥想的身分時，運動的主要參與人員開始有意遠離早期的宗教習俗。一位超驗冥想高級人員說到：「超驗冥想技術不是宗教」，「它不是宗教習俗，它和宗教一點關係也沒有，它所做的都是全面開發大腦潛力。」（引自Kennedy 2001）但是與此同時，有些超驗冥想參與者卻認為這一新形象僅僅只是策略上的轉變。的確，社會學家羅伯特·貝拉（Robert Bellah）記錄了她與一位瑪哈里希大學（Maharishi University）教職人員的談話，「毫無疑問，超驗冥想是一個宗教」，但是「出於公共關係原因」，並未宣揚其宗教本質。（Malnak v. Yogi 1977a）

　　與科學教形成鮮明的對比，超驗冥想運動和宗教團體的傳統形象十分一致，因此其治療性冥想的說法受到熱議。瑪哈里希·馬赫什瑜伽師具有印度教背景，他是一個為著名的印度教古魯所鍾愛的徒弟，他將自己定位為一名具有印度教血統的神職人員。超驗冥想的入會儀式和日常的冥想都包含了印度傳統宗教儀式的元素。關於這方面有一個特別的例子，運動早期時每一個超驗冥想教師都被要求向瑪哈里希發誓，誓言如下：「偉大的古魯上師，被您選中來侍奉神聖傳統，並把神之光灑向所有需要他的人，這是我的命運。」（Malnak v. Yogi 1977b）大多數學術評價認為超驗冥想是療法和宗教互相摻雜的，把它列入新宗教運動清單中是合理的。在這一點上，社會學家威廉·希姆斯·班布裡奇（William Sims Bainbridge）的闡述最為清楚：「超驗冥想是印度教的高度簡化，它適應了那些沒有相應文化背景，不能接受全套印度教信仰、象徵和活動的西

方人的需求，因此反映了一個宣教運動是如何剝離出宗教傳統本質來適應更多沒有宗教信仰的人的。」（Bainbridge 1997: 87）從另一方面來說，和科學教不同的是，超驗冥想沒有指定的經文，沒有教義要求，沒有持續不斷的朝拜活動也沒有明顯的教徒聚集的社區。瑪哈里希稱自己既沒有受過特殊神啓也並沒有超自然人格。

　　相比以上內容，恐怕超驗冥想在公衆支持的組織裡，尤其是公立學校系統開設冥想課程更爲引人關注。當新澤西州的五所公立高中收到美國衛生及公共服務部（Department of Health, Education, and Welfare, DHEW）的補助資金，用以支持開設超驗冥想技術選修課時，包括宗教整合聯盟（Coalition for Religious Integrity）、美國政教分離協會（Americans United for the Separation of Church and State）等衆多組織在1976年2月提起訴訟（見Malnak v. Maharishi Mahesh Yogi, in Spiritual Counterfeits Project 1978）。當超驗冥想在法律範圍之外時，它本質上是宗教還是世俗的或許沒有那麼重要，但是當政教分離原則提出之後，這個問題就很重要了。美國地區法官H·柯帝士·米諾（H. Curtis Meanor）在這一問題上的看法非常明確，他認爲超驗冥想打破了政治和宗教之間的界限。例如，課程所使用的教科書《中學創造性智慧科學：一年級》（Science of Creative Intelligence for Secondary Education: First-Year）在「描述終極存在的不同形式時常使用『上帝』這個稱呼」（Spiritual Counterfeit Project 1978: 59）。學生在誦念禱告之前都被要求先進行普伽儀式，「毫無疑問，向神或具有神性的存在祈求就是禱告」（Spiritual Counterfeit Project 1978: 4）。米勒法官斷定「創造性智慧科學/超驗冥想教學和普迦儀式的本質是宗教，除此之外沒有任何推論是可能的」，「新澤西公立高中的創造性智慧科學/超驗冥想課程的教學方式違反了憲法第一修

正案的設立條款（the establishment clause），其教學活動必須被禁止。」
（Spiritual Counterfeit Project 1978: 72）

　　關於超驗冥想的治療方法得到科學證實的說法，也遭到了一些科學家的批評和質疑，他們不相信超驗冥想具有獨特的、有益身心健康的功效。超驗冥想則堅稱冥想練習的益處已在35個國家的200多個獨立研究機構所做的600多項研究中得到證實（Maharishi Vedic Education Department Corporation 2005）。然而，其他研究者認爲這些研究很多都是由其擁護者和修行者開展的，因此其結果及其研究方法均不可信。確認偏差（Confirmation bias），即傾向於認爲有效的主張或結果會確認我們的信念；而它的近親，期望偏差（expectation bias），認爲預期結果比非預期結果更重要，這兩者是超驗冥想研究的兩個主要問題

　　超驗冥想的一些學說，例如獲得意識的高階狀態，是無法用觀察來衡量的，圍繞個人和集體練習冥想是否有益的爭論引起了不少話題。例如丹尼爾·德魯克曼（Daniel Druckman）（2000）發現，沒有任何證據證明超驗冥想可以改善人類，赫伯特·本森（Herbert Benson）（1974）斷言超驗冥想並不比其他冥想技術更有效。的確，很多研究者認爲超驗冥想或許只對有些人有好處，其他人可能獲得的是消極的精神健康影響（見Lazarus 1976; Heide and Bokovec 1983, 1984）。還有批評指出瑪哈里希吠陀城作爲世界上聚集超驗冥想從業者最多的地方之一，其周邊並未出現明顯的、持續不斷的瑪哈里希效應。然而，根據洛的說法，瑪哈里希「斷言《吠陀經》（並暗示了基於它們的冥想程序）比現代科學理論更完整和準確，正是因爲不像科學理論，它們不能被證僞。理性主義者所認爲的責任變成了無懈可擊的力量！」（2011: 57）換句話說，科學方法是在它服務於超驗冥想的組織目的時被調用的，但在它沒有服務於組織目

的時則被拒絕。

　　總體來看，超驗冥想所引發的社會衝突比起科學教要小得多。超驗冥想試圖將冥想課程推廣到公共機構的做法遭到了司法部門的拒絕，但是並未給課程本身帶來負面評價。儘管科學家們懷疑超驗冥想看似崇高的觀點，但也並未質疑冥想練習基本的合理性。公立學校裡超驗冥想的反對者聯盟絕大部分是主張政教分離的公民自由主義者，以及堅持在子女教育問題中排除非基督教影響的基督教保守派。考慮到實際困難，超驗冥想運動並未採取對抗的姿態。斑布裡奇和傑克遜引述了瑪哈里希的話，「如果國家的法律要求我們以宗教的名義教學，那樣很好，我們會遵守法律，離上帝再近一點。」（1981: 155）

　　儘管超驗冥想也向著較少會引起衝突的方向發展，但這並不是說衝突就完全化解了。運動並未放棄將「意識為本的教育」引入公立學校的嘗試。20世紀90年代，當華盛頓特區的一所學校被發現多年來一直提供超驗冥想課程時，爭論又重新出現。最近，在瑪哈里希管理大學的科學、技術與公共政策學院（Institute of Science, Technology and Public Policy）的資助下，超驗冥想的擁護者們在2006年舉辦了一場全國巡講，來推廣「意識為本的教育」進入公立學校的主張。由於他們認為只有超驗冥想練習才能為這個傷痕累累的世界帶來最美好的希望，它將一直尋找機會傳播理念，探究在課餘時段或是在私立學校中提供意識為本教育的可能性。

研究超驗冥想

　　與科學教轉向流行心理學和相對簡單化不同，「驚人」（gee whiz）技術在一個明確的宗教系統中，超驗冥想表面上拒絕了其宗教根源，聲

稱冥想練習的獨特功效和在世界上的影響都得到了經驗驗證。然而，正如斯科特·洛指出的那樣，「大多數超驗冥想資助的研究的問題是研究的預定結果。瑪哈里希已經宣佈超驗冥想是一種萬能的靈丹妙藥，研究人員的工作就是確認這個結論是毋庸置疑的。科學只有在證明超驗冥想的益處時才有用。有負面作用的證據則沒有被報導。」（2011: 60）

　　這個案例為新宗教運動的研究人員提供了各種不同但相關的方法，來調查超驗冥想的主張的本質，以及這些主張在冥想者的世界觀中所處的位置。當然，問題在於該組織聲稱使用公認的科學方法確認（而不是測試）那些實際上不能被證偽的東西的方法。我們既不能直接檢驗超驗力量的運作，也不能直接檢驗超驗力量的有效性，正如我們不能證明超驗力量的存在或運作一樣。在《魔鬼出沒的世界》（The Demon-Haunted World）一書的序言中，天文學家和懷疑論者卡爾·薩根（Carl Sagan）稱超驗冥想「也許是最近在全球範圍內最成功的偽科學」，並得出結論，「（超驗冥想的）說法沒有一點確鑿的證據。」（1996: 16）話雖如此，薩根也承認超驗冥想吸引了「大量有成就的人，其中一些人擁有物理學或工程學的高學歷。這些不是愚人的教條，還有別的事情在發生。」（1996: 19）那麼，新宗教運動研究人員面臨的問題是：到底發生了什麼？例如，在超驗冥想出品的研究報告中，什麼是參與者認為有說服力的？組織如何加強其目前故事的引人注目的本質？

　　調查超驗冥想的聲明及其對潛在客戶的影響的一種方法是對內部研究報告進行元分析（meta-analysis），尋找方法、結果、研究樣本等方面的模式。超驗冥想的研究方法控制，是為以下這些社會心理過程：確認偏差（我們傾向於將我們認同的資訊當作真實資訊），效度效應（validity effect）（我們越經常看到的，越會被認為是真實的），源分離（source dissociation）（我們容易忘記學到的東西，尤其是我們認同的部分），可用性啓發式（availability heuristic）（我們越容易把某事在心中描繪出來，就越有可能認爲它是準確的）。這類元分析的另一個方面是調查由超驗冥想贊助的研究是如何與修行者進行交流的。這幾乎是不言自明的，更多的冥想者將通過超驗冥想雜誌、期刊和線上資源瞭解這項研究，而不是閱讀原始的文本。那麼，這些研究是如何呈現的呢？使用哪種語言？報告是如何形成的？證明信是如何使用的？如果第一個元分析著眼於研究方法，那麼這條進路運用了宣傳理論的各個方面，卽資訊是如何被操縱和管理以達到特定的制度目的。

延伸閱讀：超驗冥想

- Bloomfield, Harold, Michael Cain, Dennis Jaffe, and Robert Kory. *TM: Discovering Inner Energy and Overcoming Stress.* New York: Dell, 1975.

- Lapham, Lewis. *With the Beatles.* Hoboken, NJ: Melville House Publishing, 2005.

- Lowe, Scott. *Transcendental Meditation, Vedic Science and Science.* Nova Religio 14.4 (2011): 54–76.

- Mason, Paul. *The Maharishi: The Biography of the Man who Gave Transcendental Meditation to the west.* Shaftesbury, UK: Element Books, 1994.

- Scott, R. D. *Transcendental Misconceptions.* San Diego: Beta Books, 1978.

- Spiritual Counterfeits Project. *TM in Court.* Berkeley, CA: Spiritual Counterfeits Project, 1978.

- Yogi, Maharishi Mahesh. *The Science of Being and the Art of Living.* New York: Signet, 1963.

第四章　藍慕莎與新時代運動：「危險膜拜團體」問題

> 在學校裡，我們已經把神聖的你的某些方面和科學、概率尺
> 度等聯繫在了一起。我們的學校，它確實是一所學校，它負責
> 把來自其他所有地方的、世界範圍內的實體收集起來。來到
> 這裡學習的人，不是抽象的神，也不是在虛無縹緲的地方的
> 神，來這裡學習的學生，是為了在自身之內找到神靈，在自身
> 之內找到理性，找到自己和神靈的關係，以及探索神靈是如
> 何運轉的。
>
> ——由賴特通靈而成的藍慕莎，2004年於西雅圖

1997年，在位於耶姆（華盛頓卡斯柯特山[Cascade mountain]的一個小社區）郊區的賴特（JZ Knight）自家莊園內舉辦了一場會議。會議結束時，來自賽布魯克學院（Saybrook Institute）的著名心理專家斯坦利·克里普納（Stanley Krippner）對賴特說：「雖然我不知道你是什麼，但是很顯然，你絕不是一個騙子。」（Satir 1997c: C1）賴特是一個出色的通靈者，在新時代運動的狂熱者中，她以作爲藍慕莎的通靈者而聞名。據說藍慕莎是具有35,000年歷史的來自消失的利莫里亞（Lemuria）和亞特蘭蒂斯（Atlantis）大陸的戰神。整整兩天時間，代表了各自領域學術權威的12位特邀學者，通過發表文章和召開座談會來仔細思考他們針對賴特、藍

慕莎通靈者以及坐落在她40畝大農場上的藍慕莎開悟學校（Ramtha's School of Enlightenment, RSE）所做的調查。應著名的美國宗教歷史學家J・戈登・梅爾頓的要求，這場會議由賴特組織，被稱作「尋找自我：意識在現實建構中的作用。」後來，梅爾頓也在藍慕莎開悟學校參加了三年的調查研究。（Melton 1998b）

當社會學家展示他們對藍慕莎開悟學校學生的人口統計資料研究成果時，心理學家指出：當賴特是她自己和她作爲藍慕莎通靈者的時候，她的身體變化是非常明顯的。比如，她的心率顯著降低，皮電反應（galvanic skin responses）也不同，此外，一位觀察者記錄到：當她作爲賴特的時候，眼睛是非常柔軟的藍色，但當她作爲藍慕莎的時候，她的眼神變得迷離，眼睛的顏色也變成鐵灰色（Harley 1997）。宗教歷史學家展示了由賴特通靈的藍慕莎的教導和其他女人，諸如瑪麗・貝克・艾迪（Mary Baker Eddy）和海倫娜・彼得羅夫娜・布拉瓦茨基（Helena Petrovna Blavatsky）所教授的新想法信仰之間的聯繫。後兩位分別是基督教科學派（Christian Science）和神智派（Theosophy）的創始人（Harley 2005）。梅爾頓在回應克裡普納的評論時，對記者說道：「關於藍慕莎是否存在的討論並不是問題的關鍵，關鍵的是檢查藍慕莎和社區所提出的有關賴特通靈的現象。」（Satire 1997a）儘管在會議上提供的答案無法使每個人滿意——一些人仍然認爲賴特不正常，要麼人格分裂，要麼就是擁有魔力，還有一些人對她不予理會，認爲她不過是個騙子，她的學生不過是受到了矇騙——很明顯，對成千上萬的人而言，藍慕莎是眞實的，很多人都已經搬到耶姆，並直接進入了藍慕莎開悟學校學習。

賴特和「開悟者」（Enlightened One）藍慕莎，都是後來被通俗或者學術地稱爲「新時代運動」的一部分，該運動是包括工具靈性

（instrumental spiritualities）、經年哲學（perennial philosophies）、個人諾斯替主義（personal gnosticism）、人類潛能治療（human potential therapies）和各種替代性健康實踐（alternative health practices）的大雜燴，大多數從20世紀60年代開始在北美和歐洲蓬勃發展。儘管批評者很快指出，關於新時代運動，其實沒有多少「新」東西，並且在這項運動裡，參加者共奉一個普遍信仰，卽相信人類處在巨大的個人和社會變革的邊緣，它們之間的這點關聯性並不足以構成一個確切的「運動」。新時代運動是人類共用的「新時代」曙光的千禧年願景，在這個願景裡，個人是意義和眞理的終極落腳點。

　　相比於運動，稱它爲亞文化更合適，新時代運動包含各種修道方式，從水晶的治癒能力到量子物理學和東方宗教的結合，從心靈反映現實的能力到一些諸如意念致動（telekinesis）、前世再現（past life recall）和遠程視物（remote viewing）等心理現象，從中產階級的薩滿敎（shamanism）到藍慕莎、抹大拉的瑪利亞（Mary Magdalene）、大地之母（Mother Earth）、光明會（The Assembly of Light）和天師之聲（The One Voice of the Ascended Masters）等等。由於篇幅有限，本章不能詳細地介紹組成新時代亞文化的所有不同信仰和實踐——關於新時代亞文化的明確討論可見沃特·漢尼葛夫（Wouter Hanegraaff）的《新時代宗教和西方文化》（New Age Religion and Western Culture）（1996）——因此，我們將選擇賴特和藍慕莎，作爲更被公眾所知曉的案例進行重點討論。更特別的是，由於各種各樣的新宗教運動往往在大眾話語中被混爲一談，常常圍繞著「危險膜拜團體」的概念被放在一起，賴特和藍慕莎爲這種成見提供一個有用的反駁。

誰是賴特？誰是藍慕莎？

　　賴特受到很多名人的稱讚，比如琳達・埃文斯（Linda Evans）和雪麗・麥克萊倫（Shirley Maclaine），她們寫了兩本書（1983; 1985），在書中盛讚賴特。她還受到數以萬計想要同藍慕莎交流的人們的競相追逐。在20世紀80年代，她無疑是世界上最有名的通靈者。在1985年，她出現在莫夫格裡芬秀；兩年後，《時代》雜誌稱她「可能是目前所有通靈者中最著名的」（Friedrich 1987）。如今，儘管她已經幾乎淡出了人們的視野，一門心思地在耶姆農場教學，但她仍是最能讓人辨識的面孔之一。比如，在2004年，由藍慕莎開悟學校的三位學生編劇、製作、執導的一部獨立電影《我們到底知道什麼？》（What the Bleep Do We Know!?）（Vicente, Chasse, Arntz 2004; cf. Bruce 2005）成爲了當年電影季最令人振奮的電影之一，該電影自始至終都是對藍慕莎進行採訪。這是一部相對低成本的，有關靈性和量子機制之間關係的紀錄片，該片克服重重困難，維持在戲院放映長達一年之久，並在DVD版本發行的前六個月內賣出了一百多萬份拷貝。兩年後，此片推出擴展版《怎麼回事？！——兔子洞之旅》（What the Bleep?!: Down the Rabbit Hole）（Arntz, Chasse, and Vicente 2006），包含了近15個小時的額外素材，並發行了DVD。

　　1946年3月16日，賴特出生在新墨西哥州的羅斯維爾（Roswell），原名叫裘蒂絲・達琳・漢普頓（Judith Darlene Hampton）。在她出生前一年多，一個偶然事件讓這個微不足道的荒涼社區成爲了各類UFO愛好者的樂園。賴特家境貧寒，她的父母是居無定所的農場勞工，因此當父母到處找工作的時候，她的幼年也就在美國西南部的遊蕩中度過了。她回憶道：「我的父母在農田裡採棉花，我就在一旁和他們一塊兒工作。」（1997）可是，由於爸爸酗酒，賴特很小的時候母親就跟父親離婚了。隨

後，母親帶著孩子們去了羅斯維爾以南40英里的阿蒂西亞（Artesia）。接著她的母親再婚，但不幸的是，賴特的繼父也好不到哪裡。她回憶道：「從來沒有人對我說過愛我或者需要我」（Satir 1997b）。自我價值和被拋棄的問題時常在她的生活和人際關係中再現。

　　小時候，賴特便開始在意和衡量當地教會中人們是否對她接受或認可。她早期的宗教教育是嚴格的、基礎的浸禮宗（Baptist），據梅爾頓說，「13歲之前，裘蒂絲就開始給附近的孩子講解《聖經》。」（1998b: 3）在耶姆的會議上，賴特告訴記者：「在教堂裡，我愛上了上帝，因為我知道上帝平等地創造了我們。」（Satir 1997b）不論這是孩童時期信仰的精確回憶，還是對她後來精神遭遇的放大，平等的觀念成為了藍慕莎通過賴特提供的許多教義的核心。她在向新入學藍慕莎開悟學校的學生作自我介紹時，經常會像一個孩子那樣說，「我可以彰顯我對上帝與生俱來的愛。從我還是小孩的時候，我就聽到大腦裡有一個聲音，並且，因為沒有人想知道我所想的，我可以一直聆聽來自大腦的聲音。」（Knight 1995）

　　當正式的教堂禮拜結束時，像很多其他人一樣，努力弄懂了《聖經》的涵義後她開始質疑上帝怎麼能允許或者寬恕《舊約》中敘述的諸多野蠻暴虐行為。當她在一個教堂學校課堂上提出這個問題的時候，老師也無法回答她，反而譴責她缺乏信仰（Melton 1998b: 5）。更加明顯的決裂出現在一次禮拜活動中，當時，一個牧師斥責她的小姑子抹著口紅進教堂，而她聽到後一氣之下徑直離開了。儘管她聲稱他從未放棄上帝——或是她曾經愛的上帝概念——「在13歲那年，我意識到我愛的那個上帝並不是教堂中提到的那個上帝。」（Satir 1997b）

　　經過在大學和商學院短暫的相處後，賴特和她曾經的高中同學克

里斯‧漢斯萊（Chris Hensley）步入了婚姻的殿堂，隨後他們有了兩個兒子，布蘭登（Brandon）和克里斯多弗（Christopher）。但是，在二兒子出生後不久，克里斯的酗酒和不忠讓他們的婚姻走向了終點。作為單親媽媽，她開始在羅斯維爾給當地一家有線電視公司工作。正是在這段時期，裘蒂絲‧漢普頓開始消失，取而代之的則是賴特的出現。儘管對她的很多朋友來說，她是「裘蒂」（Judy），很多人覺得這個稱呼相對她的職業來說不太正式；同時她也是「漢斯萊夫人」（Mrs. Hensley），這個稱呼卻不適合她熱情、開朗的個性，因此她的上司建議她換一個激進些的名字。於是，她開始使用一個叫「斑馬」（Zebra）的綽號——一方面因為「她經常穿白色和黑色的衣服」（Melton 1998b: 7），另一方面「因為她把生命看成黑白兩色的傾向」（Connell 1997b）。不管綽號的起源是什麼，「裘蒂‧斑馬」（Judy Zebra）變成了「JZ」——讀起來就像拼寫在一起的「傑西」（Jayzee）。

據梅爾頓所講，賴特回想起她生命中的很多事情。在這些事件中，預知和異常的洞察力標誌著她走上了成為世上最著名的通靈者之路。她母親曾做過能預見未來的夢。當賴特還是一個嬰兒的時候，一名雅基族（Yaqui）女人告訴她母親：「你女兒將會看到別人看不到的東西……她的命運……還有其它非常重要的事情。」（Melton 1998b: 3）少年時期，賴特曾和其他女孩在一個通宵派對上看到奇怪的紅色光線射過她們宿舍的窗戶。儘管她們從來沒有談論過這奇怪的光線，但當賴特幾年後試圖提出它的時候，便有了一次通靈體驗。當時，她的「眼神變得黯淡無光，在她的大腦裡，她看到一束紅色的亮光。然後，她看到自己向這道光線走去，走進了光線，最後融入光線中。」（Melton 1998b: 4）多年以後，當她居住在加利福尼亞的曼哈頓海灘（Manhattan Beach）時，她跟朋友

一起拜訪了當地的一名算命師。儘管是那位朋友約的算命師，但那位算命師卻把注意力放在了賴特身上，並告訴她很多她過去的事情一些賴特不可能知道的事。算命師預言，短期來看，賴特將會到一個「很熱的地方……你的後背會被灼傷。」（Melton 1998b: 2）賴特把它解釋成幾個星期之後的嚴重的太陽曬傷——但長期來看，將會有一個決定她命運的選擇出現在她面前：「你以後將會從事兩份工作。其中一份是在生意蕭條的地方。另一份工作的地點，則是一個大山、松樹遍佈的地方，有著鏡子般的湖，呈現天堂的倒影。如果你走進大山和松林，你就會遇到救世主。明白嗎？」（Melton 1998b: 2）賴特當時並不理解這些。但後來，她把這每一件事都解釋為引導她走向藍慕莎之路的必要環節。

到了20世紀70年代中期，賴特居住在華盛頓州的塔科瑪（Tacoma），並打算再婚。當時，正值北美新時代運動最火熱的時期，像水晶、能量和金字塔能等類似的東西風靡一時。1977年的2月，當時正在進行關於可以利用金字塔能保存食物的驗證，賴特為了好玩，在自己的頭上放了一塊金字塔硬紙板。按她自己的敘述，這個簡單的動作為她通往藍慕莎打開了通靈之門。當她把金字塔硬紙板取下的時候，「在我的小廚房的盡頭有閃光，那樣子就像你抓了一把微光，然後在一縷陽光下打開它。」她繼續說道：

> 在我的廚房盡頭有一道光，然後我就被催眠了。我面前出現了一個七尺高的東西，大小像人形，他是我一生中見過的最美麗的東西。他臉上掛著迷人的微笑，手掌寬大，手指修長，黑色的眼睛仿佛在跳舞。他注視著我，對我說「親愛的女人，我是藍慕莎，是開悟者，我是來幫助你脫離困境的……它被稱為缺陷的困境。我在這裡，我們將一起做一件偉大的事。」
> （Knight 1995）

　　儘管賴特出身卑微，家境平凡，不過藍慕莎跟她無疑是一樣的。新聞報導關於藍慕莎的內容很少，僅僅知道他是「一個35,000年前的戰士和來自消失的亞特蘭蒂斯大陸的精神法師（spiritual adept）」（Connell 1997a）。這樣一個簡短的描述，導致了藍慕莎被諷刺爲一部流行卡通《杜斯別裡家族》（Doonesbury）裡的「大塊頭『拉』」（Hunk-Ra）。可是，爲了理解支撐藍慕莎教義的宇宙論以及存在於通靈者和被通靈者之間的密切關係，以及藍慕莎對於成千上萬自稱是藍慕莎開悟學校學生的人的意義，關於藍慕莎的詳盡歷史就變得更爲重要了。

　　據藍慕莎開悟學校最重要的典籍之一《藍慕莎白皮書》（Ramtha: The White Book）記載，藍慕莎只在這個星球作爲人類存活了一世。像賴特一樣，藍慕莎也出身貧寒並且曾陷入絕境。他的民族是來自利莫里亞大陸的難民，後來他們生活在「奧奈（Onai）的貧民窟，奧奈是亞特蘭蒂斯（Atlatia [Atlantis]）大陸最大的港口城市」（Ramtha 2004: 27）。亞特蘭蒂斯崇尚智慧，並且把他們的社會建立在科學成就之上。而利莫里亞則發展他們的精神天賦，崇尚「一種他們稱之爲未識之神（Unknown God）的力量。」（Ramtha 2004: 28）由於利莫里亞人缺乏技術能力，因此受到亞特蘭蒂斯人的輕視，利莫里亞人被用作奴隸勞工，被「視作星球的糞便，還不如大街上的一條狗」（Ramtha 2004: 29）。當藍慕莎還是個孩子的時候，他就目睹了他的母親在大街上被人強暴——後來，他的母親和因爲這次遭強暴而生下的孩子都死了——而他的哥哥被一個外國貴族拐賣。當他14歲的時候，他的生命就已經歷盡滄桑。然後，他就進入大山，跟隨利莫里亞人的未識之神一起戰鬥。因爲忤逆上天，藍慕莎被一個「手執巨劍的奇怪女人」拜訪（Ramtha 2004: 31）。女人告訴她，拿上這把劍並戰勝自己。儘管他不理解女人的意思，但還是接過了那把劍然

後下山了。「這天作爲藍慕莎的不祥之日，被記錄到了印度人的歷史裡。」（Ramtha 2004: 31）藍慕莎回到了奧奈，他在利莫里亞的奴隸中組建了自己的軍隊，攻擊了亞特蘭蒂斯人，開倉賑濟了窮人，然後將這座城市焚爲平地。

經歷這次戰爭之後，藍慕莎又帶著他的奴隸武裝退回到了大山深處。受憎恨的驅使，他領導他的軍隊展開了一場清除「人類暴政」的運動（Ramtha 2004: 32）。藍慕莎稱（2004: 33）：「我創造了戰爭，我是這個星球的第一個征服者……我想要掃除所有形式的暴政，我做到了，不料我卻變成了我所鄙視的。」幾年之後，由於在戰爭中嚴重受傷，藍慕莎不得不靜養，他開始第一次真正審視他周圍的世界。當他看到一名老婦死去的時候，他發現太陽照常東升西落，絲毫不爲老婦之死所動。正如他在參加的許多戰爭和殺死的眾多敵人一樣。也就是在這個時候，藍慕莎回歸到了「未識之神」，不是懷著憎恨之情而是開始真正思考它。他並不想利用有組織的宗教做什麼，因爲他相信「如果人類創造了上帝，那麼上帝就是不可靠的。」（Ramtha 2004: 36）。藍慕莎明白，人類創造的神，不過是他們共同願望和恐懼的投影，藍慕莎第一次意識到這個真理，他通過35,000年後的賴特來傳遞這個真理，而這也成爲藍慕莎開悟學校教義的基礎，即：「你就是上帝」。

經過多年修行，一系列的體外經驗讓他確信他距離真理越來越近，通過持久的沉思，藍慕莎的身體逐漸產生變化，起初，他開始發光，然後光線越來越弱，直到變成一縷微風。藍慕莎回到民眾中間，他將探索得來的真理用120天的時間教導給他們。然後，他「脫離了肉身的束縛，上升到思想的流動狀態」。「然後我明白了，」他總結道，「人，就其本質而言，就是真正的上帝。」（Ramtha 2004: 43）

藍慕莎開悟學校的歷史和發展

　　當藍慕莎通知賴特，他們要一起「做一件偉大的事」的時候，賴特並沒有徑直離開，而是立即在當地酒店租下一套會議設備。事實上，她對這個經歷還是有點害怕的。她可能會離開新墨西哥的浸禮宗，但浸禮宗的原教旨主義信仰，即「結交邪惡靈魂是非常危險的」卻難以擺脫。她害怕可能要跟一個魔鬼甚至是反基督者進行接觸（Knight 1987: 353），所以她找了幾家當地的神職人員尋求幫助。不出所料，正如梅爾頓所說，這是「最讓人失望的經歷」（1998b: 25）。沒有人願意、或者有能力幫助她理解這段經歷，直到她遇到一位當地的靈媒雷夫·洛林·格雷厄姆（Rev. Lorraine Graham）。當賴特跟格雷厄姆交談的時候，賴特進入了出神狀態並且藍慕莎顯現了。由於深信藍慕莎的真實性和重要性，格雷厄姆向賴特解釋了靈媒和通靈人的本質區別。靈媒允許靈魂通過她來說話，但是，通靈人才是真正的騰出自己的身體，並且允許靈魂完全使用她的身體，這是一種更為罕見的經驗（Knight 1987: 383）。

　　1978年末，在進行幾次免費通靈之後，賴特筋疲力盡，並對那些她稱之為「精神上吃白食」的人充滿厭惡（Knight 1987: 441）。這時藍慕莎指示她，要開始向那些到通靈現場聽講的人收取費用——最初每人100美元。一開始，賴特對這樣的佈道方式充滿疑惑。藍慕莎於是問她，為什麼不給他所呈現的教義以及他通過她施予他人的禮物賦予一個貨幣價值呢？這些錢既可以幫她脫離丈夫，獲得一定程度的經濟獨立（他的丈夫對藍慕莎的興趣越來越濃厚，對賴特的興趣反而減少了），還可以滿足她對優良馬匹的熱情。也就是在這個時候，她遇到了她的「靈魂伴侶」，一個來自加利福尼亞州的牛仔，名叫傑夫·賴特（Jeff Knight）。

　　在賴特早期的公開通靈中，這些會話以「藍慕莎對話」（Ramtha

Dialogues）聞名，是在私人居所、新時代商店、教堂、冥想中心和後來的
酒店會議室內進行的互動對話。現在，參與者要付幾百美元來參加週
末班，在每次兩到三小時的交談中，藍慕莎會做一個陳述，然後同觀衆
中的個人進行互動。會話的錄音帶是可以利用的，還有收集的抄寫本
以及出版的一系列書籍。在相對較短的一段時間內，藍慕莎對話讓賴
特和藍慕莎成了新時代社區中最流行的、最有吸引力的人之一，賴特也
不斷地受到人們的歡迎。她甚至創建了一個短命的宗教機構，「是我教
會」（Church I AM），但由於藍慕莎的學說不能很好地適應體制的框架，
因此是我教會幾年之後就關閉了。20世紀80年代中期，賴特開始環遊世
界，爲英國、德國、澳大利亞、紐西蘭等地的熱情聽衆通靈。

　　1988年5月，賴特結束了旅行，回到耶姆農場創辦了藍慕莎開悟學
校。在梅爾頓的著作中寫道，有兩個重要情況導致賴特呈現藍慕莎教義
的方式發生變化（1998b: 71）。一個是初期在紐約（New York）爲她做前
期工作的老員工都不幹了，另一個是當地新安排的員工搞砸了「對話」
的準備工作，使賴特不得不取消了對話並退還了參與者的預付費用。因
爲對話變得非常受歡迎，以致需要她儘快從當地招募新的人員，但這
些人她並不認識，也不能依賴他們的準備工作。不僅如此，也許更重要
的，還是安全的問題。許多新聞報導——包括美國廣播公司（ABC）的
《20/20》節目中的一個重要報導——把她說成是一個騙子，並且，福音
派基督教的反膜拜團體成員開始將她描繪成巨大陰謀的一部分。在科
羅拉多州的一次重要事件的準備工作就曾被恐嚇電話擾亂，最後竟發
展成了炸彈威脅。據當地一家報紙報導：「在20世紀80年代末，賴特在自
家院子裡工作時遭到槍擊。子彈沒有擊中她，擊中了她手裡的草坪修剪
器。」（Pemberton 2006）

沒有比一個安全的環境對賴特來說更重要的了，這個環境要保證她自己、以及前來學習藍慕莎教義的人的安全。從那以後，她在耶姆維持了藍慕莎開悟學校，把她的大部分活動都限制在她心愛的牧場裡。然而，當這本書的第一版於2008年準備出版時，或許是《我們到底知道什麼？》的大獲成功，賴特的確進行了國際擴張。雖然還不清楚將由誰或怎樣提供——也許是通過互聯網——賴特提供了「活動和研討會……在22個國家，其中首次包括捷克共和國、羅馬尼亞、智利、烏拉圭和巴拉圭。」（Brenner 2008）。

藍慕莎開悟學校的信仰和實踐

儘管在出版物中，經常會有關於賴特的負面報導，前會員也會質疑藍慕莎的眞實性，她自己也因屬於新時代運動而常常遭到批評，但是賴特依舊堅持她不是一個古魯，不是任何形式的宗教運動的領導者，更不是一個騙子。實際上，就通靈的本質而言，當藍慕莎存在的時候，她就是不存在的。儘管藍慕莎不斷的以她的面容出現，在「藍慕莎對話」以及藍慕莎開悟學校的教學的整個過程中，據說賴特是騰出了她的身體的，並且她對會話過程中發生的事情完全不知。在她的自傳裡，她描述了這種情況第一次發生時的情景：

> 就在那一刹那，我感覺一雙大手伸過來，將我從自己的身體裡猛地拉出來。我隱約記得從天花板俯視了房間……每件東西、每個人好像都凝固了。我往下看，看到了我自己的頭頂。我美麗的頭髮散發著亮光，就像透過輕微的薄霧看到的金白色光。然後薄霧般的亮光充滿了整間房子，像被閃電點燃的絢麗石頭在跳舞、閃爍。我有點覺得自己就是那亮光的一部

　　分，或者我就是那亮光。（Knight 1937: 433）

　　在那些曾報導過瀕死體驗的人的錄音回憶錄中，賴特敍述了她是如何逐漸感覺到隧道末端的明亮的白光的，發現自己逐漸靠近它。最後與光融爲一體，「我勉強能知道並理解所有的事情，它是超越邏輯和狹隘心智的。我知道我身後留下的是一個夢，一個神到人的轉換狀態的夢。」（Knight 1937: 433）

　　賴特表達她經歷的方式是重要的。她著重強調，藍慕莎開悟學校不是一個教會，不是一個宗教機構，也不是一個信仰。事實上，它不是關於信仰的東西，它是關於認知和體驗的。它是一個諾斯替系統，它深深植根於古代隱秘傳統的隱藏智慧和那些傳統的現代再造。儘管所有的宣傳材料都以「美國諾斯替學校」的名義爲藍慕莎開悟學校打廣告，但賴特感謝梅爾頓幫她確定藍慕莎的教義和哲學應該歸入的超自然的（形而上學的）傳統信仰（Melton 1998b: xiii; cf. Ramtha 2004: 287-288）。

　　所有透過賴特傳遞的藍慕莎教義，在涉及實在的性質問題時，都是以四個基礎性信條爲基礎（Ramtha's School of Enlightenment n.d.）：

- 「你就是上帝」的陳述
- 讓人知曉未知的使命
- 意識和能量創造了實在的本質
- 征服自我的挑戰

　　無可爭議地，對於學生和觀察者來說，最難掌握的概念就是第一條，也是最重要的——「你就是上帝」。儘管他們也許不能清楚、也不能精確地表達「上帝」是誰或是什麼。但很早以前，西方人就已經社會化了，這種社會化在他們自己和神之間建立了本質的差別。事實上，經常被

扣在新宗教領導者頭上的批評之一就是，他們都帶有「上帝情結」，這是以惡性自戀爲基礎的人格障礙。另一方面，藍慕莎開悟學校教導學生：在人和神之間沒有什麼本質區別，上帝存在於每個人之中，「你的靈魂是由偉大的靈魂（Great Soul）分離出來的」（Ramtha 1994），每個人的任務就是學會這些基本的眞理：

> 學校是關於眞知（gnosis）和感悟的。是有關「宣佈上帝並不居住在天堂」的。那麼上帝不是一個人，那麼他也沒有長長的灰色鬍鬚。上帝，更不是耶和華（Jehovah），那個可憐的生物。上帝不是耶和華，也沒有上帝附身在耶和華裡。上帝就在你體內。那就是你為什麼在這裡的根本原因。那就是為什麼你之前生活過的原因。（Ramtha 1994）

　　藍慕莎開悟學校教義的基礎稱作「意識和能量SM」（Consciousness and EnergySM），或者是「C&E®」。根據藍慕莎，實在（reality）便從這兩個原理中顯現出來。爲了與諾斯替派先驅保持一致——藍慕莎吸收了一些印度教的概念，比如七個輪穴（seven Chakras，人體中七個主要的能量彙集點——譯者）和昆達裡尼能量（Kundalini energy，在骶骨中休眠的能量——譯者）的觀點——藍慕莎教導人們，物理世界只是實在的不同層級中的一種，或者只是「意識和能量的表達」（Anaya 2004: 288）。的確，我們所理解的物理世界是最密集的，在很多方面的表達都是很原始的。通過一系列的協調練習、教義、與藍慕莎的互動式會話，藍慕莎開悟學校的學生逐漸意識到，他們控制著自己創造的實在。舉例來說，通過呼吸控制和把他們在生活中想要的積極改變視覺化，新生開始學習掌握「意識和能量」。梅爾頓解釋道，只有掌握了「意識和能量」的練習，眞正的轉變才會開始。隨著時間流逝，這項練習將會成爲學生的第二天性。

（見Melton 1998b: 94-103）

　　「意識和能量」的練習通過一種稱作「野外工作」（fieldwork）的實踐來加強鞏固。梅爾頓（Melton 1998b: 108-111）描述了這樣一個專門爲新生設計的練習。在兩張索引卡上，學生們畫上一幅圖像，代表他們生活中渴望的東西。這些卡片被收集起來，固定在籬笆上，這條籬笆把屬於藍慕莎開悟學校財產的一塊地產圍起來。學生們被帶到這塊地上，蒙住眼睛。開始「意識和能量」呼吸法，按照指示，他們拿著自己的卡片旋轉。然後，他們被要求離開，從捆在籬笆欄杆上的許多卡片中找到他們自己的。當學生成功走到籬笆跟前時，他們可以摘掉眼罩，然後查看正好在他們面前的卡片。一聲歡快的喊叫，就表明他們成功了。然後，這些人繼續蒙上眼睛，默默的進行他們的探索。梅爾頓得出了重要的一點：在藍慕莎開悟學校的語境中，消息的被動接受（類似千里眼[clairvoyance]或遠程視物）和藍慕莎開悟學校學生理解「意識和能量」的過程是有顯著區別的。在「意識和能量」課程中，他們被教導：與其說他們在尋找自己卡的位置，不如說他們在根據自己的意願創建位置，這樣就能輕易觸及他們創建的位置。

　　不管藍慕莎是否存在，也不管賴特是否知道他的存在，許多人確實通過啓蒙學校找到了意義和目的。正如一名學生告訴記者麗莎·彭伯頓（Lisa Pemberton）的那樣，「這所學校、這些教導和這個眞理多次救了我的命，」在耶姆的56歲的斯蒂芬妮·雷（Stephany Ray）說，「學校教會了我愛自己，並幫助我找到了我身上的上帝……我一直知道生命中還有更多，但我不知道是什麼，也不知道如何去做。」（2006）

　　藍慕莎通過賴特傳遞他的資訊，將宇宙的本質——看不見的秩序——描述爲「思想」（Thought）的無限，他所教導的「思想」等同於上

帝。宇宙的一個基本動力是，對思想的沉思擴展了「思想」，人類就是通過這個過程而誕生的。最初，每個人都是「思想」的個體代表，即上帝的意識。出於在物質形式上體驗他們創造力的慾望，這些實體的個體轉而將物質宇宙視爲存在。然而，通過採用這種物質形式，他們逐漸失去了與本質神性的聯繫，變成了凡人。通過藍慕莎的教導和賴特帶領的實踐，藍慕莎開悟學校的學生開始理解上帝和人類實際上是相同的。一旦學生們認識到是他們自己的意識和能量創造了實在的本質，他們就被授權去克服他們表面上的限制，並表達他們眞實的神聖本質。

藍慕莎開悟學校和「危險膜拜團體」問題

在克服這些缺陷並增強神性的努力中，藍慕莎開悟學校的學生加入了在更大的新時代運動中其他靈魂探尋者的隊伍。普遍來說，那些對超自然現象持開放態度的人，通常也是堅持一些宗教教條的人。但是他們將諸如教堂、廟宇或者猶太教堂作爲他們生活的中心（Orenstein 2002: 308）。也就是說，他們對看不見的秩序的眞實性是持開放態度的，但是並不願意受到他們宗教傳統所描述的特定慣例的束縛。在很多方面，新時代運動者與受過良好教育的中產階級（主要是白人）並沒無明顯差異。在其他方面，新時代的搜索者需要一定的自由支配時間和收入。事實上，在新宗教研究中有一個常見的笑話：「新時代運動研討會和現代異教徒研討會有什麼區別？」「大約一千美元的差別。」儘管有些人會認爲：新時代運動的各種信仰、實踐和「自我靈性」（self-spirituality）（Heelas 1996）團體，在流行程度上正在減弱。但是，實驗性證據顯示事實並非如此。這些常被冠以「超自然信仰」的東西——替代性健康實踐（相比於西方科學，它常常與形而上學有著更緊密的聯繫），與無形

實體聯繫並從他們那裡學習的能力（不管是通過類似詹姆斯・範・普拉 [James van Praagh]的靈媒還是像賴特一樣的通靈人），或者是對再生的信仰（包括在控制的條件下喚起某人前世的能力）——將會越來越流行（Goode 2000; Newport and Strausberg 2001）。更進一步，新時代運動者好像正在從西方社會的邊緣向主流靠近（Orenstein 2002; Bainbridge 2004）。

　　藍慕莎開悟學校應該就是這種情況。根據藍慕莎的資料，當前在冊的學生大約有3,000名，年齡範圍從青年到八十多歲。和新時代運動（和更廣泛宗教實踐中）的其他參與者一樣，藍慕莎開悟學校的學生大部分是女性。她們中的大多數人都在主流宗教中成長，並且很多都擁有大學學歷。儘管大多數新宗教都有詆毀者、持異議者和心懷不滿的前成員，但是社會學家康士坦茨・鐘斯（Constance Jones）在1996年針對藍慕莎開悟學校近600名學生做過一項調查顯示，與斯蒂芬妮・雷一樣，學生中的大部分在經歷了藍慕莎開悟學校的學習之後，感受到了更強烈的幸福感。其他人則說自己有「強烈的直覺」、增強的「精神敏感」、還有頻繁的超自然體驗。基於她的研究，鐘斯得出這樣的結論：「在我們這裡的，都是一些極其普通的人，他們在與藍慕莎的交流中收穫了很多，並且，無一例外的，他們都聲稱通過他們與藍慕莎開悟學校的結合，他們的生活變得更好了。」（Nisqually Valley News 1997）

　　在它激起相對較小的有組織的反對這方面而言，藍慕莎開悟學校或許是大多數新宗教的代表。賴特曾捲入多起法律訴訟，其中許多她認為實質上是侵犯了版權而提起的，但她從未高調地與執法部門接觸，也沒有被發現捲入公共醜聞。藍慕莎開悟學校在信仰和教義上不是啟示錄，在儀式和實踐上也不具有對抗性。雖然賴特以她耶姆的財產維

持著藍慕莎開悟學校，但它既不能被恰當地稱爲「（有圍欄的）大院」（compound），也不能被稱爲「營地」——媒體和專門的反對運動經常用軍事化的術語來形容新宗教。

　　那麼，爲什麼要討論「危險膜拜團體」呢？正如我們在整本書的不同地方所提到的那樣，這是一個不言自明的事實，那就是我們通過媒體獲得關於藍慕莎開悟學校等群體的絕大多數資訊——如果這個故事被認爲具有足夠的新聞價值，那麼它就是主流（見Cowan and Hadden 2004），但現在更可能是通過線上資源，如維基百科，互聯網新聞資源和社會媒體。通常，這些都不是基於初級研究或個人經驗，而是從其他線上資源中提煉或匯總而來，有時爲反映特定的觀點而被編輯，有時只是作爲「附加資訊」導入。在這個過程中，一個團體的「膜拜團體地位」問題成爲媒體報導的一部分並不罕見。通過社會心理過程，例如源分離（我們容易忘記學到的東西），效度效應（我們偏好經常聽到的東西），可用性啓發式（我們越容易把某事在心中描繪出來，就越有可能認爲它是眞的），一旦調用「膜拜團體」的概念，這是邁向「危險膜拜團體」的一個非常短的概念步驟。作爲一種文化的簡稱，「膜拜團體」是對一些宗教團體的刻板印象和邊緣化，它們唯一的過錯就是與主流不同。

　　儘管許多人會稱其爲宗教裝飾，但藍慕莎開悟學校實際上並沒有宣稱自己的宗教地位。藍慕莎開悟學校的學生強調他們既不是信徒也不是奉獻者，賴特既不是他們的領袖也不是他們的導師。實際上，學者們將藍慕莎開悟學校定義爲宗教運動的唯一的原因，是它的教義和實踐被學生視爲個人心靈發展的重要和完整方面。它們構成了學生生活的基本意義，而且，至少對我們來說，它們提及到了一種看不見的秩序，學生在這種秩序中尋求某種程度的和諧。也就是說，雖然它在學生的

生活中扮演宗教角色，但它不是一個正式的宗教。社會學家威廉·斑布裡奇得出結論：「新時代運動是超越宗教的——如果它以正常的機構形式呈現，那麼它可以稱得上是宗教，並且成為正式的宗教組織。」（2004: 392）儘管藍慕莎開悟學校有向更加正式的宗教前行的可能性，但是由於賴特的「是我教會」的短命經歷，學校沒有傾向去那麼做。

除此之外第二點是，學生們並沒有將他們與傳統的社會分離開來，他們以加入新宗教運動的方式加入藍慕莎開悟學校，就像人們加入統一教和「家」的方式。也就是說，儘管懷疑論者可能認為那些參加藍慕莎開悟學校的人在某種程度上是被蒙蔽了，但他們並沒有像許多外行人聯想到的「危險膜拜團體」那樣被社會孤立。有些人搬到耶姆來接近賴特，但沒有人和她住在一起。大多數人從他們在全國各地的家出發，參加藍慕莎的課程，繼續他們的學業。

二十年前，斑布裡奇和他的同事羅德尼·斯塔克（Rodney Stark）曾經提出一種類型學。該類型學可以用來解釋為什麼人們會參與新時代運動中湧現的各種信仰跟實踐，這個框架對理解藍慕莎開悟學校中信仰的不同層次很有幫助。他們對「觀眾膜拜團體」（audience cults）、「顧客膜拜團體」（client cults）和「膜拜團體運動」（cult movements）做了區分——並指出他們沒有用輕蔑的方式使用「膜拜團體」這個術語。對他們而言，寧願認為「膜拜團體」僅僅是一個宗教團體，或者是提倡與特定文化下主流宗教傳統相關的新鮮信仰和實踐的宗教運動。需要指出，這些分類並不是孤立的，而是指向一個有組織的連續統一體，它們之間有很多相互重疊和相互影響之處。

簡而言之，「觀眾膜拜團體」只有少量組織或沒有組織，並且參與者與其他人之間沒有任何接觸。對那些參與到這個層次的人，斯塔克和

斑布裡奇認為：「頂多以消費者身分活動的會員」是最多的，而且他們「不會經常聚在一起，而僅僅通過雜誌、書籍、報紙、廣播和電視來吸收膜拜團體的教義。」（1985: 26）當然，今天我們還可以在名單後面加上互聯網。凡是購買藍慕莎書籍、磁帶、CD或者DVD，但是不參加藍慕莎對話，也沒有選擇進入藍慕莎開悟學校的人——儘管他們相信自己可以從藍慕莎的教義中獲益——組成了「觀眾膜拜團體」這個連續統一體。由於藍慕莎各種形式的材料已經售出了百萬份——在1992年的離婚訴訟中，有媒體報導稱，賴特月均收入有60萬美元（Maynard 1997）——這表明，有相當數量的人已經作為觀眾參與了活動。

與「觀眾膜拜團體」相比，「客戶膜拜團體」就顯現出了「初步的組織性，在這裡，單個的從業者服務於客戶，比如占星家占卜星座或者靈媒舉辦降神會」（Bainbridge 2004: 381）——再或者，在本章上文中提到，賴特為藍慕莎通靈。客戶膜拜團體參與者是那些在1978年到1988年間參加過在世界各地舉辦的藍慕莎對話的人。他們為這項付費服務買單。儘管幾乎沒有人和藍慕莎達成了「供應商——客戶」關係，但仍有很多人利用任何時間和地點來參與藍慕莎對話，並且他們經常旅行很遠的距離，跟隨賴特進行一場又一場的藍慕莎對話。

最後，膜拜運動團體「是成熟的宗教機構，它試圖滿足所有改變宗教信仰者的宗教需求」（Stark and Bainbridge 1985: 29）。在藍慕莎開悟學校這個案例中，從更大、更分散的客戶群中出現了相對較少的人，他們要麼搬到耶姆，要麼就圍繞參加藍慕莎開悟學校來安排自己的生活。為了每次為期一週的研討班，他們也許要花費超過1,300美元，在購買通過賴特企業售賣的書籍、錄音帶和DVD上面，花費的可能更多。對這些學生來說，藍慕莎的教導回答了他們生活中最深處的問題，確保了他們和

「看不見的秩序」保持聯繫。儘管如此，卽使對那些選擇在耶姆內或者附近生活的群體來說，沒有任何學生靠這份財產生活，也沒有類似於教堂禮拜這樣的規律性集會。這樣做的結果是：相較於那些和社會關係緊張的團體，藍慕莎開悟學校的學生受到社會更少的敵意。可是，在下一章，我們將會把目光轉向一個存在於20世紀70年代和80年代的一個團體，它成了人們通常觀念裡「危險膜拜團體」的縮影。

　　這並不是說對於藍慕莎開悟學校就沒有衝突了，只是衝突的程度非常低。正如我們之前提到的，福音派基督教的反膜拜團體已經把藍慕莎開悟學校當作了撒旦式的欺騙來對待。包括美國廣播公司的《20/20》節目在內的許多充滿敵意的媒體報導，將賴特描繪成騙子、藍慕莎開悟學校的學生充其量不過是受騙的人。比如，一位記者稱他們爲「絕對反常的藍慕莎信仰者」（Zuzel 1997），《時尙》（Cosmopolitan）雜誌報導，「賴特先前的一位廣告宣傳員披露，他曾經撞見賴特在並不恍惚的狀態下練習藍慕莎的聲音。」（Rae 1991）在關於《我們到底知道什麼？》裡賴特表現的評論中，有一條是這樣的：「她並不能保持她的藍慕莎口音，而且，她看起來像做了一次糟糕的整形手術——人們也許會認爲，靠著她的財富和與亞特蘭蒂斯的關聯，她本可以做的更好。」（Berger 2005）

　　像很多其他新時代運動的參與者一樣，藍慕莎開悟學校的學生也是特定宗教或精神產品的消費者——在這個例子中，產品就是藍慕莎的教導以及開悟者，它們都是在一系列收費服務中提供的。儘管媒體不斷諷刺，但是，那些選擇了藍慕莎（或是選擇了新時代運動的其它方面）的人從修行實踐中明顯感受到了好處，從而願意爲之付費。這是一種自由選擇，如果有其他更有益的選擇出現在他們的精神世界時，他們也同樣願意爲此付費。這種「精神超級市場」（spiritual supermarket）議

題主導了西方後現代宗教以及新時代運動這樣 「類似宗教的」（para-religious）亞文化的討論。這麼說來，很明顯，無論是作爲新的宗教領袖的賴特，還是作爲啓蒙運動的藍慕莎開悟學校，都沒有體現出許多人所認爲的「危險膜拜團體」的特徵。這就是問題的關鍵。

研究藍慕莎

那麼，研究人員應該如何接近這樣一個群體呢？一方面，原教旨主義基督徒聲稱，藍慕莎開悟學校是一種撒旦式的欺騙，是一個神學問題，因此不能接受嚴格的實證調查。這類爭論往往很快就會發展成誰的上帝才是眞正的上帝的問題。另一方面，一些團體，如世俗的反膜拜團體運動和執法機構，常常根據不同程度的欺騙和剝削，將新時代的實踐和組織劃分爲廣泛的類別。雖然賴特作爲一個預言世界末日的領導者可能沒有「危險」，但是她的學生花費時間、精力和資源在許多批評家認爲簡單的欺詐行爲上，這足以讓她和她的學校受到譴責。

這裡的問題，就像在社會互動的許多方面一樣，是不同的利益相關者群體提出了不同的主張。反對團體宣稱存在欺詐和欺騙，而團體成員則堅稱，他們與藍慕莎的個人接觸、他們在賴特學校的經歷，以及他們與其他學生的關係，對他們的生活產生了深刻而積極的影響。也就是說，他們感覺更好，他們因爲參與而變得更好。

想想這個簡短的思維實驗。一方面，讓我們假設賴特是一個騙子，一個有意識的、故意的行騙高手，他憑空捏造了藍慕莎，並且幾十年來一直在欺騙她的「學生」。我們對那些參與了藍慕莎啓蒙學校並對他們的生活產生了深遠影響的人（他們因爲參與了賴特/藍慕莎，擺脫了物質濫用、情感困難，甚至身體問題）瞭解多少呢？相反地，讓我們現在假設

賴特對藍慕莎的信仰是完全眞實的，她沒有欺騙，她眞誠地希望所有來學校的人都能得到最好的東西。同樣的問題：這在多大程度上告訴了我們爲什麼人們選擇來，他們認爲參與的好處和壞處是什麼，以及他們爲什麼繼續他們的實踐？這一切旣不是爲了支持欺詐，也不是爲了揭露藍慕莎的眞實。我們只是提出了方法論上的問題：你如何知道？

通常，研究人員滿足於各種形式的檔案調查：教義陳述，歷史和傳記，群體參與的記錄。當我們試圖全面瞭解一種新宗教時，這些是很重要的，但它們只是故事的一部分。戈登·梅爾頓和他的同事們發現，在新宗教中進行田野調查對更深入地瞭解這場運動至關重要，我們將在接下來的章節中更深入地看到這一點。在這種情況下，研究人員前往耶姆與賴特會面，後者提交了一系列心理和身體測試，以觀察藍慕莎對話過程，並在學生參與的過程中採訪他們。

雖然嚴格的客觀性可能是無法達到的，但爲了公平和敏銳地進行這種參與性觀察，我們借用了人類學的一個方法論原則：懸置（epoché, bracketing）。這一概念起源於艾德蒙·胡塞爾（Edmund Husserl, 1859-1938）的現象學，它指的是爲了更全面地理解群體的性質和人們對群體的參與而對群體或現象進行假設。要消除我們在研究新宗教時所帶來的所有社會和文化偏見，卽使不是不可能，也是非常困難的。然而，我們可以（1）確定這些偏見是什麼。（2）努力在研究期間暫停它們。例如，問問自己，說一種特定的語言如何影響概念被聽到和理解的方式。對於一個以英語爲母語的北美基督徒來說，「上帝」這個詞的含義與在印度農村長大的賤民（dalit，不可接觸的）階層的濕婆神派（Shaivite）印度教教徒有很大的不同。因此，當藍慕莎宣佈啓蒙運動的第一原則是「你就是上帝」時，這立卽引起了研究人員的抵制，因爲他們所處的環境將人類

視爲上帝以外的任何東西。認識到這種阻力，然後努力支撐其固有的假設，這是邁向懸置的第一步。在下一章中，我們將從稍微不同的方向更全面地考慮這個問題。

延伸閱讀：新時代運動

- Brown, Michael F. *The Channeling Zone: American Spirituality in an Anxious Age.* Cambridge, MA: Harvard University Press, 1977.

- Hanegraaff, Wouter J. *New Age Religion and Western Culture: Esotericism in the Mirror of Secular Thought.* Leiden and New York: E. J. Brill, 1996.

- Heelas, Paul. *The New Age Movement: The Celebration of the Self and the Sacralization of Modernity.* Oxford: Blackwell, 1996.

- Knight, JZ. *A State of Mind: My Story.* New York: Warner Books, 1987.

- Lewis, James R., and J. Gordon Melton, eds. *Perspectives on the New Age.* Albany: State University of New York Press, 1992.

- Melton, J. Gordon. *Finding Enlightenment: Ramtha's School of Ancient Wisdom.* Hillsboro, OR: Beyond Words Publishing, 1998.

- Melton, J. Gordon, Aidan A. Kelly, and Jerome Clark, eds. *New Age Encyclopedia.* Detroit: Gale Research, 1990.

- Ramtha (channeled by JZ Knight). *Ramtha: The White Book,* rev. edn. Yelm, WA: JZK Publishing, 2004.

- Sutcliffe, Steven J. *Children of the New Age: A History of Spiritual Practice.* London and New York: Routledge, 2003.

第五章　統一教/家庭誓盟：洗腦/脫教爭論

彌賽亞（Messiah）必須以肉身降生於地球，因為他必須是完美之人的典範，他不僅能使他的性格更完美，還能實現「第一祝福」（First Blessing）。他只有用肉身才能踐行這一職責。他還一定要按照上帝的旨意建立起理想的家庭，進而成為人類的「真父母」（True Parent），實現上帝的「第二祝福」（Second Blessing）。

——文鮮明，《神聖原理》

對於全世界成千上萬的信徒來說，在2012年92歲時去世的文鮮明（Sun Myung Moon），就是彌賽亞再世，是第三個亞當（Adam），也是基督復臨（Lord of the Second Advent），他和他的妻子就是宇宙的眞父母。但是對其他人來說，他就是一個宗教騙子，一個用陰謀毀掉信徒、前信徒以及摧毀他們家庭的大吹大擂的推銷員。衆多媒體對他評價不一——著名韓國福音傳教士，備受爭議的宗教頭領，操縱成千上萬無辜的膜拜團體信徒並爲其「洗腦」的木偶大師。但是文鮮明（1920-2012）——其名字的意義爲「照耀的太陽和月亮」——仍然被看作是20世紀末最受認可的新宗教領導者之一。他曾在美國國會發表過兩次演講，其妻子在聯合國也做過一次演講。理查·M·尼克森（Richard M. Nixon）曾邀請他訪問白宮，米哈伊爾·戈巴契夫（Mikhail Gorbachev）也

曾邀請他到訪克里姆林宮。1994年，當他創立了世界和平與統一國際家庭誓盟（Family Federation for World Peace and Unification International）時，他邀請的客人包括政客吉羅德·福特（Gerald Ford）和喬治·布希（George Bush, Sr.），宗教領袖科雷塔·斯科特·金（Coretta Scott King），貝芙麗·拉海·恩（Beverly La Haye）以及羅伯特·舒樂（Robert Schuller），知名藝人比爾·考斯比（Bill Cosby）以及派特·布恩（Pat Boone）。他為許多保守事業提供資金援助，包括在伊朗門事件調查期間對奧利弗·諾斯（Oliver North）的支持，以及資助深陷財政危機的傑里·福爾韋爾自由大學（Jerry Falwell's Liberty University）。在文慶祝八十歲生日時，美國前副總統丹·奎爾（Dan Quayle）、英國前首相愛德華·希思（Edward Heath）和印尼總統阿卜杜勒拉赫曼·瓦希德（Abdurrahman Wahid）親自臨場為其慶生，強硬的反共主義為他在西方贏得許多朋友。統一教一直飽受各種爭議——集體婚禮儀式的實踐，信徒們的生活被文的家族嚴格掌控，個人的和金融方面的醜聞撼動了教會，以及數十年來一直困擾著該組織的洗腦幽靈。

在20世紀70年代和80年代興起的世俗反膜拜運動（anticult movement, ACM）——由關心此事的父母和朋友，立法者，心理學家，和記者們組成的關係鬆散團體，都認為新宗教的興起是一種明顯而現實的社會危險——他們將文鮮明和統一教的一切視為典型來反對。他們最關心的是，文被指責對信徒進行「洗腦」活動，通過對信徒們施加一種異常強大的思想控制和行為修正機制，最終使他們根本無法進行獨立思考和行動。父母無法解釋自己孩子們的變化，批評者認為，糟糕的飲食加上休息的不足，持續的監視以及密集的教化，使得信徒不僅降低了質疑組織的意願，反而還增加了對它的依賴。這不禁讓人聯想到20世

紀50年代的恐怖電影，他們實際上成為了組織和領導的奴隸。對以上這兩個群體來說，洗腦的概念提供了一個快速，簡單，或許最終不是很合理的解釋。

文鮮明：來自東方的救世主

　　文鮮明出生在平安北道靜州（Kwanju Sanga Ri）一個小村莊，這裡現今屬於朝鮮。統一教流行的理念與文鮮明是分不開的。像許多備受爭議的宗教領袖一樣，大家對他的看法不一。然而官方傳記將文鮮明描繪成一個非常有精神追求的青年，十歲就成為基督徒，於當地教會教授主日學（Sunday School），並且經常獨自去他家附近的山上祈禱。

　　正如統一教教徒所描述的那樣，1936年復活節的早上，當時才16歲的文鮮明聲稱，耶穌基督在他正禱告的時候現身，啟示他將完成拯救全人類的使命，這個使命基督近兩千年前就開始了。雖然多年以來他沒有詳細透露這一場景的內容，但是文在一個報告中說，他這一生一直不斷地與撒旦作鬥爭，撒旦試圖阻止他成為新的救世主，即接受成為基督復臨的主的使命。在此之間，他聲稱，他與上帝談過幾次心，並向摩西、佛陀、耶穌等宗教名人尋求精神指引。這些啟示形成了統一教教義的基礎文本《神聖原理》（Divine Principle）。

　　20世紀30年代後期，文赴東京早稻田大學（Waseda University）電氣工程專業學習。1943年回到朝鮮，並迎娶了第一任妻子崔先吉（Sun Kil Choi）。同年，文因支持朝鮮獨立運動被逮捕，經歷了他人生中第一次的監禁。1946年，文又一次收到了神的啟示，這個啟示引導他前往朝鮮首都平壤（Pyongyang）尋找一個神賜的基督教堂。毫無疑問，這激起了共產黨當局，以及處在共產黨領導下地位本就低下當地基督教會的強烈反

對，因此文又被第二次監禁。1950年，文逃到韓國，兩年後與妻子團聚。然而，事實證明文與妻子很難克服六年的分居生活帶給彼此的變化，他們的婚姻最終以離婚收場。

一抵達韓國，文就開始在難民營中講道，並於1954年成立了世界基督教統一聖靈協會（Holy Spirit Association for Unification of World Christianity），他直到去世仍是該教的頭目。第二年，30多個統一教教會中心在韓國成立，文在1956年發表第一版《神聖原理》。1960年，他迎娶了比他年輕23歲的教會成員韓鶴子（Hak Ja Han），文認為與韓鶴子的婚姻是他救世使命的一部分，家庭是他救世使命的中心，他和韓鶴子育有12個孩子。

20世紀50年代末以及60年代初，統一教運動開始從國際化方面以及經濟上得到迅速發展。1958年，文派出第一批傳教士前往日本傳教，在那裡他們迅速吸引了那些欲進一步實現國際擴張成員的經濟支持。短短幾年內，傳教中心陸續在包括法國，德國，西班牙和義大利等一些西方歐洲國家成立。1959年，第一批傳教士到達美國在此建立了三個小型傳教中心，東西海岸各一個，另外一個在華盛頓特區。然而在美國很少有人對文的教義有興趣，在接下來十年裡，傳教運動基本處於停滯狀態。於是，文分別於1965年和1969年親自訪問美國。為追隨1972年新年降臨到他身上的神的旨意，他決定移居美國，在紐約建立自己的總部，並在美國大部分州建立小型區域中心。

從1954年他創立統一教的那一刻起，文就開始追求他的世界統一願景，並在他的救世主式領導下復興人類。雖然經歷了一系列的困難，統一教已經建立了一個穩定的成員基礎，一個堅實的經濟基礎，並與許多世界各地的保守的宗教和政治領導人建立政治聯盟。儘管有洗腦的

指控，也有強行脫教的醜陋現實，但這些聯盟讓文和他的組織獲得了在新宗教中極爲罕見的社會聲望。文不知疲倦地締造教會的同時，還建立了資助他宗教使命的龐大企業帝國。儘管有些企業遭受了重大經濟損失，比如他最有代表性的企業、位於華盛頓特區的《華盛頓時報》（Washington Times），但遍及亞洲和美洲的一系列豐厚的商業利益，還是爲統一教提供了充足的財政資源，使其得以充分發揮與其規模相匹配的影響。

　　但是在美國，爭議和悲劇一直緊跟著統一教發展的腳步，整個20世紀70年代和80年代的大部分時期，在公眾心目中「文派」（Moonie）、「膜拜團體」和「洗腦」幾乎是同義詞（Bromley and Shupe 1983）。單在1973年和1986年兩年，就至少有400名教會成員被反膜拜團體運動的教外人士強行綁架進行「脫教」（Bromley 1988）。媒體的報導更是對統一教持極爲敵對的態度，1978年的國會調查將文與韓國情報機構聯繫在一起，並發現大量的統一教組織已經違反了移民、稅務、銀行等一系列法律。1982年，文被判逃稅罪，並在一所聯邦監獄服刑13個月。

　　1999年10月，文的一個比較小的兒子文永進（Young-Jin Moon，生於1978）在內華達州里諾（Reno）自殺。早在一年前，文的大兒媳洪楠蘇（Nansook Hong），刊載文章揭露她與文的長子，原定繼任者文孝進（Hyo Jin Moon, 1962-2008）歷時14年的婚姻。文章詳細揭露了文孝進在情感和身體上對她進行的虐待，還聲稱他參與了賭博，性濫交，吸毒和酗酒。她描繪文的家人，專橫霸道地對待那些在紐約莊園爲眞父母服務的統一教成員（Hong 1998）。文鮮明自己的婚外情和私生子讓那些信奉他提出的性輕率行爲是原罪起源學說的信徒們感到沮喪。

　　然而，在他的一生中，文一直是經濟帝國和新宗教運動的化身。我

們寫這本書的第一版時，他已經八十多歲了，但他仍然牢牢地控制著統一教運動。雖然他顯然已經計畫好了繼任者，但這一過程也並非沒有爭議。

近年來，文的妻子，比他年輕23歲的文韓鶴子（Hak Ja Han Moon）已經成爲統一教的一個日益傑出的發言人。韓鶴子已經開展了三次世界巡迴演講，並已在多個國家的立法機構做過演講。最近被文提升爲「眞母親」，與作爲「眞父親」的文在精神上平起平坐，她可能要在文去世後來保證統一教的穩定。2000年，文快到80歲生日的時候，韓鶴子開始在教會中佔據更重要的領導地位。他有四個孩子獲得了美國著名大學的專業或管理學位，他們也在他的繼任計畫中。儘管他提前安排好了接班人，不過文鮮明並不擔心他的去世會結束他的領導權。當被問及教會運動是否會因他的去世而瓦解時，他簡單地回答到：「我將在精神世界中繼續領導教會」（Fisher and Leen 1997）。

在過去的15年裡，文的孩子被任命在這個更大的統一教組織中承擔一定程度的領導責任，包括經濟和宗教責任。文孝進一直被認爲是名義上的繼承人，直到洪楠蘇揭露了他自我毀滅的生活方式，並在2008年去世。1998年，文的三兒子，文顯進（Hyun-Jin Moon，生於1969年），他也被稱爲普勒斯頓（Preston），在統一主義中扮演著主導的角色。擁有哈佛MBA文憑的文顯進與統一教的核心成員郭錠煥（Chun Hwan Kwak）的女兒結婚，並被任命爲運動的主要協調組織，世界和平與統一國際家庭誓盟的副會長。這給了他對一系列統一教組織的財務控制權，其中包括管理來自美國分公司廣泛的公司利益。接下來一個更具象徵意義的舉動，其神學意義怎麼強調都不過分，文任命文顯進爲「第四位亞當」，地位與「第二任亞當」耶穌以及「第三任亞當」文鮮明一樣。

　　2005年，文的四兒子文國進（Kook-Jin Moon）被派往韓國，去拯救那裡搖搖欲墜的統一主義企業，這讓情況變得更加複雜。文國進也是一名MBA，也是一名非常成功的企業家。三年後，文最小的兒子亨進（Hyung-Jin，生於1979年，也被稱為肖恩[Sean]），哈佛大學神學碩士畢業，被任命了文組織的多個領導職位。與此同時，文興進（In-Jin Moon，生於1965年，也被稱為塔蒂亞娜[Tatiana]），擁有哈佛大學的神學碩士學位，嫁給了父親另一位長期密友詹姆斯·派克（James Park），她被任命為美國統一教（American Unification Church）的總裁兼首席執行官。據記者瑪麗亞·布萊克（Mariah Blake）在《新共和》（New Republic）的文章《文家族的衰落》（Fall of the House of Moon）中所說，興進的目標：

> 就是要把教會變成一個人們——尤其是年輕人——「渴望加入」的教會。她重新命名了「教會熱愛生命部門」（church Lovin' Life Ministries），擱置了舊的聖歌書籍，組建了一支搖滾樂隊，其中一個分支在紐約的俱樂部演出，名字叫做「索尼克膜拜團」（Sonic Cult）。她還拋棄了古老的韓國傳統：鞠躬和吟唱讓位給了「吉他英雄」聚會、開放麥克風、音樂會和乒乓球錦標賽。（Blake 2013）

　　興進的現代化嘗試遭到了強烈的抵制，當她在2012年與索尼克膜拜團的主唱本·洛倫岑（Ben Lorentzen）生下一個孩子的消息被公開後，她自己的信譽也受到了影響。

　　在隨後幾乎不可避免的文子女之間的競爭中，顯進利用自己的財務槓桿，保留了統一主義的更傳統的宗教利益元素，而他的兄弟姐妹們則試圖建立一個更傳統的教堂。儘管在2012年文去世之前，他們之間的公開衝突已經爆發，但到2013年，四個孩子之間的任何分權安排都陷入

了混亂。在我們撰寫這一版時，假定的繼任者正被迫辭職或放棄權力。目前，統一教領導彼得·金（Peter Kim，金孝佑[Hyo-Yool Kim]）是一位值得信賴的內部人士，多年來一直擔任文的私人秘書，而韓鶴子也更積極地參與教會的領導工作。近半個世紀以來，正是文鮮明的克里斯瑪式權威將各個國家的教會、特殊的宗教項目和商業利益聯繫在一起。目前的混亂局面對該組織的長期生存能力提出了重大考驗。雖然很明顯，統一主義正朝著更傳統的教會方向發展，但它能否作為一個單一的、統一的實體而存在，還遠遠不清楚。

統一教的教義信仰和儀式實踐

正如很多宗教傳統一樣，統一教複雜的教義信仰對於非教會成員而言往往難以理解。由於多年來深受文的教化，統一教教徒們聲稱解讀早就隱藏在基督教經文裡的真理，並將其作為新的教義，這將是一個不斷演化的狀態。儘管統一教以基督教為基礎，但是就像朗尼·克裡艾佛（Lonnie Kliever）指出的，統一教的思想和信仰中包含有「韓國薩滿教（Korean shamanism）、儒家（Confucianism）和道家（Taoism）的元素，並富有想像力地與羅馬天主教（Roman Catholicism）和自由派新教（Liberal Protestantism）的主題融合在一起。」（1982: 215）對於統一教教徒來說，「上帝是萬物的創造者」並且「上帝是維持所有的事物存在的萬能之源，我們稱這種能量為『普遍首要能量』（Universal Prime Energy）。」（Moon 1973: 27, 28）這個普遍首要能量體現在各種不同的「雙重本質」（dual essentialities），包括男性和女性，肉體和精神，以及內部特徵和外在形式等。這些雙重本質體現在統一教教徒們所謂的「給予行動和索取行動」，該行動與普遍首要能量一起構成了存在的基礎。

　　從廣義上講，統一教教義有三大天命（dispensations），或者說通往救贖之路的三個歷程：創世（Creation），墮落（Fall）和重生（Restoration）。根據1973版的《神聖原理》，創造是上帝給予人類至關重要的福祉，一個最重要的體現就是男性和女性。在創造的過程中，人類將接受三大祝福。首先，他們會完善自己，從而體現上帝完美的一面。二是通過上帝的愛，建立真愛的理想家庭，成為人類的「真父母」，真父母的子女則生來無罪。三是無罪的人們將主宰所有的創造。然而，基督教神學家指出了近兩個千年，要實現這個歷程的最大問題在於自由意志：為了完美實現從創造到發展到成熟，上帝賜給人類自由無償的愛，同樣人類也必須自由無償地返還給上帝。實現這個歷程的根基在於真愛，任何形式的脅迫都應該被排除。統一教教徒認為上帝在這種關係中承擔了大部分（95%）的責任，要求亞當和夏娃只承擔一小部分。即使是這一小部分也留下了犯錯、不服從和拒絕的可能性，因此這種最初的完美無法實現的可能性仍然存在——人類的墮落就是這種可能性的體現。

　　對於統一教教徒而言，人的墮落沿著兩個互聯的軸發生——垂直軸的墮落是指人類玷污了上帝和人類愛的關係（信仰基礎），水準軸是指人類之間的相互敵對（物質基礎）。同時，垂直軸墮落也包括了精神墮落和肉體墮落。起初，上帝的計畫讓人類佔據天堂中高於天使的位置，天使長路西法（Lucifer）對此很嫉妒，破壞了上帝的計畫，在夏娃尚未完全成熟、並且還是個少女時在精神上引誘了她。對統一教教徒而言，這就是精神墮落。肉體的墮落發生在當夏娃雖然內心內疚和恐懼，但仍然徒勞地誘惑亞當，試圖回到她以前的狀態。因為他們的「過早夫妻關係」是「圍繞撒旦」的，而不是上帝的旨意，回歸到他們的原始形式是不可能的，從那時起，所有的男人和女人同時包含善良與邪惡的雙重

元素，一方面是對創造他們的上帝的愛，另一方面因天使的引誘所導致的墮落。

　　水準軸墜落發生在該隱（Gain）殺了亞伯（Abel）之後（Genesis 4: 7-9），它將人類的神聖和邪惡元素分離開來，使得它們彼此處於鬥爭中。縱觀歷史，這對原始的兄弟之間的敵意在部落裡再現，發生在國家內部以及國際層面上，最近的一次是發生在20世紀無神論共產主義（該隱的力量）和敬畏上帝的民主主義（亞伯的力量）之間的衝突。在此期間，文說這是上帝和撒旦之間的最後的交鋒，如果共產主義不能在意識形態上被打敗，那麼第三次世界大戰將不可避免。

　　一旦上帝和人類之間的縱向和橫向關係被打破，從公開戰爭到經濟的衝突，以及從種族主義到家庭破裂的社會問題也是不可避免的。自從墮落開始，恢復人類到上帝的最初計畫的目標就一直是統一教的任務，並且教義裡說到，人類的歷史是無數次嘗試達到重生的一次次記錄。當然，上帝是能夠單方面實現重生的，但這將再次未能使人類憑藉自由意志、權利和責任感來做出道德選擇。與造物主自願地形成帶有愛的、並相互影響的關係，是建立重生唯一的基礎。這一過程的一個重要組成部分是統一教稱之為「通過補償獲得重生的原則」，為重生創造有利的條件，人類必須為它的罪孽付出代價或做出犧牲，一旦補償足夠了，上帝就會為人類提供一個重生的機會。

　　如墮落一樣，重生的過程也發生在兩個維度：垂直方向上，恢復上帝和人類之間愛的關係，而水準方向上，消除人類之間敵對的關係。統一教神學教導說，「在重生之前必須有一個核心人物來恢復信仰的根基。」（Moon 1973: 240）並且其任務是為彌賽亞的降臨——生來就沒有罪惡的理想人物的到來做準備並掃除障礙，恢復到墮落之前就存在

的亞當的狀態。縱觀歷史，許多這樣的「核心人物」紛紛亮相，包括諾亞（Noah），亞伯拉罕（Abraham），摩西（Moses）和約書亞（Joshua）。他們每一個人都無法完成任務，而最後出現的「核心人物」是施洗者約翰（John the Baptist）、「以利亞（Elijah）的第二次降臨」（Moon 1973: 500）以及耶穌基督的報信者。

根據《神聖原理》，上帝並沒有計畫讓耶穌死在十字架上，而是讓其結婚並且「生育無原罪的善良的孩子」（Moon 1973: 141）。通過彌賽亞，一個完全以神為中心的新的人類血統將確立。然而，這依然是人類達不到的任務，施洗者約翰質疑耶穌，當局拒絕承認他是彌賽亞。總之，這「最終迫使耶穌走上十字架的道路」（Moon 1973: 153）。耶穌的到來不是為了死去，如統一教教徒指出的並且大多數的基督徒相信的一樣，他被釘在十字架上受難是為了全人類的精神救贖。然而耶穌無法完成結婚生育孩子，建立新的以神為中心的血統的使命，因此人類的重生未能實現。並且救世主的使命仍然還沒有完成。需要另一個救世主式的人物來完成救世重生的使命。

這位新的彌賽亞不會是歷史上的耶穌再世，而是一個耶穌從精神世界裡實施協助並且由《聖經》來確認的普通人。基於複雜的計算，文鮮明確定新的救世主將在1917年和1930年之間出生，他將在無神的共產主義（該隱的力量）和以上帝為中心的民主主義（亞伯的力量）之間的鬥爭中到來。毫無疑問，朝鮮和文本人符合這些標準。但是彌賽亞並不是生來就注定的，他必須完成某些任務才有資格擔當救世主的角色。例如，在成為救世主前他必須完善自我的個性——克服罪孽，結婚後擁有一個真愛的理想家庭，並領導建立一個理想的世界。根據統一教教義，文一生致力於滿足這些要求。統一教教徒將文與文韓鶴子的婚姻看作

能確立眞正的家庭的彌賽亞婚禮，儘管他們的家庭暴露出了醜聞和悲劇，他們仍然相信眞父母的孩子是沒有原罪的。

1992年，在韓國首爾舉行的世界文化和體育節（World Cultural and Sports Festival）上，文鮮明公開宣佈，他和他的妻子已經完成了「人類的眞父母」的使命。「在七月初，」他說，「我曾在韓國的五個城市由世界和平婦女聯合會（Women's Federation for World Peace, WFWP）舉行的集會上做演講，在那裡，我宣佈我的妻子，世界和平婦女聯合會總裁文韓鶴子和我是全人類的眞父母，我們是救世主彌賽亞，是基督復臨。」（Moon 1992）。隨著這項宣佈，文結束了統一教教徒稱爲的「新約時代」（the New Testment Age），開始進入「成約時代」（the Completed Testament Age）。

在「成約時代」，教徒們的生活方式更加公共化，統一教教徒們每日兩次舉行非正式禮拜儀式——歌唱、祈禱，並閱讀《聖經》和《神聖原理》。隨著統一運動的不斷成長和發展，更多傳統的教會服務出現在有更多統一教教徒的地方。無論什麼形式，每個禮拜儀式都包括一種個人和集體發誓要遵守《神聖原理》的戒律並共同致力於促進世界和平的「承諾」。誓言會在每月的第一天，以及統一教教曆中的「聖日」舉行，如眞神節（True God's Day，1月1日）、眞父生日（Father's Birthday，2月3日）、眞父母日（True Parents Day，3月29日）、眞實日（Day of All True Things，5月27日）、上帝的永恆祝福日（Declaration Day of God's Eternal Blessing，7月1日）、統一世界建國日（Foundation Day for the Nation of the United World，10月3日）以及眞兒童節（True Children's Day，11月21日）。

到目前爲止，統一教最重要以及最有名的儀式，就是祝福儀式（Blessing），由文鮮明選出的參加集體婚禮的夫婦，他們通過婚姻成爲

以上帝為中心的血統的一部分。基於私生子和被誤導的愛情是墮落的主要原因的信念，統一教教徒尋求通過祝福扭轉墮落的影響。事實上，祝福是特別重要的，因為統一教教義教導說只有已婚夫婦才可以進入天國。

統一教早期，在得到祝福資格之前，要求成員必須滿足苛刻的標準以及顯示出顯著的精神成長。他們必須引進三名新成員，為教會服務三年使命，並忍受七天齋戒。但通常在實踐中，成員在獲得祝福資格之前，為教會服務的時間要長得多。

當文剛開始的祝福過程中，會基於他瞭解的神的旨意給予他的獨特能力，為每個候選者選擇一個搭檔。夫婦在「匹配」儀式上第一次見面，並給予很短的時間來討論是否合適進一步發展關係。有時，當一個潛在的夥伴是在另一個國家時，匹配儀式時就會使用照片，夫妻倆經常好幾個月不能見面（Galanter 1989: 147-8）。儘管一些候選者要求選擇另一個搭檔，但是大多數還是願意信任文的卓越精神洞察力。

祝福儀式是一個漫長的，分為五步的過程。它開始於懲戒（Chastening），首先新郎新娘在儀式上互相鞭打對方三次，以淨化他們罪惡的過去。下一步，聖酒儀式（the Holy Wine ceremony），會在個人層面上獲得重生。新娘會從文的手裡接過一杯酒，抿一口，然後將其傳遞給新郎並由新郎喝完。這樣一來，新娘便可以從「真父親」那裡獲得「真愛」。象徵性地顛覆了《聖經》中以性別為基礎的墮落秩序，她首先從邪惡的血統中解脫出來，並獲得救世主的血統。自己脫胎換骨後，通過將酒給新郎，她提供給他一個無罪的重生。空酒杯然後會以相反的順序返回給文，完成重生的過程。這個儀式的聖酒據說含有微量的、曾在1960年用於文鮮明和韓鶴子婚禮上的酒。統一教學者認為這個原酒中含有

文的血液，並有改變受體血統的能力，因此可以恢復到一個無罪的狀態，受到祝福的夫婦的孩子被認為在精神上是完美的。

神聖祝福儀式本身包含了許多傳統的婚禮元素。文撒在新娘和新郎身上的聖水，象徵著他們作為一對受到祝福的情侶獲得重生。與他們作為一個新的家庭，與統一主義原則的承諾相比，情侶朗誦的誓言對於他們彼此相愛起到的作用很小——畢竟情侶朗誦誓言只是最近才推出。情侶互相交換戒指，並在上帝的祝福下被宣佈結為夫妻。在祝福的最後，所有的夫婦大喊「萬歲！」（Mansei）來加入文派。

祝福的過程結束之後還有40天分居期。當婚禮圓滿結束，分居期隨著愛情轉移儀式（Transference of Love ceremony）而結束。據非正式成員揭露，只有在一般的條件下，愛情轉移儀式才包括宗教儀式的洗禮和嚴格規定的性親密行為。在此之後，夫妻重申他們的婚姻的精神基礎，並開始在一起過家庭生活。

漸漸地，文已經開始將權力賦予合適的夫婦，形成全國祝福委員會（National Blessing Committees）以促進祝福儀式的展開。由一些被祝福過的妻子組成的委員會，基於符合條件的人選，提交有關候選伴侶的喜好。候選人必須年滿24週歲，並且已經入教至少三年。儀式本身基本上已經被簡化，只需新娘和新郎宣佈他們的結婚意願並共用同一杯聖酒。除40天的分居期外，其他的「補償」條件均已被廢除。

1992年，文通過接受非統一教教徒作為潛在候選人，大大拓展了祝福儀式的範圍。而90年代中期的天地祝福儀式（Heaven and Earth Blessing）則再一次拓展了祝福儀式的範圍，天地祝福儀式通過已逝的配偶與他們活著的伴侶的精神重聚，來重新整合肉體和精神世界。此外，這種教義上的轉變類似後期聖徒（Latter-day Saints）的死者洗禮，認

為居住在精神世界的祖先也可以成為祝福儀式的候選人。最後，統一教已經延伸到解放（Liberation），祝福（Blessing），以及重生（Restoration）歷史上的聖人和罪人。例如在1998年，統一教為了建立一個解放所有在地獄裡的人的基礎，對列寧（Lenin）、希特勒（Hitler）和史達林（Stalin）舉行了祝福儀式。儘管有些人不是地獄的居民，祝福儀式同樣也為佛陀（Buddha）、蘇格拉底（Socrates），奧古斯丁（Augustine of Hippo）以及先知穆罕默德（Prophet Mohammed）舉行。

統一教在韓國以外地區的發展與組織

統一教一開始發展極為緩慢。但當1972年文移民到美國並親自掌權時，他發現興起於60年代的反主流文化運動已搖搖欲墜，年輕人對於替代性文化和意義的需求為統一教的發展提供了千載難逢的機遇。接下來的五年中，統一教從幾百名全日制成員增長到幾千，文不知疲倦地招募中產階級年輕人，會員的高增長率同時也帶來了龐大的經濟資源，並展示了一個高大的公眾形象——但幾乎不可避免地，也遭受到了外界對他實施精神控制和財務用途不當的指控。然而，成員招募上的成功只維持了很短的時間。招募到的成員只有一小部分人實際加入了運動，大部分新成員活躍的時間實際很短（參見Barker 1984; GaIanter 1989）。目前，統一教聲稱其活躍在世界各地的近200個國家，並估計其全球會員有300萬，主要集中在韓國和日本。然而，學者表示更為實際的估計是其國際會員只有幾萬人，其中有幾千個美國人（參見Barker 1978, 1984; Fisher and Leen 1997）。

統一教運動是由三大利益網組成的複合體：商業（business），外聯（outreach）和公共關係（public relations）。統一教的商業組織用自己的利

潤來資助各種活動，它直接服務於統一教的世界「重生」的目標；另一方面，外聯組織是非營利性的，為世界統一這個更大的目標服務。公共關係服務，包括旅行、集會、媒體運營，以及一些特殊活動包括組織並開展演講、集會、研討會等，意在促進民眾認同文和文夫人作為人類真父母的主張。

文的早期商業利益廣泛地分佈在韓國和日本的工業部門，包括礦山、製造業和製藥行業。為了支持文的全球統一夢想，統一教還在很多國家，尤其是韓國和巴西購置了大量的房地產資產。同時他對海洋產業的興趣促使他建立了幾個漁業企業。其中「真世界食品」（True World Foods）是美國壽司海產品最大的供應商。根據一份報告顯示，75%的美國壽司店採購的原料都來自文的公司（Kessler 2006）。

然而，在統一教的所有企業中，傳媒企業所占的比重是最大的，並且統一教還在持續不斷地在世界各地設立或收購新媒體機構，所有這些媒體企業都用來傳達統一教的世界觀。現在，統一教的媒體企業在美國的政治保守派中頗有影響，其旗艦媒體就是《華盛頓時報》。出版《華盛頓時報》的新聞世界傳媒（Newsworld Communications）在2000年收購了歷史悠久的合眾國際通訊社（United Press International）。站在統一教的立場上看，擁有這樣廣泛的商業並不只是簡單地為了獲取利潤，而是為以世界重生為使命的統一教和作為新的救世主的文鮮明提供了基本的經濟平臺。儘管如此，《華盛頓時報》的財務狀況一直不穩定，自創刊以來每年都出現虧損。事實上，據估計，文為這家報紙提供了20億美元的資助。面對這種情況，2010年《華盛頓時報》被出售，但後來文承諾將扭轉該報每況愈下的命運，將其回購。

一系列同樣多樣化、但卻不以營利為目的外聯組織有利於推動文

的世界的重建和統一的願景。這些推廣組織是在統一教的直接支持下成立的，但在1994年則成立了一個專門領導它們的上級組織——世界和平與統一家庭誓盟（The Family Federation for World Peace and Unification），由文韓鶴子擔任會長。

　　加入統一教意味著皈依者承認文的救世主地位、同意支付人類罪行的個人賠償、期待得到婚姻祝福，並且恢復和重建世界範圍內和睦無罪的家庭。像其他許多新宗教運動一樣，在70年代初統一教在招募年輕人上是最成功的，這些年輕人的美好幻想在20世紀60年代的反主流文化運動破滅了。最初參與運動的年輕人往往是非常情緒化的。統一教的宗旨以及竭誠追求一個更美好世界的願望吸引著潛在的皈依者，同時有著明確道德界限的觀念爲人們營造了良好社會安全感（參見Bromley and Shupe 1979; Barker 1984）。在整個20世紀70年代，統一教教徒共同生活，投入他們所有的時間和精力來彌補打斷上帝最初計畫的過失以及促進世界重生的事業。他們對自己的精神狀況負責，並認爲他們在死後精神世界的地位由他們在世時的成就來確定。

　　在統一教的歷史上，兩個最突出的活動是成員招募和資金募集，成員招募旨在爲上帝招募「靈童」（spiritual children），資金募集則旨在將資金從罪惡領域轉變成爲上帝的無罪資產。流動性很強的成員招募和資金募集團隊走遍全國，出入機場和購物中心，尋找潛在皈依者和捐助者。許多統一教教徒認爲，人們將受益於資金「轉變」的這個過程，無論那些捐贈者是否意識到這些行爲的精神意義。這導致了在一些籌款團隊中出現了「上天的欺騙」（heavenly deception）——他們騙取潛在捐助者的理由是，他們將來仍會獲得上天的賞賜。成員招募和資金募集都是高度儀式化的活動，成員測試他們面對敵意時提供愛的精神能力，用慈

悲來激勵他人，讓盡可能多的人有機會參與「重生」。正如一位成員所指出的，「募集資金可能是理解上帝最精彩的方式。這不是基於推銷策略或是名人效應帶來的——而是上帝賜予的。」（Bromley and Shupe 1980: 232）在這些成員招募和資金募集活動的驅動下，教眾們經常進行自我規訓，來彰顯上帝在他們生命中的力量。

　　在20世紀70年代後期，統一教的組織形態從大型社群組織開始向一個更加分散和穩定的家庭結構轉移。教會鼓勵各成員離開教會組織的社區並居住在單戶住宅，成為「家庭教會」（Home-Churches）。從教義上說，這個發展過程意味著家庭即教會，教會即家庭。每個家庭教會承擔起他們所在社區的360個家庭的相關責任，服務於這些家庭在精神和肉體層面的需求。大多數在80年代參加過祝福儀式的成員參與到了這種較為穩定的生活方式中。他們脫離了教會的全職工作，並成為「助理成員」，能夠保持自己的私人家庭和社會職業，在自願的基礎上參加教會活動。

洗腦、脫教與統一教

　　科學教，超驗冥想，以及藍慕莎所傳遞的消息都教導人們人性本善、而我們要喚起這種被丟失的善。統一教儘管是把看不見的秩序設定為更傳統的「救贖」（Heilsgeschichte）敘事，即包含了墮落，贖罪和重生的基督教「救贖史」（salvation-history），但是恢復被遺忘或丟失的完美仍是極為重要的概念。

　　對於統一教來說，在伊甸園就開始有了人類受上帝護佑的意識，在那裡亞當和夏娃作為上帝的孩子愛著上帝。在上帝的最初計畫中，祂所創造的原始人類是以上帝為中心的，男人和女人將永遠生活在一個田園

般的天堂，與他們的創造者——上帝，永遠保持愛的關係。然而，撒旦的嫉妒和夏娃受到引誘打斷了上帝最初的計畫，從那時起，人類開始承襲撒旦並且拋棄了上帝。人類開始同其最初目的決裂，並且分裂成為了敵對的陣營，開始過著腐敗和骯髒的生活。人類已經忘記了他們是上帝的孩子的這一真實身分，忘記了如何使自己恢復到上帝的最初計畫中來。

　　與此同時，統一教提出了關於人類的修復自我認識的新契機：承認並接受文鮮明為彌賽亞，基督復臨的主，以及支持他的世界統一的計畫。雖然統一計畫有許多方面，但最重要的是為人類重建以上帝為中心的血統。在他的角色中，作為彌賽亞的父母，文祝福了婚姻中的夫妻，從而重建了這個精神上完美的、以上帝為中心的血統。

　　文鮮明於1972年抵達美國並開始了他的救世任務，其主要目的是把人們從邪惡的統治中拯救出來，帶領他們加入統一教運動，一同為世界重生而努力，並一同創造精神上完美的家庭。借助這時間的反主流文化群體運動，統一運動一度吸引人們轉到關注文的理想主義追求上來。然而，正是這些年輕人的迅速入教（這些人之前大都沒有表現出宗教傾向），加上他們對之前生活的拒絕（甚至拒絕自己的家庭），引發了那個年代裡圍繞統一教的激烈爭議。本質上說，儘管統一教為反主流文化抗爭提供了神聖的正當性，但是憤憤不平的家屬們卻在不斷地妖魔化該運動及其領袖，並要求對他們認為明顯存在的社會危險採取行動。

　　正如我們在本章開頭提到的，整個20世紀70年代和80年代，文鮮明和統一教經常被指責為皈依者「洗腦」，實施思想控制和行為矯正，使他們失去獨立的思考或行動能力。這些指控是基於「洗腦」隱喻——該隱喻曾用來解釋朝鮮戰爭中的被俘士兵在戰俘營中接受共產主義再教育回國之後的政治態度的改變（Sargent 1957; Lifton 1961）。在新

宗教的背景下，通過在大衆媒體展示聳人聽聞的舊事（e.g., Conway and Siegelman 1979; Freed 1980），以及通過叛教前任成員的證詞（Bromley, Shupe, and Ventimiglia 1983），更加劇了對「洗腦」的指控。在許多方面，統一教成爲新宗教運動出現後更廣泛的社會緊張局勢的導火線，引發了更大範圍的文化爭論，這些爭論圍繞諸如「信徒如何加入新宗教」以及「根據目前形勢應該做什麼」展開。

　　由世俗反膜拜團體運動所使用的洗腦理論在後來演變成一個包羅萬象的說明框架，該框架不僅可以用來說明60年代末新宗教的突然出現，也同樣可以說明這些新宗教在成員招募上所取得的成功。而信徒人數的持續增長，儘管被新宗教拿來論證宗教權威正當性，但由於洗腦理論的存在，反而增加了人們的恐懼感。雖然社會科學家已經證實，在那些被指控爲洗腦的新宗教中，沒有任何一家的成員數在全美國能達到10,000人，反膜拜運動、媒體甚至這些組織自身都給民衆製造了一種印象，仿佛這個數字會比10,000人高出成百倍，因此會更加的危險。

　　通過特定外部機制的轉換過程——無論是洗腦，或者就像它現在被稱爲的思想改造或強制說服——該理論的支持者們都能夠創造出反膜拜團體運動所依據的三個主要支柱。首先，該理論有效地消解了新宗教信徒們所發表的衆多聲明，這些聲明稱其入教是自願的、發自內心的，他們入教後的新生活充滿了真正的幸福。根據反膜拜的邏輯，以上聲明是因爲他們已經被洗腦，像統一教這樣的組織，它的成員們都不清楚自己的選擇。其次，這也推卸掉了經歷信仰轉化的個人的責任，並乾脆將責任推給「狡猾的膜拜團體領袖」。也就是說，因爲他們沒有憑自己的自由意志做選擇，信仰轉化是源於組織的操作，源於領導人的克里斯瑪（charisma），以及成員招募過程中的強制策略。第三，洗腦理論爲父

母尋求其成年子女正當的監護權奠定了概念基礎，這些子女被宣佈成沒有行為能力，然後採用強制脫教的方法，努力把他們「拯救」出來。

許多父母的補救方法是一種稱為「脫教」的過程，即強制刪除、監禁以及對新宗教信徒的「反向轉換」（counter-conversion）（LeMoult 1983: 238）。20世紀70年代初開始，為了應對「上帝之子」（Children of God，現在的「家庭國際」[The Family International]），「脫教」很快演化為一種被反膜拜運動拿來對付新宗教的系統化手段。正如社會學家安森·舒佩（Anson Shupe）和大衛·布羅姆利（David Bromley）提到的，「脫教」概念涵蓋了各種過程，「從引人注目的公開誘拐、強行拘留、驅魔般的儀式（脫教者認為可以打破『膜拜團體』）、精神控制，到對他或她選擇皈依課程具有重要意義的信徒（或者連同其家人，牧師，或朋友）進行重新評估（1980: 145）。另一個評論者指出，「脫教」往往「比成員加入各種教派的過程更像『洗腦』。關禁閉、剝奪睡眠、長時間談話、譴責，輪流進行時而強硬時而輕鬆的交談、訴諸感情、不斷審問，最後使其意志崩潰，從而給脫教者一記重拳。」（LeMoult 1983: 239）

70年代末和80年代初，一些所謂的「膜拜團體法案」（cult bills）進入美國各地的州議會中，這些法案早期獲得了一定程度的支持，但是最終卻沒有一個成為法律。例如，紐約州精神衛生法修訂草案提議，如果一個人在表現出「突然並且戲劇性的人格改變」的證據，他/她應該被獲得託管權。相關指標包括「缺乏適當的情緒反應」、「面無表情」以及/或者「體重變化」（見Shupe and Bromley 1980: 130-4）。很明顯，這些決定是如何做出的，由誰做出的是這些法案的兩個問題。由於脫教活動的受害者對他們的脫教專家提出訴訟，至少在北美地區，脫教活動逐漸式微，而正是相關訴訟導致了1996年當時知名度最高的支持強制脫教

機構「警惕膜拜團體網」（Cult Awareness Network）的破產。當時，一個華盛頓州法院判處該機構以及3名脫教專家賠償一位名叫傑生‧斯科特（Jason Scott）的聯合五旬節派（United Pentecostal）成員400萬美元。

拋開「脫教」這一顯而易見的問題，洗腦理論本身便具有許多嚴酷的現實需要克服。首先，如果反膜拜運動者所主張的洗腦手段是有效的，那麼無論何時、無論應用到誰身上都應該起到效果。然而，證據表明，20世紀60年代末以及整個70年代的新宗教在招募青年人方面是很成功的，這一成功建立在當時的反文化運動興盛的時期。而反文化運動一消失，招募率便戲劇性地下降了。其次，為了有效地工作，洗腦過程大概需要經歷一定的培訓和擁有一些專業知識。不過現實情況是，在被指控洗腦的眾多新宗教中，招幕工作很大程度上是該組織最新的、並且是最沒有經驗的成員擔任。此外，如果將這些組織對於成員的吸納都歸功於洗腦策略，那麼可以假定，隨著時間的推移，他們將改進他們的技術，提高他們的成績。最後，對洗腦理論最有力的控訴是，儘管盡了最大的努力並採用最為激進的招募策略，新宗教總體來講在吸引和留住大量信徒方面基本上是不成功的。簡而言之，幾乎沒有經驗證據表明洗腦在任何方面能夠取得成功，除了作為長期反膜拜團體運動的一種支持之外。

儘管依舊有一些反膜拜運動的成員和學者仍在堅持各種關於洗腦的假設（見Singer and Lalich 1995; Zablocki and Robbins 2001），但20世紀70和80年代，在一些國家，強制脫教的方式已經被仍存在問題但攻擊性較弱的所謂「退出疏導」（exit counseling）所替代（然而，日本是個明顯的例外）。洗腦仍然影響著人們對統一教和其他新宗教運動的看法，因此也影響著它們的命運（見Shupe and Darnell 2006）。例如，自1992年

統一教在俄羅斯設立教會，就面臨著來自反膜拜組織，諸如家庭保護委員會（Committee for the Protection of Family）以及極權教派救助個人及國際-區域委員會（Personality and the Inter- Regional Committee for Salvage from Totalitarian Sects）——這兩個機構都深受北美反膜拜運動思想的影響（Krylova n.d.）——的持續不斷的壓力。1996年，法國國會議員雅克·基亞（Jacques Guyard）撰寫了長篇的會議報告《法國教派》（Les Sectes en France），將172個宗教團體列為「危險教派」（dangerous sects），這個名單突出了統一教。1997年，法國政府設立「教派問題部際委員會」（L' Observatoire Inter-ministériel sur les Sectes , the Joint Bureau on Cults）來協調和監控可疑團體。

研究統一教

倫敦經濟學院（London School of Economics）的社會學家愛琳·巴克曾在20世紀70年代末對洗腦和統一教的問題進行過徹底的調查，她在1984年出版的著作仍然是關於這個群體早期生活的權威著作。不僅如此，它還是對新宗教進行社會學研究的一個模型，並展示了學術研究如何影響公眾的認知和社會政策。

通過問卷調查、結構訪談以及六年多時間的參與觀察，巴克確信，（膜拜團體中）新成員的留存比率低得可憐。那些在1979年參加了統一教舉辦的為期兩天的研討會的成員，只有30%的人選擇參加更深入的為期七天的體驗，而只有10%的人真正加入統一教，並維持了一個多星期的時間。兩年後，只有5%的人仍然隸屬於教會（Barker 1984: 121-48）。

巴克工作的三個方面在方法論上特別重要。首先，她著手測試一個特定的假設。她想知道：（1）統一教招募和加入過程是否類似或上升到

反膜拜團體提出的危言聳聽的洗腦程度，（2）如果沒有，教會實際採用的招募做法有多有效。簡單地說，洗腦存在嗎？縮小研究範圍和回答具體問題是瞭解新宗教運動的兩種最有效的方法。

其次，巴克相對不受限制地進入了這個組織。這是特別重要的，因為當時可獲得的大多數資訊要麼是基於媒體報導，要麼是基於反膜拜團體運動的宣傳，其中一種經常通知和加強另一種（見Cowan 2003a）。由於公眾對新宗教的瞭解大多來自前信徒和憤怒的家庭成員，巴克知道她必須調查問題的另一面。她並沒有把她的研究建立在有偏見的二手報告的基礎上，而是尋求可靠的消息來源。並不是說成員，尤其是運動領導人，不會試圖影響她的工作，但好的社會學研究的一部分是來自團體的第一手經驗。

第三，巴克以一種能夠回答她提出的問題的方式實施了她的研究計畫。這需要一個縱向的方法。她不能簡單地用一兩個星期的時間給這群人拍一張「快照」。通過跟蹤會員和潛在會員的長期工作從屬關係——尤其是那些最初對統一教表現出興趣，但沒有進一步發展的大批人——巴克得以證明關於洗腦的反對言論是錯誤的。

延伸閱讀：統一教

- Barker, Eileen. *The Making of a Moonie: Choice or Brainwashing?* London: Basil Blackwell, 1984.

- Bromley, David G., and Anson D. Shupe, Jr. *Moonies in America: Cult, Church, and Crusade.* Beverly Hills, CA: Sage Publications, 1979.

- Bryant, M. Darrol, and Herbert W. Richardson, eds. *A Time for Consideration: A Scholarly Appraisal of the Unification Church*. New York and Toronto: The Edwin Mellen Press, 1978.

- Hong, Nansook. *In the Shadow of the Moons: My Life in the Reverend Sun Myung Moon's Family.* Boston: Little, Brown, 1998.

- Moon, Sun Myung. *Divine Principe.* Washington, DC: Holy Spirit Association for the Unification of World Christianity, 1973.

第六章　上帝之子/家庭國際：性議題

> 他們唯一能看到的上帝之愛，就是在你身上看到的愛。如果
> 他們在發現主之前必須要先愛上你，這只是上帝用來引誘他
> 們的誘餌。你必須愛他們，親愛的，必須全心全意地愛他們。
> 像愛你自己一樣愛你的鄰居。
>
> ——摩西‧大衛‧伯格，「傳道的釣魚者」

　　整個20世紀90年代，上帝之子（The Children of God），卽如今的家庭國際（The Family International，簡稱「家」）的成員們，旣害怕聽到半夜時分走廊上皮靴的聲音，也害怕在睡夢之中看到窗戶外警燈閃爍的情景。他們的害怕是有原因的，幾個國家的當權者紛紛迫害他們，所以每個「家」的成員不得不時刻準備一個便於攜帶的「逃跑袋」——一個裝著必備物資的箱子或背包，這樣在緊急情況下，成員們會立卽棄家而逃。例如在1990年的7月，西班牙巴賽隆納（Barcelona）的警察突襲了兩個「家」的據點，帶走了22個孩子進行「保護性監禁」，控訴了10名成人犯「拐賣兒童和進行不正當傳教」罪（Reuters 1990）。兩年以後，一向友善的澳大利亞對其發起了史上最大規模的行動，警察和孩童保護者們相互合作，於黎明時分突襲了位於雪梨（Sydney）和墨爾本（Melbourne）的八個「家」的據點。成年會員「攜手高唱」時，一輛輛的汽車已經從父母和監護人手裡帶走了140多名孩童，並將他們運送到「秘密收留中心」。

此組織的律師爭論道，被帶走的孩子是被「法律綁架的」，突襲純屬「法西斯式的瘋狂」（Humphrey 1992）。憑藉著同樣的合作和付出，法國警方於1993年的6月突襲了里昂和艾克斯普羅旺斯附近的「家」的據點，捉住了140名孩童，帶走了50多名成人（Reuters 1993）。法國控告「家」犯了洗腦罪和性虐待兒童罪，因此自20世紀70年代後期就一直禁止此組織的存在，這也就解釋了為什麼這麼多的受害者會報導突襲的暴力性。一位成員「藏在壁櫥中，緊緊的抱著她那尚在繈褓中的女兒和四個年齡尚小的兒子」，她說道：「那聽起來就像一些喪心病狂的殺人狂魔在摧毀著一切，殺戮著一切！」（Bainbridge 2002: 12）最後，在諸多關於政府干預的報導中，一個顯著的案例是阿根廷方面的，將近200名阿根廷警官突襲了十個位於布宜諾賽勒斯內外的「家」的據點，將268名孩童帶走進行保護性監禁，以「密謀綁架孩童」罪逮捕了30名成人（Bennett 1993; Nash 1993）。這個事件成為世界各大媒體的頭版頭條。

　　大眾傳媒循著某種常規，一如既往地按他們原來的方式對待這些新宗教運動（參見Wright 1997; Cowan and Hadden 2004; 亦見本書下一章），他們不可避免地將此運動往壞處塑造，經常把這一團體指認為「性崇拜團體」，並且在剛開始把政府行動譽為「營救」孩童，「保護」他們，或者是將孩子進行「保護性監禁」。但有一點是需要指出的，雖然經歷了種種冗長昂貴的法律談判，在所有的案例中，孩子們都回到了父母或合法監禁人的手中，並且所有對成年成員的指控最終都取消了。事實上，命令突襲的阿根廷法官最終被免職，因為上訴法院認為他沒有司法權力發動襲擊（Katz 1994）。

　　20世紀60年代是個反主流文化的時期，自那時起有許許多多的「耶穌運動」（Jesus Movements），「家」就是其中的一個，並且很出名。

這個組織由大衛·勃蘭特·伯格（David Brandt Berg, 1919-1994）創立，先後有過很多名字，有「侍奉基督的青年」（Teens for Christ）、「耶穌革命者」（Revolutionaries for Jesus）、「上帝之子」（the Children of God）、「愛之家」（the Family of Love）和「獨立傳教社區友誼聯會」（the Fellowship of Independent Missionary Communities）。「家」的主要使命是福音傳道，卽讓人們認識到耶穌基督是主，是救贖者，這樣給這個精神上墮落的世界帶來贖罪的資訊。從這方面講，「家」和其他的福音教堂或者福音機構並沒有太大的不同。「家」的主要組織形式是網絡化的公有住所，這種模式在100多個國家廣泛運行。這個國際運動大約擁有9,000名全職會員和幾萬名兼職會員。「家」這個組織產出了很多的作品，這些作品被翻譯成60多種語言，售賣這些作品曾一度是這個團體的主要經濟來源。「家」報導稱有1,000萬盤（張）相關磁帶（影片）和將近10億份有關作品在全世界廣爲流傳（Van Zandt 1991: 115-16）。雖然「家」先後有過很多名字——「上帝之子」（1968），「愛之家」（1978），「家」（1991）——但爲了保持連貫性，我們會在整章中稱這個組織爲「上帝之子」或「家」，因爲這兩個名字是最出名的。

　　可能「家」最顯著的特徵便是它那連續不斷的變化，這變化幾乎是它生活方式各個方面的鮮明寫照。雖然「家」自認爲是個福音派基督運動，但伯格宣稱他是末日預言家，並接受了很多啓示。這一做法使得整個團體完全置於基督教主流思想之外。在所有這些啓示所帶來的新觀念中，「家」革命性的性行爲實驗對它的公眾形象有著最爲深刻的影響，並且它一直與這觀念所帶來的遺留問題進行著鬥爭。

摩西：大衛‧伯格與上帝之子的起源

大衛‧勃蘭特‧伯格，雖然被「家」的成員們賦予了很多的名號，如「摩西‧大衛」（Moses David）、「大衛叔叔」（Uncle David）、「神父大衛」（Father Dave），「摩西」（Mo）和「父親」（Dad），但他出生的時候確實是叫大衛‧勃蘭特‧伯格。伯格出生於加利福尼亞，但成長於佛羅里達附近。他的父母雖然是很有名的福音傳道者，並和基督教宣道會保持著聯繫，但他們卻時常巡遊四方，佛羅里達便是其中一處。據伯格自己所述，他從早年便開始了自己的精神之旅，在19歲時得到了神賜的禮物——洞察、智慧、知識和信仰，幾年後又被賦予預言、言語及精神預知的能力（Millikan 1994: 198）。儘管基於宗教信仰原因不願服兵役，伯格還是在二戰期間去服兵役了。在這段時間裡，他宣稱他的肺炎奇跡般地治癒了。1944年，他娶了簡‧米勒（Jane Miller, 1922-2011）爲妻，她就是後來被稱爲「夏娃媽媽」（Mother Eve）的人。

20世紀40年代後期，伯格曾在基督教宣道會當過短期的牧師，但因爲和教會官員有衝突導致離職。1954年，他當上一名老師，這時，他遇見了弗雷德‧喬丹（Fred Jordan），喬丹運行著一家位於洛杉磯的名叫美國心靈診所（American Soul Clinic）的傳教士組織。這個相遇改變了伯格的生命軌跡。爲喬丹工作了一小段時間後，伯格就回到佛羅里達，創辦了自己的心靈診所。但因爲他的傳道策略具有侵略性和對抗性，所以很快就引起了邁阿密（Miami）教會權威的注意。比如說，心靈診所的成員們會向當地的教堂集會發動「突襲」，在教會停車場的亭子裡發放他們自己的福音傳道材料，打破正常的禮拜活動。

儘管伯格聲稱在那個時候已經收到了一些神聖的預言，但1961年的一個資訊促使他走向更爲極端的方向。與約瑟夫‧史密斯（Joseph

Smith）在樹林裡祈禱時聲稱從上帝那裡得到的資訊相似，「耶利米的預言」（The Message of Jeremiah），也就是伯格日後所宣稱的「開啓耶穌革命的預言」（The Message that Started the Jesus Revolution），使得他堅信固有的基督教會已經是千瘡百孔，而他正是那個被任命的「毀壞系統的人！——如今這爛掉的宗教系統啊！」（Berg 1968: ¶45）在接下來的幾年，伯格和他的信徒們將福音傳道的足跡踏遍美國、加拿大和墨西哥，最終到達了他母親的故鄉——加利福尼亞的亨廷頓海灘（Huntington Beach）。

兩年以前，伯格的媽媽收到了一則預言，警告人們世界將進入末日時代，也就是說人類將進入歷史上的倒數第二個時期，這個時期很快預示著耶穌基督的第二次降臨，日益增加的社會動盪及叛教行爲恰恰說明了這點。亨廷頓海灘在整個20世紀60年代是個反主流文化的地區，當時伯格和他的信徒們見證了大量湧入此地區的嬉皮士們。伯格運營過「光明俱樂部咖啡屋」（Light Club coffeehouse），這是著名的少年挑戰組織（Teen Challenge organization）的一個外延組織，通過這個外延組織，伯格隨後又成立了一個歌唱團體，名叫「侍奉基督的青年」，這個團體是招募會員的一個重要工具。

那時伯格被稱爲「大衛叔叔」，他所宣講的反正統理論恰恰有力地迎合了當時的反文化氛圍：「社會系統」（the System）毫無希望，墮落至極，它的毀滅勢在必行，迫在眉睫。耶穌是唯一一名眞正的革命者，《聖經》是唯一一本眞正的精神革命的教科書。作爲耶穌的革命者（Revolutionaries for Jesus），「侍奉基督的青年」繼續著他們遊擊式的福音傳道，打破正常的教會禮拜，高聲朗讀耶利米書中的片段。成員們相信精神缺失的美國會迎來預言的厄運和毀滅（Wallis 1981: 100）。他們宣

告信仰的活動富有挑釁意義，毫無疑問，這使得整個團體陷入與權威們的種種矛盾之中（Enroth 1972: 19-24; Wangerin 1993: 20-21）。

面對批評和反抗，伯格鼓勵那些潛在的皈依者將自己完全投入到基督教中去——摒棄他們世俗的所有，放棄酒精、毒品、煙草，禁慾，加入他的家庭。爲了回應加州不斷增長的敵對情緒，以及對加州即將毀滅的預期，伯格帶領「侍奉基督的青年」上路，見證，到處傳福音，爲這個墮落的州「麻布守夜」（sackcloth vigils）。雖然斯巴達式的簡樸生活和流動的生活方式引起眾多的叛逃，但此運動一直在吸引著眾多會員的加入。其中的一個便是卡倫·澤比（Karen Zerby，生於1946年），一個身材苗條，魅力四射的五旬節教派教徒（Pentecostal），她將對「家」的發展起到至關重要的作用。

到目前爲止，新聞工作者常將這個團體命名爲「上帝之子」，在近十年中對「家」這個名字也習以爲常。成員們常常會借《聖經》中的名字來命名自己，以表明神聖，伯格這個既被稱爲摩西·大衛又被當成末日預言家的頭領開始發表各種「摩西書信」（Mo Letters），以加強交流，促進運動的蓬勃發展。1969年8月26日，標誌著上帝之子重大轉變的第一封摩西書信發表：「舊愛，新愛」（Old Love, New Love）預言。這個預言在文筆方面有著欽定本《聖經》（King James Bible）的韻味，是唯一一本爲「家」所接受的版本。它爲團體的發展樹立了兩個至關重要的方向。第一，它宣佈，上帝已經放棄了已建立的基督教會，因爲它拒絕了伯格和他的信徒對悔改和承諾的呼籲。開頭幾段是：

> **正是由於她的驕傲才拒絕你們**。是你們幹的好事才使她憤怒，引發妒忌。你使她因自己的失敗而難堪，她害怕人們議論紛紛。因此她拒絕了你們。在拒絕你們的同時，她也拒絕了

我。她的住所遺世獨立，周圍人跡罕至。因此，她狂怒地襲擊著你們，試圖將你們趕走。

但是她在這樣做的同時，也是在將我趕走。就像她最引以為榮的建築和儀式一樣，她將孤獨而淒涼。（Berg 1969：¶¶1-2；著重標記為原文所加）

為了代替舊的教會體制，預言繼續說道，上帝會創立、扶持、保佑一個新的教會體制，一個信仰堅定的教會體制，一個譬如像摩西·大衛所帶領的上帝之子那樣的教會體制。

第二，這可能也是最重要的一點，伯格用預言的最後幾段宣告他正在結束和「夏娃媽媽」長達25年的婚姻，因為她現在是舊的教會體制的化身。他寫道：「**因此你們的母親已逝去，這些年來，我已漸漸遠離她，她亦尋我不到**」（Berg 1969: ¶31）。在漫畫風格的第一封摩西書信的封面上，一個年輕美麗的女人，穿著破衣爛衫，卻面帶微笑，一副熱情好客的樣子，站在一位上了年紀、滿臉怒氣的女人面前，她穿著漫畫中描繪的天主教大主教的長袍。卡倫·澤比，也就是當時的「瑪利亞」（Maria），代表了上帝之子中的新的教會體制。伯格和她的關係一直持續到他1994年去世。

直到1970年，伯格逐漸退出了對運動的領導。在那年的12月末，他用一封分為兩部分的信向上帝之子宣告了他最後的決定，「我會離開的，」這份啟示正式宣告了他將過一種離群索居的生活：

我看見自己置於幻影之中，坐於桌旁，手握一筆。那是一根古老的羽管筆——就像你知道的那樣——從某只鳥上取下一管羽毛，好比你從古老的預言畫中看到的那樣。我伏案於我前

> 面的桌上，專心寫作，從我的筆中四散出幾縷光芒。好吧，有
> 五縷光芒從我的筆中發出，流向你方——每一縷都朝著自己
> 既定的方向！（Berg 1970: ¶¶4-5）

伯格一直鼓勵他的信徒們要將運動擴大到美國以外的地區。至目前為止，很多成員已經搬遷到歐洲。1971年，伯格和瑪利亞搬到了倫敦，從此之後，除了內部圈子的人沒人再見過他。事實上，很多成員都沒有見過伯格本人，出於安全的考慮，甚至連他的照片都很少見。但直到他逝去，他一直通過內部的信徒在領導著運動，並且通過種種的啟示，他一直源源不斷地用「摩西書信」和外界交流。這些書信一直在不斷地指導成員們的傳道，偶爾也會重組運動。事實上，「家」有兩個最顯著的特徵：一是它不斷變化；二是它的第二代成員（現在是第三代）能將該團體轉變為更傳統的宗教組織。

上帝之子/「家」的社會組織

不同於其他新的宗教運動，「家」的組織結構相當簡單。其基本的結構單元是共同生活的環境。這些共同生活的地方既是居住地，又做福音傳道之用，經濟方便，是運動的社會基礎，這些地方剛開始被稱為「聚居地」（colonies），後來又被稱為「家庭」（homes）。在成員還不是很多的時候，伯格曾邀請過信徒住在自己的家裡，他們稱伯格為「大衛神父」或「父親」。隨著運動的逐漸擴大，伯格逐漸從領導層退出。「家」也慢慢地擴大為一個國際性的網絡社區之家。事實上，直到1972年，伯格已經在40多個國家擁有100多個社區之家。目前，該組織聲稱在90多個國家有1,000多個社區。

伯格那幫支離破碎的信徒漸漸發展成氣候的時候，他已經50歲了。

雖然他又繼續領導「家」近二十年，但這是由於他的小圈子的幫忙才做成的，這個圈子有瑪利亞、他的子女、子女的配偶及一些頗受信任的信徒。領導階層到20世紀70年代末一直比較穩定，但從那以後，伯格意識到是他的內部圈子在領導著運動，並且他們越來越反抗自己的神恩權威（Wallis 1981: 89-102）。有一次他幾乎將整個領導層罷黜，把他們外放進行傳教。很多成員離開了運動，這裡面有他的女兒，他女兒現任的和以前的丈夫，以及兩個長期的信徒。十年後，伯格又再次更換領導層。但那時他已經年近70，生命垂危。於是他將管理事務移交給了瑪利亞和兩個備受信任的信徒——阿波羅（Appolos）和彼得·阿姆斯特丹（Peter Amsterdam）。伯格於1994年去世的時候，將領導權交給了瑪利亞和彼得，其實後者早在二十年前就在伯格的祝福之下和瑪利亞建立了親密關係，並且兩人在伯格死後迅速完婚。雖然他們偶爾會和信徒及一些教會外部人士見面，但瑪利亞和彼得仍遵循著伯格獨居的高度安全的生活方式。

縱觀「家」的歷史，雖然信徒之間相隔萬里，但「家」仍認為自己是個整體，是一個家庭，成員們稱自己最重要的承諾便是「嫁給了『家』」。比如說，1978年，一封名為「快樂重生」的「惟信徒者」信發表，這為運動建立了具有深遠影響的原則，伯格寫道：「**『家』中的婚姻**是屬於耶穌的……我們都在他的偉大之愛下彼此結合。」（1978a）依靠著組織成員的流動性、不同家庭的明確分工及摩西書信的影響，這個分佈廣泛的「家」之網被維繫在了一起。。

就像文鮮明和韓鶴子一樣，伯格和瑪利亞在運動中也擔當「父親和母親」的角色。伯格的孩子、孩子們的配偶和幾個選中的信徒組成了皇室家庭。同時，為了避免忠誠分裂的潛在問題，成員們會進行族內通

婚。已婚和單身家庭成員之間的性分享組成了組織的基本單位而不是核心家庭。雖然地緣的穩定性會鞏固新型宗教團體的穩定，但在「家」中，這種穩定一部分靠得卻是其高流動性，成員們或因上層的召喚，或因感知的需要，或因新領域的福音傳道潛力，常常願意遷徙各地。家庭和成員時常流動，所以成員間最重要的穩定性靠得是他們在大規模運動中的聯繫。

家庭的網絡化靠得是明確的分工。在最初的時候，伯格將各個部分組織成「部落」，每個以以色列部落之名命名，並且每個部落都在運動中擔任一定的角色。比如說，李維（Levi）是教師的部落，伊薩卡（Issachar）是機械師的部落，澤倫（Zebulon）是農民的部落，丹（Dan）部落負責交流。今天，有的家庭的主要責任是宣誓信仰，有的則負責照顧小孩，提供教育。也有的負責「家」的行政管理，而其他的一些則負責製作相關作品，創作音樂。

由於「家」分佈範圍很廣，而且是國際性的，「家」的作品既是維持共同運動文化的主要手段之一，又可以為成員地位和團體活動的確立提供最終的準則。這些浩繁的信件、公報、指示和文學雜錄包含了處理各種問題的建議，從見證策略到兒童教育、世界各地運動的新聞、從「家」的神學的角度對當前事件的評論，以及關於「家」在推行其拯救主義議程中取得成功的統計數字和故事。同時，它們也是預言和啟示交流的最主要的方式。這些啟示能極大地改變該運動的優先順序和立場——在運動歷史上的許多時期都是如此——其在整合、立法和社會控制方面的重要性不言而喻。比如說，為了制裁不服從的成員和家庭，「家」的領導者們常常會限制或拒絕提供某種作品。在1978年的一封名為「新聚居地規則總結」（Our New Colony Rules Summarized）的「惟信徒者」信中，

伯格是這樣開頭的：「我不能強制你遵守規則，但我卻有幾張王牌——幾封主的來信，我們不會將他賜給那些拒絕合作的人，如果你乑合作或者乑全心全意地追隨耶穌的話，我們會將你逐出教會。」（1978b：¶1）不誇張地說，許多家庭成員對被排除在伯格的作品之外的前景感到恐懼。

在過去的三十年間，「家」生活的一個最持續的特點是其在社會組織和運動目標方面的深刻變化，伯格常將這些變化稱為「革命」（revolutions）。雖然這種組織性的調整在新宗教運動中稀鬆平常，但這在「家」中卻富有戲劇性且影響深遠。這些改變或源於伯格接受的某種預言，或是他管理權威的產物，或是運動發展的整體情況造成的。無論如何，所有的這些改變都有著深刻的影響。

直到20世紀70年代中期，伯格一直忙著解決三個問題：日益下降的新成員數量，不夠強大的領導能力以及對他的神賜權威的抵制（David and Richardson 1976: 326-7; Wallis 1981: 108-17）。「新革命」（the New Revolution）開始於1974年，雖然在1975年正式成立，但它一直致力於縮小家庭的規模（這就是伯格所稱的「斑點戰爭」[The Blob War][1974a]），鼓勵成員們進行「釣魚傳道」（flirty fishing）（見下文），制裁那些主觀解釋「摩西書信」或者有異見的領導者。

「新革命」並沒有實現它預期的效果。於是在1978年，伯格又進行了歷史上最大規模的重組——「全國重租革命」（the Reorganization National Revolution）。他廢除了上帝之子，用愛之家取而代之。這再次縮減了家庭的規模，掃清了伯格和當地組織之間的大部分官僚機構，指示領導應由成員選舉產生，受伯格的直接領導。考慮到運動蓬勃發展，其規模已延伸到全世界，伯格號召駐美國之外的美籍領導者們能自我犧

性，支援當地的領導者。基督教總是和美國的福音傳道聯繫起來，結果一個宗教殖民帝國便產生了，爲了避免創建（或延續）這種現象，伯格鼓勵成員們能入鄉隨俗，接受當地的語言和文化。

1978年人民聖殿教（Peoples Temple）發生了大規模的自殺/屠殺活動，伯格隨即意識到政府會對譬如「家」這樣的宗教運動進行抵制。於是他發動了「全國安全重組革命」（the Nationalize Reorganize Security-wise Revolution），強烈要求成員們在危機四伏的情況下明哲保身。家庭日益枯萎，宣信活動停滯不前，新員招募直線下降，曾經精心佈置的社區網絡變得支離破碎。伯格的「摩西書信」成了運動中唯一的聯繫。到1980年，上帝之子會員已縮減到8,000名，家庭的數量也下降到2,000個，並且其中大多數人，無論出於什麼目的，彼此已失去聯繫。如果分裂繼續下去，就意味著整個運動的結束，爲解決這種分崩離析，伯格發起了「成員友誼革命」（the Fellowship Revolution），這個革命修復了各地區及本大陸的領導層，重建了更大的家庭（「聚園」[combos]）來當作總部。儘管家庭的規模因此得以擴大，但這個革命中最重要的是伯格的堅持讓成員們要遷入發展中國家，這樣既避免了伯格所堅信一場即將到來的核戰爭，又在世界末日前向全世界傳播這場運動的資訊。

1995年，即伯格死後的一年，《權利與義務憲章》（Charter of Rights and Responsibilities）頒佈，又一次革命由此發生。這個憲章又被稱爲《愛之憲章》（The Love Charter）或者《憲章》（The Charter），它確立了「家」的信條，條縷清晰地規範著集體的日常生活。然而，《愛之憲章》再一次改變了運動的方向，促進了更小的家庭和更民主的地方和地區治理。

雖然家庭國際有著迅速和戲劇性變化的悠久歷史，但該運動最近的變化在其範圍和影響力上都是驚人的。2010年，「家」宣佈「重啓」

（The Reboot）。總的來說，在一個已經具有革命性的群體中，重啓的變化確實構成了另一場革命，或者可能是反革命。據「家」領導人說，對新宗教學者來說，促成這一最新轉變的因素是相當熟悉的。反主流文化是20世紀後期許多新宗教團體的招募陣地，但反主流文化在很久以前就消失了，留下的是老齡化的第一代，更不堅定、更傾向於個人主義的第二代，成員減少、相關性下降和未來不確定。面對這些發展，「家」選擇放棄其「拒絕世界」的立場，而選擇一種更「接觸世界」的哲學。

　　最重要的是，重啓改變了「家」的神學教義、社會組織及其與傳統社會的關係。事實上，在某種程度上，就像赫伯特·W·阿姆斯壯（Herbert W. Armstrong）在世界範圍內的天主教會所做的改變一樣（見Tkach 1997），「家」已經向著主流新教福音主義做了一個急速轉變。例如，《聖經》現在被認爲是終極的教義權威，而運動的文本，包括大衛·伯格的先知著作、摩西書信和組織指示被重新定義爲「鼓舞人心的著作」或「額外的教導」。也就是說，它們不再被視爲聖典，它們對成員的約束也被削弱了。

　　伯格和其他成員所獲得的精神啓示的地位，構成了「家」的使命基礎，這一點也被重新定義。「家」的領導人現在斷言，預言不是絕對正確的，必須從地方和全球的角度來理解。在不同的時代和環境中，資訊有不同的含義和意義，在運動早期收到的資訊現在必須根據當前的情況重新解釋。正如「家」的教義已經朝更傳統的方向發展一樣，「家」組織也在朝著更傳統的方向發展。40多年來，緊密的集體組織和拋棄所有的門徒是「家」的標誌，但現在，這種已經被拋棄，取而代之的是更少的成員要求和更多的個人主義。現在，成員們可以把他們的孩子送去傳統的學校。他們可能擁有財產，追求世俗的事業。將老牌基督教會的尖銳批

評為「教會作風」——這是「家」數十年來的標誌——已經被摒棄。甚至使「家」家喻戶曉且聲名狼藉的激進的性行為也被放棄了。在拋棄了大多數最顯著的特徵之後，「家」現在幾乎認不出來了，它在等待著一個新的身分和使命的形成。

上帝之子/「家」的信仰、儀式和實踐

「家」很忠誠於自己的根，有很多福音基督的基本信條——三位一體的上帝在六天的時間裡創造了宇宙、世界和人類；撒旦的誘惑導致人性的墮落；無罪的基督提供的代罪救贖；將耶穌視為個人的主和救世主，皈依他並獲得重生。像其他很多的福音派一樣，「家」對精神戰爭深信不疑，認為撒旦受到魔靈的支持才得以和上帝持續作戰（見Chryssides 1999）。惡魔的活動之所以存在，是因為上帝準備用它來警告那些粗心的人，同時也用來懲罰那些邪惡者和不忠實者——這兩點解釋了「家」對疾病、失敗、衝突和迫害的理解。但有一點伯格和主流的福音派理解不同，他認為聖靈是神性的女性方面。一本20世紀70年代的連環畫風格的書圖文並茂地解釋了「家」的大部分作品（伯格甚至稱其中的一些為「真漫畫」[True Komix]），並且吸收了諸如伯裡斯·瓦萊約（Boris Vallejo）、羅威娜·美林（Rowena Merrill）和路易士·羅佑（Luis Royo）等藝術家的幻想畫的元素。在這些出版物中，聖靈常被描畫為一個漂亮迷人、風情萬種而又衣著暴露的年輕女性（Millikan 1994: 199）。我們將在下面更充分地考慮這一點。

上帝之言並沒有廣泛傳播，相反地，伯格佈道的一個前瞻性的啟示卻頗為流行：當歷史走到盡頭，到達末日之時，上帝繼續領導著人類。作為上帝的末日預言家，伯格的啟示常常以夢和幻象的形式出現，其中的

一些甚至出現在性交的過程中（Van Zandt 1991: 21）。對「家」的成員們來說，這些啓示常常比《聖經》更加讓他們探視到上帝的意志。因此，在「家」的成員看來，上帝之詞既包含著《聖經》的言論又有伯格的啓示，並且他們更看重後者。

同很多福音教徒一樣，「家」的成員相信末日即將來臨，並且很可能就發生在他們的有生之年（Bainbridge 2002: 60）。除了他們所堅信的人性日益墮落外，其他的徵兆也清清楚楚地昭示了未來的末日。比如說，在20世紀70年代到80年代的冷戰期間，「家」認爲前蘇聯的「無神的共產主義」是「魔鬼自己該死的欺騙系統」的一部分（Berg 1973: ¶103），然而，伯格的一些最激烈的攻擊是針對美國的，他認爲這個國家就像《啓示錄》中描述的巴比倫淫婦一般（17: 4-6）。他責罵一切建立的機構——政治的、經濟的、教育的和家庭的——對不溫不火的基督教會嗤之以鼻，他認爲那些教會將自己賣給「固有的系統」，漸漸發展成「教會宗教的錯誤膜拜」（Berg 1984: ¶2）。雖然「家」的末世學在大體輪廓上和其他傳統的基督教並沒有太大不同，但在伯格的版本中，「家」將在末日恢復中扮演一個重要的角色，並且基督一旦複臨，「家」會在千年的統治中佔據中心地位。

末世學一般來說都影響巨大，涉及範圍廣，具有普世意義。但在家庭中，成員們日常的生活又是如此簡單、隨意（Chancellor 2000: 151-2）。每天早上，成員們聚成一個小組，進行虔誠的教義活動，包括卽興的禱告、歌唱聖歌和「家」之歌、「閱讀時間」（讀《聖經》、「摩西書信」和其他「家」的作品）以及討論讀物。最後以禱告和歌曲結束。私人的虔誠活動——個人的禱告和閱讀——會全天進行，「家」的成員們會在重大的決定、活動和事件之前尋求神的指引和庇佑。事實上，社會學家威廉

姆‧希姆斯‧斑布裡奇在調查「家」成員的信仰活動時發現，他們祈禱的次數是平均美國人的四倍多，並且有80%以上的人每天都會讀《聖經》（2002: 70, 74）。雖然「家」的日常生活中正常儀式極少，但在「重啓」之前，與非「家」成員的關係是高度儀式化的，且只關注極少數方面，主要是「化緣」（provisioning）和「宣信」（witnessing）。

「化緣」主要是爲了滿足「家」的經濟和物質需要。「家」的成員常常盡其所能地遠離傳統社會，直到2010年「重啓」之前，他們都不尋求傳統的就業形式。相反地，他們靠捐獻生存。化緣事實上就是一種求助的方式，「家」的成員通常會主動去找那些他們認爲可能幫助他們的人，說清自己傳教士的身分，然後求得自己所需的任何幫助——食物、衣服、住宿、車票等等。在餐館裡，「家」的成員會主動唱歌來換取施捨。化緣系統給「家」帶來了諸多優勢，他們幾乎不需要錢，也不必屈從於「固有的系統」。誠如統一教的融資者一樣，他們相信他們是在循環利用撒旦的物資以服務於上帝。鑒於化緣成功不是個人勸說的結果，而是對上帝信仰程度的衡量，所以成員們相信他們的意圖和行爲越符合上帝的指令，他們也就能得到更多的捐獻。

至目前爲止，「家」的最重要的活動是福音傳道，卽通過對耶穌基督的信仰，傳播救贖的資訊。在整個「家」的歷史中，成員們始終認爲這是他們的首要責任。由於他們相信他們正在爲基督的回歸開闢道路，所以「宣信」對「家」的使命和自我理解是相當重要的。此活動朝兩個方向發展：將人們從必將到來的末日中解脫，使人們免於災難和傷害；招募成員加入「上帝末日軍」（God's Endtime Army，運動的另一個名字）。「家」已經向超過2億5千萬民衆宣信，成員們已經和超過2千萬民衆一起祈禱，這些民衆都承認耶穌是他們的救世主（Chancellor 2000: 33）。

但此運動在確保長期信仰中確實沒起到什麼作用，雖然「家」估計至少有4萬人參加了運動，但目前只有3千左右的信徒（Chancellor 2000: 17）。

　　「家」有一整套的福音傳道方法，包括公衆宣信、個人祈禱、「釣魚傳道」（最有爭議的一個方法，引發了長久的批判）以及分發相關作品換取少量捐獻（這被稱爲「街邊兜換」[litnessing]）。在20世紀70年代早期，伯格一直很提倡街邊兜換的方法，因爲此法既能接觸到廣大民衆，又能在經濟上支持運動的進行。用「眞漫畫」的風格對反主流文化資訊進行解釋，隨著時間的發展，我們可以預想到這樣的結果：作品傳播的數量越來越多，但實質性的福音傳道和靈魂信仰卻越來越少。

　　音樂在「家」的日常生活和福音傳道中作用巨大。「家」的第一批音樂團體中就有「侍奉基督的青年」，它源於伯格在加利福尼亞的亨廷頓海灘建立的「光明俱樂部咖啡屋」。在法國他們創立了「天父的兒女」（Les Enfants de Dieu）。20世紀70年代後期，爲了尋找更高階層的潛在皈依者，「家」又相繼發起了一系列的「窮小子俱樂部」（Poor Boy Clubs），這些俱樂部實質上就是基督教的迪斯可廳，廳內洋溢著歡快的音樂，人們分享著各種八卦消息。1980年，「家」又創立了一個廣播節目《有意義的音樂》（Music with Meaning），這個節目在三年的時間裡被1,000多家廣播台廣播，聽衆數量達數千萬。《有意義的音樂》的錄音帶和CD唱片中既有音樂也有接受耶穌爲救世主的呼籲。幾百萬這樣的作品在全世界廣爲流傳。

　　「摩西書信」開始於1973年，伯格在這一系列的信中曾寫到過他的一個最重要的啓示——「愛的法則」（Law of Love）——此法則既重整了運動內人員的關係，又衍生出福音傳道與化緣新法。伯格是這樣教授馬太福音中著名的「愛之誡命」（love commandment）（22: 36）的：此

誡命意即「家」已完全超脫於摩西律法，獲得最終之自由，「在愛的滋潤下，他們已徹底擺脫律例的**枷鎖**，獲得**徹底**和**完全超脫**的生命和**自由**！」（Berg 1974b: ¶3；著重標記爲原文所加）。

上帝之子/「家」與性議題

「家」認爲上帝創造了相當井然有序的世界，然而腐朽的現代世界已經完全背棄了上帝的意圖，現代的人已不能成爲那神聖意圖的表達者。此外，它認爲只有信仰者才能享有最終的救贖和天堂的永生。其實，這些理解和福音派的基督教理論大體相似。但他們的願景卻在幾個重要的方面分道揚鑣。他們信仰前瞻性的啓示，認爲大衛·伯格是上帝的末日預言家，這些使得他們獨立於主流的福音傳道之外。直到2010年「重啓」之前，他們完全拒絕傳統的社會制度，反抗現有的文化價值，退守於自己的圈子，按照自己的理解，過著忠於上帝的生活。在「重啓」之後，這種情況會發生怎樣的變化還有待觀察。或是爲了獲取資源、獲得保護，或是爲了確保那些祈禱者同伴的救贖，或是爲「上帝末日軍」帶來新的成員。「家」運用伯格的前瞻性啓示，一直在「未被救贖者」之間進行福音傳道，所以「愛的法則」——他們認爲這是耶穌最重要的訓誡——便成了他們最重要的準則。但在社區內實行此法常常會導致「家」成員間密切的身體接觸，當把此法用於往外界傳道時，同樣的問題也會出現。正是因爲這所謂的新觀念，才將他們捲入到與傳統社會的衝突中去。

性是個人及社會最重要的驅動力之一，因此也成爲人類行爲最親密的形式之一。這並不奇怪，在宗教（或其他）運動的歷史上，不管是運動內的還是運動外的，性關係的調整始終是不同團體重整社會關

係的一種方式。最常見的方式有兩種：禁慾和自由之愛，相比於其他個體成員來說，每個個體和運動本身的聯繫更加親密（Coser 1974；Foster 1981）。統一教運用的是第一個方法，而「家」用的是第二種。

可以確定的是，在宗教運動產生和發展的過程中，周圍的環境總是會爲性虐待或性剝削創造無盡的可能（Jacobs 1989; Neitz and Goldman 1995; Puttick 1997）。但值得注意的是，並沒有證據證明新宗教運動中性侵發生的頻率要比其它運動的頻率更高（Shupe 1998; Shupe, Stacey and Darnell 2000）。不同的性體驗在各種宗教運動中稀鬆平常，性侵的可能性極大，眞實案例時有發生。新宗教運動定義不明，不正常的性活動和兒童性侵案經常發生，對這方面的指控也成了反對運動宣傳及社會控制的重要手段。大多數的宗教團體被指控爲性剝削或性侵犯，有些很公正，但有些卻是欲加之罪。

在「家」中，對兒童性侵的指控大部分是不成功的。並且在此運動的發展歷史上，確實有過這樣一段時間，成人和孩童發生性接觸，其他的非正統的性接觸也被很好地合理化。這種行爲用「家」的行話說就是「釣魚傳道」或「釣傳」（FFing），卽用性作爲傳道的誘餌。還有一種叫「共用婚姻」，卽「家」成員內部開放的性關係。這兩種方式都是基於伯格對「愛的法則」的概念化理解。

早在1973年，伯格和瑪利亞就開始在倫敦實驗釣魚傳道。伯格經常去各種各樣的夜店，鼓勵瑪利亞和單身男性跳舞，然後邀請他們到桌子旁，向他們宣告信仰。一年以後，他們搬到了加那利群島（Canary Islands）的特納里夫（Tenerife），邀請女信徒們一塊進行釣魚傳道。1973年一封「摩西書信」出現，九年後，這封信以「眞漫畫」的形式出版（這本漫畫書的封面富於幻想，一名坦胸露乳的美人魚棲息在一個魚鉤上）。

伯格在其中寫道：

> 如果他們在發現主之前必須要先愛上你，這只是上帝用來引
> 誘他們的誘餌。用餌戲魚，令人不可抗拒！用你的愛與悲憫，
> 將他救回！你那迷惘的靈魂呀，我們不想失去——上帝呀，
> 一個也不想！誘餌如此迷人，令他不能抵制！熱情大膽、毫
> 無羞澀的你完美出擊，去誘惑他們。奧，上帝！使她傾其所有
> 抓住他們！（1982: 3-4）

　　伯格和瑪利亞在特納里夫一直待到1977年，然後他們就急匆匆地
離開了，因為當地的媒體發表文章，將「釣魚傳道」描述成出於宗教動機
的賣淫行為。實際上，這一點也不奇怪，因為那時很多的「摩西書信」都
鼓勵成員們利用性服務傳道。

　　但「家」內部對「釣魚傳道」的理解卻迥然不同。隨著伯格對「愛的
法則」的進一步解釋，他認為性應該是一種完全被表達的自然慾望，而
大多數的傳統基督教派幾千年來卻認為它應該被壓抑、隱藏，這實在是
錯誤的。向他人的宣信，確保他們的精神救贖始終是運動的主要任務。
對於「家」的成員來說，沒有比引導他人信仰基督更為偉大的事了。「釣
魚傳道」正好將這些理解融合在一起。從伯格的角度看，未救者的精神
和物質需求並沒有明顯的邏輯區別。「家」相信末日即將到來——畢竟
他們是「上帝末日軍」——這又為「釣傳」平添了一點道德的助力。非常
之時必有非常之時的衡量。「釣魚傳道」是傳道的最後手段，是一種神
聖的自我犧牲之法，信徒們通過此法將基督之愛傳給他人，實在、可觸、
意義重大。比如說，在1978年的一封名為「你是上帝之愛」（You Are The
Love of God）的「惟信徒者」信中，一個呈十字造型的女人躺在床上，渾
身赤裸，一枚釘子穿透她的陰部。一個十字架置於床上，靠近她的身旁，

連接著兩個人。在信中，女性信徒被告知「惡魔的最後一擊是在愛處。」

> 那是最後的一擊。所以為了駁倒惡魔說的世上無愛的謊言，
> 要這樣做：耶穌死時，張開臂膀，擺出十字，展示在死亡中的
> 上帝之愛，所以當你與男人在一塊時，伸開你的四肢，將你裸
> 露的上身貼於活著的他，細語道，「我是上帝之愛！你不信上
> 帝？看著我！我是上帝的愛為你創造的，我就是上帝的愛！我
> 是上帝之愛。」（Berg 1978c: 5；著重標記為原文所加）

　　很明顯「釣魚傳道」服務於運動的多項意圖，但成員們卻為這種做法辯護，稱這是拯救靈魂和招募新成員的合法手段。在某種意義上，這些相遇高度儀式化，因為他們代表著上帝的純潔之愛，只為尋找靈魂的救贖。實際上，過去的敍述強調「釣魚傳道」主要針對於不迷人的男女，這也就暗示「釣傳者」獲得的獎勵主要是精神而非肉體層面的（cf. Lewis and Melton 1994: 263-6; Williams 1998: 114-41; Chancellor 2000: 94-150）。

　　據「家」統計，有100多萬名成員（大多數是男性）是釣魚傳道得來的，這其中大約有20萬被賜予「完全的身體之愛」（Bainbridge 2002: 223）。在這些人當中，有超過半數的人接受耶穌為他們的救世主。但令人好奇的是，在錢塞勒與「家」成員的對話當中，他並沒有探訪到一個被釣傳到的男性，但他卻遇到幾個被釣傳的女性。雖然「釣魚傳道」只為該運動帶來少數成員，但此法卻引起一陣叛教風波。當然叛教並不是此做法被廢除的唯一因素，除此之外，還有其他方面：此法導致了「家」內部性病的傳播；造成了經濟上的不平等，家庭和釣魚傳道的女性之間收入差距較大；給予對手以長久抨擊運動的機會；孩子數量日益增加（一些是「釣魚傳道」的結果），活動焦點回到撫養孩子上。

　　在所有的「摩西書信」中，伯格所做的最大膽的一篇發言是在1980

年5月的某天，這篇發言編號999：「惡魔憎恨性！——但上帝愛它！」伯格是這樣教授「家」的成員的：性「是最原始的、最偉大的一種祝福」，是亞當和夏娃給的（1980：¶8）。認為性是原罪，這是相當錯誤的，這是制度化教會敗壞造物真諦的最糟糕的方式之一，這種墮落是受惡魔唆使，受惡魔支持的。

> 想想吧，性很可能是最佳的精神活動，是身體所能全部給予的，也有可能是離精神最近的物理活動。性高潮不僅僅是肉體上的，它還會讓你精神振奮！那是一種精神體驗，那是一道通往精神世界的大門！（Berg 1980：¶2）

雖然伯格一直譴責「雞奸」，但他卻認為一夫多妻制「在整部《聖經》裡合情合理」（1980：¶15），他惡意責備美國政府對一夫多妻的摩門教教徒的迫害。事實上，只要性行為在「愛的法則」的庇佑下發生——每個人都願意參加，性活動只有愛沒有慾——伯格說教道，「在上帝看來，不會有任何的性禁止。」（1980：¶35）除了「釣魚傳道」，還包括裸身相對、有限的孩童性體驗、青少年婚姻和「家」成員內部的共用婚姻。毫無疑問，這段時間的性體驗會導致成人與青少年之間發生關係。當然，成人與孩童之間的性關係也會發生，雖數額有限（Van Zandt 1991; Millikan 1994），但不排除亂倫的可能。雖然伯格認為倫亂「既是最危險的性交又是制度所明令禁止的。」（1980：¶21），但瑪利亞卻在同一封信中加注說「我們不得不告訴孩子們，它並不被上帝禁止。」（1980：¶20）伯格認為危險不是來自於孩子可能遭受的任何精神或肉體創傷，而是來自於「固有系統及系統之本性」（the System & the Systemites）（Berg 1980：¶21）的反對和其對運動產生的危害。

無論如何，在僅僅幾年的時間裡，編號為999的發言所提倡的性自

由主義便被逐漸禁止，伯格所提倡的一系列活動也遭到強烈批判。所有這一切起於1983年的「禁止核彈」（Ban the Bomb）公告，這份公告禁止家庭集會上的性事分享，限制家庭成員間的性事活動。一年以後，爲了避免來自女性皈依者的壓力，瑪利亞禁止新成員在入教六個月內發生性關係。一直到20世紀80年代後期，年輕女性與年長男性之間的性關係也被限制，孩童與青少年之間的性關係被勸阻。成人一旦和孩童發生性接觸，便會被驅逐出教。1989年的1月，伯格發出一份長達四頁的聲明，放棄他早年的教導。他寫道：「我們不同意和孩童發生性關係，所以我們將廢除「家」中任何人寫的任何關於此的言論！我們堅決要禁止它！」（Berg 1989: 1；著重標記爲原文所加）。

儘管如此，「家」仍然爲它那短期的行爲付出著應有的代價。雖然此法長期不被實施，但一直爲一些前成員所運用，這使得權威機構不斷控告該運動的孩童性侵及性騷擾行爲，反對「家」這個運動（Oliver 1994: 144-50; Bainbridge 2002）。1993年，在英格蘭一起具有里程碑意義的「家」的監護權案件中，當地法官宣稱他「非常滿意[伯格]對性的癡迷，這讓他成爲一個不顧一切腐化他群體的墮落的人」（Lattin 2001a）。「家」被勒令公開承認、廢除以前的胡作非爲，同時，「家」還建立了一個調解部門來解決以前的過錯。彼得·阿姆斯特丹現在和瑪利亞一起領導著「家」，他告訴詹姆斯·錢塞勒：

> 我們知道很多人因爲「家」的所作所爲受到傷害和虐待，尤其是領導層所帶來的那些，但那絕對不是大衛神父的本意，雖然它發生了。那些事情已經發生，不可彌補。但我們會盡我們所能的找到那些受害者，讓他們接受我們深深的歉意。我們也已經改變。我們從我們的錯誤中學到了很多。（Chancellor 2000: 32）

研究上帝之子/「家」

很少有新宗教文化像上帝之子/「家」那樣文學化。因爲在很多方面，它仍然是一個被邊緣化的（通常是被汙名化的）新宗教運動，現在才尋求與傳統文化、靈性知識、神學教義更爲緊密的關係。機構的任務是主要通過文本傳遞給「家」的成員——摩西信件、各種雜誌、時事通訊、漫畫書，當然，在過去幾年裡，還有萬維網。直到2010年的「重啓」之前，這些文本都是「家」的亞文化貨幣中至關重要的組件。通過它們能夠接觸到大衛·伯格的各種信件和通信，這對運動中的文化資本做出了貢獻（在很多情況下具有決定性意義），這種材料的重要性怎麼說都不過分。

從物質文化的角度來看，認識到這樣的文學作品並不是簡單的文本集合是很重要的。它不僅是資訊的載體，儘管這是其價值的一個明顯部分，但不能只從它的內容來考慮它。除了他們提供的知識，「家」文學的實際存在——它的重要性，它在「家」中和周圍的實際存在——是一個人在「家」中特定社會關係背景下的位置的指示器。這樣，「家」文學就成爲身分和地位的物質標誌。因此，重要的是要注意，這些不僅僅是文本的資訊，它們往往是「家」的神學實踐和物質文化中極爲重要的方面。

延伸閱讀：上帝之子/「家」

- Bainbridge, William Sims. *The Endtime Family: Children of God.* Albany: State University of New York Press, 2002.

- Barker, Eileen. *Revisionism and Diversification in New Religious Movements.* Farnham, UK: Ashgate, 2013.

- Chancellor, James D. *Life in The Family: An Oral History of the Children of God.* Syracuse, NY: Syracuse University Press, 2000.

- Shepherd, Gary, and Gordon Shepherd. *Accommodation and Reformation in The Family/ Children of God.* Nova Religio 9 (1): 67-92, 2005.

- Shepherd, Gordon, and Gary Shepherd. *The Social Construction of Prophecy in The Family International.* Nova Religio 10 (2): 31-58, 2006.

- Van Zandt, David E. *Living in the Children of God.* Princeton: Princeton University Press, 1991.

- William, Miriam. *Heaven's Harlots: My Fifteen Years as a Sacred Prostitute in the Children of God Cult.* New York: William Morrow, 1998.

第七章 大衛支派：膜拜團體、媒體與暴力問題（一）

> 星期日，一次對全副武裝的宗教膜拜團體所在總部進行的突襲行動，突然演變成了一場血腥的槍戰，導致至少4名聯邦特工和2名膜拜團體成員死亡，至少15名聯邦特工受傷。
>
> ——《紐約時報》，1993年3月1日

> 人們在教堂內避難，但教堂目前也經受著襲擊。一輛坦克連續猛擊東面的牆體，炮筒從裂隙中伸入，向教堂開火。他們釋放催淚瓦斯的時候，我們抱作一團，躲到了房間的盡頭。我不時地摘下面罩以檢測空氣品質。有時，這些雲狀的瓦斯會消散開去，有時卻會即刻刺痛我的眼睛，痛得我眼淚直流。
>
> ——大衛·蒂博多，《一個叫做韋科的地方》

　　很多人認為這是二十世紀對美國宗教自由的一次最為嚴重的打擊。1993年2月28日，76名美國煙酒槍械管理局（BATF）特工在德克薩斯州韋科外幾英里處的一個牧場上，對離群索居的基督復臨教派「大衛支派」（Branch Davidians）成員進行了一次「動態入侵」。表面上，聯邦特工是在執行搜查令，搜查該區領頭人物大衛·考雷什（David Koresh）幾天前展示的違法或註冊不當的武器。然而，當全副武裝的聯邦官員衝

進那所木質建築後，等待他們的是來自屋內的火力迎擊。在接下來的槍戰中，四名BATF特工和五名大衛支派成員死亡。第二天，聯邦調查局（FBI）接管了案件，發起了對大衛支派長達51天的圍攻。

圍攻於4月19日結束。

這次圍攻使用了工程車輛、M-60艾布拉姆斯主戰坦克、佈雷德利戰車，出動了FBI特殊武器攻擊隊和狙擊手隊，至少使用了一輛直升飛機，同時可能動用了美國精銳反恐部隊「三角洲」特種部隊的隊員。聯邦特工向大衛支派住所內投擲了多輪M-79費裡特催淚瓦斯並使用裝甲車推翻了樓體的一些部分。雖然政府方面堅決否認在最後的突擊中使用了燃燒彈，而且FBI事件日誌堅持認為這「不是一次襲擊」（Leiby 1999）。在這次事件中，爆發了一場大火，包括大衛・考雷什在內的74名大衛支派成員以及23名兒童在火中喪生。（其他對死亡人數的估計為82人；Wright 2001: 143）

圍繞大衛支派、政府圍攻、最後的大火以及隨之而來的指控與反攻，《紐約時報》在1993年3月到1994年2月期間，共發表了400多篇報導。然而正如凱薩琳・維辛格爾（Catherine Wessinger）指出的那樣，「在大衛支派一案中，每一個暴力的行徑都應受到質疑」（2000: 57）。BATF稱其具有有效的搜查令，法學學者認為搜查令的申請過程「充滿了法律方面和事實方面的錯誤」（Kopel and Blackman 1996: 1-2）。大衛支派聲稱BATF最先開火，聯邦特工則堅持稱他們只是對大衛支派的火力進行回擊。FBI一直稱其在最後的突擊中沒有使用能夠引起大火的武器，而倖存的大衛支派成員以及大量的獨立證據表明，事實並非如此。FBI狙擊手朗・堀內（Lon Horiuchi）否認其向燃燒的住所開火，也沒有切斷逃出火災的唯一通道。而大衛支派倖存者不久後對他提起了非正常死亡訴訟，

指控的正是這些罪行。毫無疑問的是，51天裡，大衛教派的故事激起了全世界媒體的關注，並再次聚焦於新宗教運動和暴力的問題。

大衛支派的歷史發展

對於很多新宗教，例如統一教和科學教來說，往往隨著教派創立者的生死而發生變化。大衛支派則不同，它並沒有與大衛·考雷什同生共死。儘管《紐約時報》上的文章並沒有提及，但情況的確是這樣的。這場宗教運動的源頭可以追溯到150多年前，也就是1844年的「大失望」（Great Disappointment）。當時，一位名叫威廉·米勒（William Miller）的紐約州北部的農民，通過自學成為牧師。他向天而望，堅信基督將會再臨。雖然基督並沒有再臨，但顯然，這種千年以來的熱情吸引著當時大批的信奉者繼續著這種信仰。由米勒運動興起的教派之一成為了基督復臨安息日會（Seventh-day Adventist Church, SDA）。大衛支派正是從基督復臨安息日會，以及該派創始人之一艾倫·G·懷特（Ellen G. White）的一些著述中發展演變而來的。

大衛支派運動的發展清晰地分為四個時期，每個時期都有各自的名稱，並且因其領導者的個性而各具特色。這四個時期是：維克多·胡特夫和弗洛倫斯·胡特夫時期（Victor and Florence Houteff, 1929-1959），本·羅登和露易絲·羅登時期（Ben and Lois Roden, 1959-1989），弗農·豪威爾（Vernon Howell），即大衛·考雷什，他挑戰了本·羅登的領導地位，卻只領導了這個組織四年（1989-1993）。在和BATF的突襲和由此造成的悲劇之後，後1993年的時代見證了倖存的大衛支派的進一步分化。在維克多·胡特夫死後的每一個時期都充斥著掙扎，一方面要鞏固對團體的領導，一方面要取得對韋科周邊大衛支派財產的控制權。

維克多·胡特夫和弗洛倫斯·胡特夫時期（1929-1959）

維克多·胡特夫（1885-1955）是保加利亞移民，在他35歲時滿腔熱情地皈依了基督復臨安息日會，並最終成為南加州一所基督復臨安息日會學校的副主管。儘管基督復臨安息日會是建立在基督耶穌將會再臨的信仰之上，而且一直在原則上信奉這一教義，但胡特夫醒悟到，該組織的體制性質，使它對於外部世界的關注採取了妥協退讓的態度。1929年，胡特夫開始在一家名為《牧羊人之杖》（The Shepherd's Rod）的時事小報上發表自己的看法。所謂「杖」指的是，在《彌迦書》（Micah 6:9）中，先知警告以色列人說，「智慧的人必敬畏他的名，」並且告誡他們說，「你們當聽是誰派定刑杖的懲罰。」隨著受上帝之托的「智慧的人」為教派帶來新的預言，胡特夫呼籲人們回歸基督復臨安息日會最初的目的，即解開末世論之謎、為基督耶穌復臨做準備和建立千年王朝。威廉·皮茨（William Pitts）指出（1995），重要的是要看到胡特夫既不想脫離基督復臨安息日會，也不想領導這個教派主義團體。相反，像教派歷史中其他一些保守的改革者一樣（參見Cowan 2003b），胡特夫尋求的是教派的純淨，回歸他認為教派已經背離的一些理念。

胡特夫的教義包含三個基本組成部分，每一個都直接暗示了60多年後在韋科發生的事件。第一，他教授漸進式的啟示，讓人們相信先知的聲音不會沉寂，上帝仍在傳遞資訊，而忠誠的人則應當準備好接受和解釋預言。第二，正如基督教歷史中自始至終都有的他者一樣，胡特夫相信，《聖經》的真正意義隱藏在字表之下，只有忠誠的人才能夠成功破譯這些資訊。在這種情況下，胡特夫——以及半個多世紀後的大衛·考雷什——的任務就是揭示《啟示錄》中「七封印」（seven seals）的秘密和末世到來的預言時刻表。第三，胡特夫的使命就是集齊14萬4千名殘存

的忠誠信奉者，為基督耶穌復臨做好準備。

胡特夫的教義得到了對基督復臨安息日會有著同樣擔憂的少數成員的響應，但不出所料的是，大部分人還是質疑他的學說，並拒絕了他的建議。由於無法說服胡特夫，1934年，他被基督復臨安息日會正式除名。一年之後，他與少數信徒離開了洛杉磯，在德克薩斯州的韋科外買了土地。他在那裡修建了卡梅爾山莊（Mount Carmel Center）作為總部，在該處開始了自給自足的生活，學習《聖經》，獻身於對基督很快複臨的期盼。起初，他宣揚基督復臨即將發生，所以團隊在卡梅爾山莊的逗留是短暫的，但這個總部裡很快形成了一種更為固定的、離群索居生活方式。為了發揮「庇佑宗族」（patronal clan）的作用（Bromley and Silver 1995），兒童只允許在總部內接受教育，婚姻只能是同族婚姻，而且，儘管一些人在卡梅爾莊園以外工作，總部還是盡可能地尋求自給自足。該團體甚至曾一度生產了自己的貨幣（Pitts 1995: 26-27）。1942年，為了保護信徒中的拒服兵役者，胡特夫將教派改名為「基督復臨安息日會大衛支派」（Davidian Seventh-day Adventists, DSDA）。

20世紀40年代晚期，胡特夫被疾病困擾，並於1955年去世，彌留之際，他將領導權交給了妻子弗洛倫斯。為了鞏固並不穩固的權力，弗洛倫斯勤勉工作。她宣稱解開了七封印之謎，宣告「王朝之年」（Year of the Kingdom）即將到來，上帝會在1959年4月22日君臨塵世。她的預言在忠誠的大衛支派成員中激起了新千年熱忱，約500到1,000名成員搬到了卡梅爾莊園等待基督復臨。而當時間過去，任何事情都沒有發生，又一次「大失望」發生了。不到一年的時間裡，只剩50個成員還留在卡梅爾莊園總部。1962年，弗洛倫斯承認自己預言錯誤，關閉了總部，並把卡梅爾莊園大部分的房產賣給了開發者。她與為數不多的信徒們在距離韋科9英里

遠的新卡梅爾山莊（New Mount Carmel）定居，而新卡梅爾山莊便是1993年春天那場著名的悲劇發生的地方。

本傑明·羅登和露易絲·羅登時期 （1962-1989）

挑戰弗洛倫斯·胡特夫在基督復臨安息日會大衛支派領導權的主要人物是本傑明·羅登（d.1978），他與維克多一樣，之前也是被基督復臨安息日會除名了。維克多預言的權威源於《彌迦書》（Micah 6:9）的記載，一些大衛支派成員相信他是以利亞轉世，能夠在末世中復活。本·羅登（Ben Roden）則把自己稱作大衛王的後裔，有以賽亞預言的支持——「從耶西的本必發一條，從他根生的枝子必結果實。」（11: 1）他敦促剩餘的大衛支派成員「離開死去的那條，轉向活著的枝子」（Linedecker 1993: 57），這一預言對於露易絲·羅登，還有後來的大衛·考雷什來說都並非無足輕重。最終，弗洛倫斯·胡特夫離開了新卡梅爾莊園，經過冗長的爭訟，羅登一家得到了房產控制權，將教派更名為「基督復臨安息日會大衛支派總會」（the General Association of Davidian Seventh-day Adventists, GADSDA）。

羅登對教派的管理很大程度上與胡特夫夫婦類似，而他的預言卻與他們截然不同。主要在於千年盛世如何顯現。弗洛倫斯曾預言千年王朝會有一個災難性的開端。於是一些人等待中東發生戰爭，一些人坐等當代以利亞——維克多·胡特夫的復活和歸來，有些人甚至相信，忠誠的人會被帶去世界末日善惡決戰的戰場，像烈士一樣被殺戮，然後在上帝那裡得到永生（Thibodeau 1999: 36）。可是本·羅登佈道時，宣講的是完美主義者的千禧年主義，堅信只要上帝的選民成功的淨化了自己並且遵照《聖經》的準則過著完美的生活，基督的複臨和千年王朝的建立就近在眼前。正如台伯（Tabor）和蓋拉格（Gallagher）指出，羅登稱自己是

《撒迦利亞》（Zechariah 3:8; 6:12）預言中的「分支」（Branch），是「大衛式人物」（Davidic figure），其任務「是組織神權王朝爲基督復臨做準備」（Tabor and Gallagher 1995: 39）。他鼓勵其信徒移居以色列，並把1967年阿拉伯—以色列戰爭解釋爲末世來臨的清晰證據。

也許在羅登統治時期大衛支派最重大的一次轉變是關於繼任的程序。之前維克多·胡特夫去世時，統治權的競爭者靠的是訴諸於合法正當性以及個人的克里斯瑪來顯示自己在教派內的權威。而當事實清晰地表明羅登的時代即將成爲過去時，他試圖將組織和先知的權威相結合，方法就是在大衛支派章程中引入修訂條例，即「執行委員會的主席，以上帝之名，將主席職位移交給上帝賦予其名的……」（Bailey and Darden 1993: 60-1）。顯然，這裡所說「上帝賦予其名的」就是本的兒子喬治·羅登（George Roden）。

然而1977年，也就是本去世的一年前，他的妻子通過揭示一系列神啓，開始爲自己上位進行各種準備。露易絲宣稱她已經「被一位代表著聖靈之母（Holy Spirit Mother）的天使造訪」（Pitts 1995: 36），並且向人講授「三位一體的第三人其實是女性」的觀點。她在名爲《神之榮光》（SHEkinah）的雜誌上發表自己的觀點，也向人們宣講說，彌撒亞會作爲女性第二次歸來。雖然不清楚本在多大程度上支持這些教義，也不清楚露易絲是否把自己看作即將歸來的彌撒亞；但是，她領導的大衛支派運動所面臨的眞正挑戰來自他們的兒子喬治。1978年10月，本·羅登逝世，基於過去一年內露易絲一直接收到先知的啓示，她立刻宣告了自己開始對教派實施統治。另一方面，喬治則通過「本已經指定他爲繼任者」這一點來與母親競爭，他說：「我是大衛支派中父親王冠的繼承人」（Bailey and Darden 1993: 69）。儘管喬治不顧半數成員因爲內訌離

開教派的事實，一再呼籲大衛支派內的普通成員都來支持他，甚至尋求世俗法庭的法律幫助，最終，還是露易絲獲得了最後勝利。她的兒子被法律禁止涉足卡梅爾山莊的房產。

大衛・考雷什時期（1989-1993）

在距離露易絲・羅登預言的世界末日的到來還不到四個月時間，1959年8月17日，一位名叫弗農・韋恩・豪威爾（Vernon Wayne Howell）的嬰兒誕生了，他就是後來大衛支派歷史上大名鼎鼎的大衛・考雷什。弗農的母親邦尼・克拉克（Bonnie Clark）當時14歲，是一位來自德克薩斯州休士頓（Houston）的少女，性情衝動。父親鮑比・豪威爾（Bobby Howell）當時20歲。雖然兩人原計劃結婚，但婚禮卻由於各種原因而沒有舉行。弗農的童年是在往返於祖父母和外祖父母的住所之間渡過的。邦尼的頭兩段婚姻更是給這個小男孩造成了嚴重的創傷。他的第一任繼父對他進行虐待，他母親的一位親戚也曾對他進行過性侵。於是母親把他託付給外婆照料，自己與第二任丈夫同住。甚至很長一段時間後，他還是同母親有些生分。

最終，弗農與母親以及她的丈夫在德克薩斯州達拉斯（Dollas）郊區的理查森（Richardson）團聚了。在那裡，他就讀於當地一所基督復臨安息日會學校，開始深入接觸基督復臨安息日會。據大家所說，弗農對基督復臨安息日會關於末世的教義極其感興趣，並質疑為什麼目前沒有先知來領導教會。雖然受限於學習能力上的殘缺，但他作為一個青少年，記下了大段大段的《聖經》內容，並且經常挑戰教會領導們給出的關於教義的解釋。他狂熱地相信基督復臨。然而，像維克多・胡特夫一樣，他也認為基督復臨安息日會已經脫離了最初的使命。弗農常常向教會其他成員提出自己的觀點，甚至「宣佈上帝意圖讓他娶牧師的女兒為

妻」（Bromley and Silver 1995: 53）。由於拒絕屈服於教會的權威，他像大衛支派其他教派的領導者一樣，最終被安息日會除名。

　　為了追尋基督復臨傳統裡真正的先知，弗農・豪威爾1981年來到了卡梅爾山莊，作為一名雜役開始了在那裡的生活。由於他展現出對基督復臨宗教理論的極大興趣，很快便與時年67歲的露易絲・羅登結成了同盟，而那時露易絲在教派中精神的和暫時性的領導都處於衰落時期。儘管弗農矢口否認，但流言四起，說他和露易絲是情人關係。然而，無論他們的關係性質如何，在當時都是為他們共同的利益服務的。弗農認為露易絲是那個鼓勵自己宗教興趣的人，而露易絲也終於找到一個人，能夠幫助她繼續維持大衛支派及其房產的控制。1983年，鑒於其子喬治仍然覬覦領導權，露易絲直接宣告弗農是其接班人以及大衛支派的下一任先知。布羅姆利和西爾弗（Silver）指出，弗農的「上位，很大程度上是庇佑宗族政治的產物」（1995: 53）。作為先知和繼任者，弗農堅定地與露易絲・羅登結盟，並鞏固了與諸如佩里（Perry）以及瑪麗・貝爾・鐘斯（Mary Bell Jones）等支撐露易絲陣營的家庭的關係。1984年，弗農與佩里和瑪麗・貝爾的女兒，14歲的瑞秋（Rachel）結為連理。

　　1985年，喬治・羅登終於實現了他統治大衛支派的夢想——如果能這麼簡單就好了。他強制舉行了大衛支派領導權的選舉並勝出，用槍威脅著將他的母親、弗農以及他們的信徒逐出了教會。後者暫時在距離卡梅爾山莊100公里的德克薩斯州的巴勒斯坦（Palestine）落腳。喬治將卡梅爾山莊更名為「羅登維爾」（Rodenville）。露易絲於1986年去世，但這並沒有緩解兩大陣營間的緊張局勢，隨之而來的是一系列的法律糾紛。弗農被很多大衛支派成員視為先知，喬治卻並不被信眾們喜愛。由於患有穢語綜合症（Tourette's syndrome），加之易怒的性情，喬治對羅登維爾

社區的控制快速削弱。就在弗農的信徒們欲繼1979年後重新驅逐喬治時，大衛支派名下的羅登維爾（也就是卡梅爾山莊）房產拖欠了65,000美元稅款。當時日漸衰敗的山莊無力償還。

當時繼任權糾紛的最大轉折無疑發生於1987年11月，並以弗農對大衛支派山莊的領導得到認可而告終。喬治·羅登深信自己也是上帝選定的先知，於是挖出了安娜·休斯（Anna Hughes）的屍體。這個85歲的大衛支派成員20年前去世後被埋葬在山莊內。仿佛兩人都是古以色列的先知，都在尋求上帝的選定，喬治向弗農發起了精神挑戰，看誰能夠成功讓休斯起死回生。弗農絕了挑戰，並向當地警長舉報了喬治的舉動。為了能夠提起控告，弗農被告知需要提供屍體的照片。於是1987年11月3日，他帶領一隊武裝人員踏上了羅登維爾的土地。雙方交戰近一個小時，喬治·羅登受了輕傷。弗農及其同伴被捕並被指控蓄意謀殺。然而，1988年4月，在經過了簡單的審訊後，指控被撤銷。羅登卻因觸犯了其母多年前規定的條例和藐視法庭被捕，這些在表面上都被歸因於他的穢語綜合症。羅登被捕後的第二天，弗農和巴勒斯坦營地的大衛支派成員返回了韋科外的總部。他們償還了巨額稅款，清點了幾近失修的房產，取得了對卡梅爾山莊無可爭辯的控制權。

大衛·考雷什控制下大衛支派的信仰和實踐

卡梅爾山莊的日常生活主要由強烈的獻身主義和每日兩次長達幾個小時的《聖經》研討會組成。與早期的大衛支派組織一樣，成員們不僅深知自己生活在末世時代，而且認為自己是揭示天啟的核心人物。學習《聖經》對他們而言不僅是像其他教派一樣，是更多常規行政事務之外的虔誠的活動。他們認為《聖經》是當前這個關鍵時刻神聖的指引。

事實上，考雷什教導說，許多基督徒相信會在基督復臨之前到來的大
苦難已經開始了，而且卡梅爾山莊總部——1992年被他更名爲「天啓牧
場」——是末世場景中關鍵的表演者。數以千萬計的美國基督徒對末世
持有這樣或那樣的解讀，他們相信人類正走向歷史的終結，將面臨最終
的善惡之戰，就要建立千年王朝。然而，他們幾乎沒有人像大衛支派那
樣，把自己全然置於這個舞臺的中央。不同於去理解上帝在過去是如何
做的，他們對事件的解讀置於一個正在他們中間和眼前展開的未來地平
線上。

　　與所有這本書中提到的教派一樣，大衛支派的信仰體系相當複
雜，遠非幾頁紙就能討論充分的。然而，在即將來臨的啓示論的背景下，
這個群體在大衛·考雷什的領導下顯露出三個決定性的時刻：弗農·豪
威爾改名爲大衛·考雷什；考雷什宣稱能夠解讀《啓示錄》的七個封印；
促成了韋科大衛支派最嚴重的叛變的新教義——新光主義（New Light
doctrine）。

　　大多數熟悉大衛支派矛盾的人只知道弗農·豪威爾更改後的名字
大衛·考雷什。他於1990年8月使該名字合法化，而在圍攻事件中被世界
熟知的也正是這一名字。當他改名字的時候，選擇了「大衛」來表明他
所堅信的自己作爲大衛王後裔的地位，彌撒亞會由此而來。另一方面，
「考雷什」是希伯來語的「塞勒斯」（Cyrus），是西元前539年征服了巴比
倫帝國的波斯國王的名字。大約在那次征服的50年前，巴比倫人俘獲了
以色列人，所以塞勒斯被視爲上帝子民的「彌撒亞」，被選定賦予特殊使
命——允許以色列人返回家園。雖然媒體通常報導說大衛·考雷什稱自
己爲歷史上的基督耶穌，但是這忽略了「一位（a）彌撒亞」和大衛支派
宗教體系中「那位（the）彌撒亞」之間決定性的不同。像古代的塞勒斯

將以色列人從巴比倫人手中釋放，考雷什帶領他的人民離開了現代的巴比倫，離開了這個包圍著他們的腐敗的世界體系。

　　考雷什的確認爲自己是彌撒亞，就像塞勒斯一樣，被上帝特別選定並委以特別使命。但是，他並沒有像媒體報導中清晰暗示的那樣，把自己稱爲歷史上基督的再生。不過，考雷什把他的自傳與彌撒亞的後裔相聯繫，考雷什通過對經文進行超凡的解讀來支持自己所宣稱的先知地位。同時，像在他之前的大衛支派領導者一樣，也以揭示《啓示錄》中的七個封印爲特殊使命。1985年，他與瑞秋在以色列旅遊，當時瑞秋已經懷了他們的第一個孩子塞勒斯。弗農此時有所頓悟：他開始認爲自己是《啓示錄》（Revelation 10:7）中的第七個天使，將會揭示上帝最後的秘密，關於末世的秘密。從以色列回來後，他的教導顯然採取了一種更迫切的語氣。在對他1985年這次經歷前後的課程錄音進行評論後，台伯和蓋拉格注意到：「早期作品中，考雷什熟知《聖經》內容，但他的授課循規蹈矩，非常直截了當，有時甚至枯燥乏味。在後期的作品中，他充滿了活力，展現出驚人的能力，可以把許多複雜的畫面和概念編織到一起。」（1995: 59）

　　《啓示錄》第5章裡介紹了七個封印，這不僅是考雷什自我認知爲先知的關鍵所在，也關係到他在大衛支派總部內的權威。在異象中的天堂，《啓示錄》展現了書卷，上面「用七印封嚴了」（Revelation 5:1），每一個封印都是末世中重要事件的關鍵。比如，頭四個封印釋放了基督教宗教體系中已知的「天啓四騎士」。然而，《啓示錄》第5章中的核心問題是，誰有資格揭開七印，誰有資格展開書卷，誰有資格宣讀內容。據作者所知，從「大衛根生」出來的「羔羊」是唯一有資格的。儘管基督教末世論在傳統上認爲「羔羊」等同於「基督耶穌」，但對於大衛支派而言，基

督耶穌是大衛·考雷什。

在圍攻中，考雷什說著濃厚的聖經中的語言，很多與七個封印有關，這使得所有聯邦官員一頭霧水。首批提出要幫助FBI翻譯這些語言的學者之一，是宗教研究教授詹姆斯·台伯（James Tabor）。儘管他的幫助最後被FBI拒絕了，但台伯指出，隨著對經文的不同釋義在考雷什時期仍在繼續，考雷什的主張的真實性將會越來越依賴《聖經》本身，並與其密不可分。如果其中一個不真實，那麼另一個也就是假的。「考雷什已經顯露出滿足於自己的信徒，」台伯寫道（1995: 267），「因此這個特殊人物，這只『羔羊』不會是拿撒勒的耶穌，第一世紀的彌撒亞。他聲稱自己能夠從《聖經》中證明另一位『基督』正在這裡被刻畫著。」——大衛·考雷什。

考雷什自認為是《啓示錄》中的「羔羊」，這導致了大衛支派信仰和實踐上的最有問題的轉變之一：1989年起，他開始公佈新光主義。《啓示錄》（Revelation 19:7）講的是「羔羊的婚娶」，以及「新婦也自己預備好了」。在他自己對此做出解釋的基礎上，而不是在純粹的精神救贖的基礎上，考雷什說自己作為彌撒亞的使命，就是建立上帝新的後裔子孫和新的大衛家庭，從而最終統治《啓示錄》結尾所預言的新天地。儘管考雷什早在1987年就開始迎娶「精神的妻子」，這一新的教義卻顯示出他可以是總部內所有女性成員的彌撒亞丈夫，並通過她們繁育神父的後代。雖然許多成員對新教義持懷疑態度，但一些人仍暗暗相信。「那是人們似乎不太能理解的事情」，大衛支派成員阿麗莎·肖（Alisa Shaw）在圍攻事件中向《休士頓紀事報》（Houston Chronicle）如此解釋：

> （《啟示錄》的）核心部分就是「羔羊」的婚娶。這是救贖的方式。人們不理解這一資訊，就從世俗意義上解讀「新婦」和

「孩子」。有些（女人）被認為配給上帝接種並繁衍後代。能夠懷有基督的孩子被認為是一種榮譽（引自Fair 1993）。

　　新光主義的啓示預言了兩次重大的回應。一次是大衛支派總部內部幾乎是即刻做出的回應，另一次是圍攻事件中總部被刻畫的方式。在教派內部，許多成員感覺考雷什是在向他們施加壓力，讓他們獻出自己的女兒、姐妹、甚至自己的妻子來實現他性方面的滿足。這導致了很多人脫離教派。其中最著名的是馬克·布勞爾特（Marc Breault）和他妻子伊莉莎白·鮑勞尼奧伊（Elizabeth Baranyai）的叛逃。布勞爾特於1986年加入大衛支派，開始越來越關注考雷什的授課。新光主義一公佈，他便全然反對。1989年底，布魯特和妻子移居澳大利亞後，立即開展運動，揭露考雷什爲假先知。他與當地媒體和澳大利亞執法部門官員合作，畫下了考雷什的畫像。這爲圍攻事件中的媒體提供肯像資訊，讓他們看到一個宗教狂，一個倡狂的多配偶主義者，一個性愛狂魔，同時也是一個虐待兒童的虐待狂。截至1992年，他一直堅持稱大衛支派正在謀劃集體自殺。他說，除非德克薩斯州當局出面制止，否則「天啓牧場」將會變成「另一個鐘斯鎮（Jonestown）」（Hall 1995: 218-19）。

韋科圍攻與媒體報導問題

　　產生於傳統的基督復臨安息日會，大衛支派的運動結合了相對傳統的新教神學和教派性的基督復臨安息日會的創新，然後在其每一個歷史時期又加入了獨特的宗教體系教義。像我們討論過的其他宗教團體一樣，看不見的秩序構成了完美的、有神聖目的的創新。這一創新使人們能夠瞭解自己眞實的、而現在已經無法觸及的精神本性。基督復臨論者再三強調人性的腐敗狀態，活在基督即將複臨的期望中，活在自己

的角色中，卽認爲自己是虔誠的、僅剩的、舊秩序向新秩序過渡的橋樑。通過正在進行的揭示以及領導者們的預言，基督復臨論者堅信自己正在揭示《聖經》中關於末世的眞正資訊。

　　弗農·豪威爾通過多種方式繼續著基督復臨的主題。通過扮演先知大衛·考雷什的角色，並宣佈自己的先知使命是解讀《啓示錄》七個封印中隱藏的秘密，他強化了教派的千年願景。他教導人們大苦難已經開始，建立了一個緊密的團體，爲該團體作爲末世事件中虔誠的殘餘力量這一關鍵的角色做好準備。在這些方面，大衛支派與基督復臨安息日會的許多其他教派非常相似。

　　然而，考雷什脫離常規最爲嚴重的是他把自己稱作彌撒亞，並且宣佈了新教義。由於宣稱自己的神聖任務是繁衍新的後代來統治新的天堂和新的地球，考雷什在教派內外都樹立了敵手。在內部，叛教者拒絕他要霸佔他人妻子和女兒的說辭；在外部，聯邦機構、兒童保護組織以及調查記者質疑他、檢舉他。無論動機何在，考雷什的舉動都直接受到以上這個聯盟的控制，因此，他們在將其塑造成一個無情剝削信徒的典型膜拜團體頭目的過程中沒有遇到任何阻力。

　　無論關於圍攻本身的其他方面多麼不明朗，不容爭辯的是雙方的世界觀形成了重大的衝撞，而且大衛支派與聯邦當局的溝通因爲雙方都無法理解對方的世界觀而受阻。另一方面，儘管考雷什沒有給出具體的時刻表，他反覆告訴FBI，一旦他完成了對七個封印的書面指導，他本人及其信徒會平靜地走出來。他堅持稱這是自己首要的先知的召喚，卽使面對其家園被武裝圍攻，他也不能放棄。然而，FBI特工正面臨的這個決定性時刻遠遠超出了他們的經驗範圍。他們展開了解救人質的協商談判，並組織了現場的營救隊伍。而事實上，並沒有證據證明卡梅爾山莊

存在人質被困的情景。於是，其中一方看到了世界末日正如預言的那樣在他們的家園前院降臨，另一方則以最根本的方式誤解並緊鑼密鼓地回應這一危機時刻。鑒於其他書中已經對圍攻事件給出了充分的細節（請參見章後的延伸閱讀書目），在這裡我們會關注大眾媒體報導下的圍攻事件和大衛支派。我們尤其關注這一問題的三個方面：FBI對媒體資訊的控制；圍攻事件中，媒體所呈現的大衛・考雷什和大衛支派；大眾傳媒對新宗教運動和暴力之間少量交集的更廣泛暗示。

　　不言自明，無論是印刷、廣播，還是電子形式，大眾媒體現在提供給大多數人一些鏡頭，使人們通過這些鏡頭可以知道並且瞭解那些他們無法直接參與其中的事件。我們關於世界的資訊中，只有相對較小的一部分是我們直接獲取的，絕大多數是由外部消息來源向我們提供的。正如考恩（Cowan）和哈登（Hadden）指出的那樣：「媒體不僅決定何時何地瞄準一個特定的鏡頭，還決定如何聚焦這個鏡頭，鏡頭後的相機要轉動多長時間，並且可能更為重要的是，故事的哪些方面將會擱置在視野之外。」（Cowan and Hadden 2004: 65）當然，這是假定媒體能夠接觸到處於爭議中的事件，而不需要僅僅依賴官方的說明作為資訊來源，並且假定媒體能夠與事件中的多方進行交流。然而在卡梅爾山莊的事件中，所有這些都不成立。事實上，沒有獨立的證據來表明所發生的事件。這一點的重要性不容忽視。

　　FBI一發現對峙明顯不會快速得到解決，就完全控制了流向媒體的資訊，禁止任何媒體與山莊內的大衛支派成員交流。隨著這場鬧劇的展開，來自幾百家媒體的記者漸漸離現場越來越遠，直到距離卡梅爾山莊3英里。媒體無法進入大衛支派莊園內部，唯一的資訊來源就是FBI召開的每日新聞發佈會。這些簡報服務於兩個明顯的目的：第一，他們只提

供服務於FBI制度和戰術目的的大衛・考雷什及其信徒的形象。第二，由於大衛支派能夠接收收音機和電視信號，所以爲了結束僵局，FBI把媒體用作給教派製造假情報的通道。的確，這些目的對於莊園內部的人員而言十分顯而易見，於是他們從樓上的窗戶垂下床單，懇求讓他們自己講述這個故事。例如，3月9日，一條橫幅寫道「上帝啊，幫幫我們，我們需要媒體」。而五天後另一條上寫著，「FBI破壞了協商，我們需要媒體」（Moore 1995: 211）。

「FBI自始至終利用著媒體，」社會學家詹姆斯・理查森（James Richardson）總結道，「具體方式就是仔細地編輯資訊，只發佈從最積極正面的角度評價他們行動的報導。」（1995: 165）這種待遇明顯激怒了記者們，但他們無能爲力。那些試圖打破FBI消息封鎖的媒體被迅速逮捕並驅逐。理查森引用了一位《休士頓郵報》（Houston Post）記者總結媒體感受的話：

> FBI某種程度上把我們用作工具。那時候，我們絕大多數都感覺到了，但我們沒有多少選擇。當FBI把一件事情說成是事實的時候，我們試過去提出合理的質疑，但是，很難把這種質疑並排放置在同一事件的另一個版本的旁邊。他們（FBI）擁有唯一的版本。（Terry Kliewer ，引用自Richardson 1995: 169 n.12）

儘管有許多事實決定著使一個情形有報導價值的是什麼，以及新聞媒體如何報導它們（見Cowan and Hadden 2004），但其中最重要的兩個因素是事件的社會負面性和概念上的清晰簡明，後者就能夠將複雜的事件傳達給媒體消費者。媒體報導最基本的格言之一是「越血腥，越吸引眼球」——不管媒介是什麼，負面新聞幾乎總是領導著故事呈現的次序。從實踐上講，這意味著往往媒體消費者能夠聽到或讀到特定的社

會現象時，一定是關於它有糟糕的事情發生，比如新宗教運動。

　　然而實際上，特別是考慮大量的新宗教湧現，像韋科慘案這樣的事件也是極爲罕見的。除非出現了我們有人稱爲的「戲劇性收場」（dramatic dénouement），達到了宗教與暴力交織的危急時刻，不然媒體消費者很少聽說這些宗教團體（Bromley 2002）。一旦這種事件發生，不僅報導價值的門檻被打破，以何種方式來定義衝突往往也會被堅決地確定。比如美國四大主要日報的頭條，在第二天這樣報導BATF最初對卡梅爾山莊發動的突襲：

> 聯邦特工試圖對該地附近一全副武裝的宗教營地執行搜查令，中了激烈炮火的埋伏，導致4名特工死亡，15人受傷，其中一些傷勢嚴重。（《洛杉磯時報》[Los Angeles Times]，1993年3月1日）

> 昨天，100多名執法官員經長期規劃，開始對德克薩斯州韋科附近一全副武裝的膜拜團體展開突襲，這一行動卻突然演變爲雙方的槍戰，致使4名聯邦特工被殺，另有16名特工受傷。（《華盛頓郵報》[Washington Post]，1993年3月1日）。

> 星期日，一次對全副武裝的宗教膜拜團體所在總部進行的突襲行動，突然演變成了一場血腥的槍戰，導致至少4名聯邦特工和2名膜拜團體成員死亡，至少15名聯邦特工受傷。（《紐約時報》[New York Times]，1993年3月1日）

> 200多名執法者突然到訪卡梅爾山莊的公社，在與一支渴望世界末日降臨的暴力宗教膜拜團體的交火中，一名來自休士頓

的聯邦特工和另外三名聯邦特工被殺。（《休士頓紀事報》，
1993年3月1日）

雖然大衛支派的世界觀錯綜複雜，而且突襲行動發生幾小時後媒體得到的資訊少之又少，但不難看出，該矛盾中蘊含的概念界限已經被刻畫得相當清晰。另一方面，「聯邦特工」引導著每一個例子，因此上述四則報導中，有三則的讀者不得不對每一篇文章進行深入閱讀，才會瞭解在這次突襲行動中，大衛支派成員也有傷亡。《休士頓紀事報》使這種情況更為惡化，它採用了該地區普遍使用的邊境語言（frontier language），沒有把BATF人員稱為「特工」，而是使用了更口語化的詞彙——「執法者」。

而且，描述這場衝突的方式無一例外地採用了BATF的版本。聯邦特工「中了激烈炮火的埋伏」，因為他們意欲採取「長期規劃的突襲行動」並試圖「執行搜查令」。雖然嚴格來講，後兩個提法不是不精確，但是媒體報導無疑把這場衝突的責任歸咎於大衛支派，而且沒有以任何方式再現全部的場景。另一方面，大衛支派成員被明明白白刻畫為「一支全副武裝的宗教膜拜團體」，「一支渴望世界末日降臨的暴力宗教膜拜團體」。BATF面對的不是已建成近50年之久的木製建築群，而是「一個全副武裝的宗教營地」，需要被迫穿透「該膜拜團體的武裝堡壘」（Stammer 1993）。「大衛·考雷什被刻畫為一個妄想的、危險的、不穩定的宗教狂熱分子——又一個不變的特徵」，貫穿著整個圍攻行動（Cowan and Hadden 2004: 76）。

正如我們所說，記者在危機時刻承受的壓力之一，是他們需要清晰簡明地傳達報導的主旨。無論現場的記者是否相信自己的報導，事實是他們必須快速、堅定地吸引媒體消費者的注意力，否則，其消費者就會

流失到另外的廣播台、電視臺，或者報紙。由於記者們受到行業必需品和官方對資訊來源控制的雙重限制，記者常常求助於一種能引起文化共鳴的媒體速記形式，盡可能清晰、簡明地描述新聞場面。複雜的、有著細微差別的、詭辯的分析是無法達到這一目的。無論實際狀況如何，這場特定鬧劇的演員往往被媒體劃分，歸入清晰的、獨特的道德範疇。

　　在韋科的圍攻事件中，最明顯的是媒體不斷把大衛支派稱為一個危險的「膜拜團體」，把考雷什稱為一個妄想的「膜拜團體頭目」。由於絕大多數媒體消費者（或是媒體記者）在歷史學和社會學方面都幾乎不瞭解何為「膜拜團體」，這一詞壓倒性的負面內涵佔據了對可疑團體的描述和解釋。的確，通過不斷地描繪聯邦當局和大衛教派的形象，媒體積極地助長了對這個宗教團體持續的汙名化。因此，事件並沒有被描述為對當時的情況持有截然不同的觀點的雙方的對峙，也沒有考慮到每一個觀點的自身價值。相反，「這幾乎是一場秩序與混亂之間的摩尼教衝突，是善良的力量（BATF，FBI和總檢察長辦公室[Attorney General's Office]）與惡魔（『全副武裝的宗教膜拜團體』）之間的衝突。」（Cowan and Hadden 2004: 77）

　　或者來看看這個相對無害的詞，「（有圍欄的）大院」。讀者可能已經注意到，在這一整章中，我們從未把大衛支派在卡梅爾山莊的居住地稱為「大院」，雖然在媒體對這次圍攻的報導中，這個詞被廣泛提及。與「全副武裝」，「宗教營地」，「武裝堡壘」等詞語一樣，「大院」的概念調用了被羅賓·瓦格納—坡西菲西（Robin Wagner-Pacifici）標注為「戰爭的話語」的意義（1994: 55-6, 136-8）。而且這種做法降低了和平解決衝突的可能性。比如，把卡梅爾山莊稱為「家園」，「居住地」，或者「教會」都會相當程度上改變對形勢的理解，並且會潛在地減少人們接受官方對

這種事件的描述版本的意願。

最終，隨著圍攻的緩慢進行，FBI越來越感到挫敗。因爲大衛支派稱除非考雷什完成對七個封印的解釋，他們拒絕撤離山莊。聯邦特工更爲積極主動地試圖結束這一僵局，強制進行解決。《休士頓紀事報》對當日事件的報導如下：

> 週一，聯邦特工透露，如果再一次與該地附近包圍其大院的聯邦特工交火，大衛支派成員可能計畫利用自己的孩子做人盾。這一恐懼在週日得到證實。據FBI發言人理查‧斯溫森（Richard Swensen）稱，當聯邦特工利用裝甲車清除道路，去除停在院子裡的、圍繞著膜拜團體燃料庫的車輛時，隨著動作遲緩、形似坦克的裝甲車逐漸靠近目標建築——有時似乎撞擊了它——你能夠看到建築裡的大人們把孩子吊著，好像要把他們嵌入窗戶。「在我看來，這絕對不符合孩子們的最佳利益，」斯溫森說道，「如果發生了什麼事情，把孩子舉在窗前當做盾牌可不是件偉大的事。」（Bragg, Keeton, and Asin 1993）

雖然沒有大範圍地重複指控大衛支派意欲利用自己的孩子作爲「人盾」，事實上，這種說法僅在《休士頓紀事報》中出現過，在此，該用意的益處有三點：第一，對於許多美國的媒體消費者而言，這會使他們聯想到腦海中的事件。兩年前的海灣戰爭中，薩達姆‧侯賽因（Saddam Hussein）屢被指控利用伊拉克平民和軍事俘虜作爲人盾。第二，通過使用「大院」和「膜拜團體的燃料庫」這種字眼和短語，強調「戰爭的話語」，構建整個僵局。第三，這種描述全然忽略了其他更爲合理的解釋。例如，大衛支派成員常懇求FBI撤退，看在莊園內孩子的份上。考慮到這

一點，對於內部的人員而言，建築周圍「動作遲緩、形似坦克的裝甲車」和近距離地「撞擊」，難道不會令人感到恐懼的和危險嗎？孩子們根本沒有被當作人盾，而是被舉在窗前，提醒FBI裡面有孩子，坦克危及到了他們的生命。難道不是這樣嗎？然而，由於框架理論在這一點上持有堅定的觀點，媒體從未考慮過這些可供選擇的解釋。

　　與許多媒體消費者可能相信的相反，並考慮到官方經常對媒體人員施加的限制，「新聞」並不一定是世界上某一個地方某個特定時間發生的事情。「新聞」是被各種利益相關者視作「有報導價值的」東西。這些利益相關者包括編輯、記者、媒體銷量倚仗的廣告客戶，以及新聞出版商最終在媒體公司中需要對其負責的股東。人們合理建立了對於報導價值的評判標準，我們在該書中已經接觸了一些。不幸的是，在大衛支派這一悲劇案例中，恰恰是那些使這個故事具有新聞價值的因素掩蓋了支撐這場衝突的更重要和更複雜的動力。這使得絕大多數媒體消費者再也無法瞭解大衛支派的複雜歷史、從大衛支派成員角度對韋科事件的描述，以及聯邦特工在引發衝突中所扮演的角色。

研究大衛支派

　　希望在這本書中，我們傳達了這樣一種理解，即新宗教運動比媒體通常描述它們的方式要複雜得多，也更難以理解。嚴格地說，「運動」，不管是新宗教的或其他的，什麼也沒有做；「機構」沒有採取任何行動；「教會」不相信任何事，也不做這樣或那樣的事。只有人在做事情，只有男人和女人相信並且行動。除了社會行動者之外，沒有信仰，也沒有行為，每個行動者都是社會行動者的化身——這一點很重要，但在匆忙地講述一個簡單、簡潔的故事時，卻常常忽略了這一點。如果以上我們

都能注意到，某些社會行動者控制新宗教運動有代表性的處事方式之一——比如被考雷什的新光主義激怒的前大衛支派成員或被他的末日言論困惑的聯邦特工——是讓那些仍在他們自己的自由意志團體中的人保持沉默，拒絕讓他們講述自己的故事，並在他們嘗試的時候對其加以輕視。回想一下，洗腦假說假設，由於沒有人自願選擇留在一個新宗教運動中，恰恰是因為他們的意志受到了該組織的損害，所以他們為該組織辯護的任何話，幾乎從定義上來說，都是可疑的。只要學術批評家、媒體詆毀者和反對運動積極分子限制對團體成員的描述方式，我們對這些群體的理解、他們的動機和願望、人們離開或選擇留下來的原因，都將同樣是有限的、不完整的，最終也是不準確的。

　　但是，沒有任何先天的理由可以解釋，為什麼那些參加可疑團體的人的證詞應該比那些選擇離開的人或屬於社會上更能接受的宗教傳統的人的證詞受到更少的重視。的確，使一個群體的信仰顯得古怪，而另一個群體的信仰幾乎不會引起我們注意的原因，往往是後者所佔據的社會地位高於前者。僅僅因為一個團體的教義信仰、儀式行為或崇拜行為與主流規範不同，不足以成為否定他們的主張或拒絕認真對待他們的理由。我們不需要相信他們說的在本體論意義上是真的，但是我們需要考慮的社會事實是他們相信，且他們願意把自己的行為建立在這個基礎上。在這一點上，他們和我們沒有什麼不同。

　　在大衛支派悲劇之後，社會學家凱薩琳·維辛格爾努力追求一種特別的方法來認真對待倖存者的聲音：傳記式或自傳式的方法。也就是說，在一系列的書中，她不是簡單地寫那些在襲擊中倖存下來的人，而是加強了大衛支派用他們自己的語言講述他們自己的故事的能力（見 Martin 2009; Haldeman 2007; Doyle 2012）。維辛格爾寫了《當他們是我

的》（When They Were Mine）一書，這是希拉·馬丁（Sheila Martin）的故事，她在火災中失去了她的丈夫和四個孩子。維辛格爾在書的序言中指出：「我想要這本書的讀者知道的最重要的事情是，那些和大衛·考雷什待在卡梅爾山莊的人，他們每天都過著日常的生活，他們有著和其他人一樣的希望、夢想、願望和慾望。」（在Martin 2009: 1）

　　維辛格爾的方法很簡單，但並不容易。對參與大衛支派成員的幾次採訪都被錄音並轉錄成文字。從這些訪談獲得的大量材料中，維辛格爾著手將這些材料加工成一本自傳。維辛格編輯了大衛支派成員講述的他們自己的故事。因此，這些成為引人注目的第一人稱敘述，以深刻而令人不安的方式挑戰了1993年初卡梅爾山莊事件的主流敘述。然而，不那麼直接的方法是，為了進行新宗教研究，獲取能夠靠近他們的某種必需的信任。也就是說，為了讓真正的參與者的聲音被聽到，研究人員必須幾乎完全納入他或她的日程中。這需要不斷的檢查和再檢查，因為這些採訪會形成一個連貫的敘述。沒有這種程度的信任，這種方法根本無法奏效。它將像許多故事一樣，成為為他人服務而講述的生命。維辛格爾是少數贏得這種信任的學者之一，她的研究為年輕學者樹立了一個很好的榜樣。

延伸閱讀：大衛支派

- Docherty, Jayne Seminare. *Learning Lessons from Waco: When the Parties Bring Their God to the Tables*. Syracuse, NY: Syracuse University Press, 2001.

- Doyle, Clive. *A Journey to Waco: Autobiography of a Branch Davidian*, ed. Catherine Wessinger and Matthew D. *Wittmer.* Waco, TX: Baylor University Press, 2012.

- Haldeman, Bonnie. *Memories of the Branch Davidians: The Autobiography of David Koresh's Mother*, ed. Catherine Wessinger. Waco, TX: Baylor University Press, 2007.

- Lewis, James R., ed. *From the Ashes: Making Sense of Waco: The History and Beliefs of an Apocalyptic Sect*. Oxford University Press, 1994.

- Martin, Sheila. *When They Were Mine: Memoirs of a Branch Davidian Wife and Mother*, ed. Catherine Wessinger. Waco, TX: Baylor University Press, 2009.

- Newport, Kenneth G. C. *The Branch Davidians of Waco: The History and Beliefs of an Apocalyptic Sect*. Oxford: Oxford University Press, 2006.

- Reavis, Dick J. *The Ashes of Waco: An Investigation.* New York: Simon and Schuster, 1995.

- Tabor, James D., and Eugene V. Gallagher. *Why Waco? Cults and the Battle for Religious Freedom in America.* Berkeley and Los Angeles: University of California Press, 1995.

- Thibodeau, David. *A Place Called Waco: A Survivor's Story.* New York: Public Affairs, 1999.

- Wessinger, Catherine. *How the Millennium Comes Violently: From Jonestown to Heaven's Gate.* New York and London: Seven Bridges Press, 2000.

- Wright, Stuart A., ed. *Armageddon in Waco: Critical Perspectives on the Branch Davidian Conflict.* Chicago and London: University of Chicago Press, 1995.

第八章　天堂之門：膜拜團體、媒體與暴力問題（二）

海爾波普彗星（Hale-Bopp）是否有「伴隨者」這在我們看來無關緊要。然而它的到來對於「天堂之門」中的我們而言，意義重大且令人高興。因為處在高於人類進化層次（「天國」）的老成員已經明確表示，海爾波普彗星的臨近「標誌」著我們期待已久的時刻已經到來。這一時刻，一艘來自高於人類層次的太空船會到來，它要帶我們回家，回到「他們的世界」，即天堂。我們在地球上22年的課堂生活終於要結束了──從人類進化層次上「畢業」了。我們滿心歡喜地準備離開「這個世界」，追隨蒂的隊員而去。

──天堂之門，《紅色警報》

1997年3月27日，美國人從加利福尼亞州蘭喬聖菲社區的突發新聞中獲悉，一個相信UFO存在的隱秘組織的39名成員，其中包括當時叫做「多」（Do）的教主，按照宗教儀式自殺了。他們的自殺方式策劃周到，實施精密。該組織所在的蘭喬聖菲社區比較排外，位於聖達戈（San Diego）北部20英里處。當局在得到曾參與過該組織的一位公民的致電後，來到該組織租住的豪宅，發現這些自殺者安詳地躺在整個房間的簡易床和雙層床上。這39名自殺者的年齡，從20歲到72歲不等，其中有21

名婦女和18名男子，他們身穿相同的「制服」——腳穿黑白相間的全新耐克運動鞋，下身長腿黑褲，上身穿長袖黑色襯衫，其左肩臂章上都無一例外寫有：「天堂之門遠征隊」（Heaven's Gate Away Team）。在他們的口袋裡，每個人都塞有各種身分證明，另外還有一張5元紙幣和若干25美分的硬幣。在每具屍體的旁邊，都放著一個旅行袋，裡面裝著衣服、筆記本和唇膏。所有的屍體，從頭部到膝蓋，都用紫色鑽石型形裹屍布掩蓋著。現場沒有明顯的暴力跡象，聖達戈治安警署負責人說，他們看起來簡直就像睡著了一樣。

該組織成員留下的辭世聲明顯示，在3月22日，也就是在海爾波普彗星運行至與地球最近處之時，「遠征隊」，也被稱爲「下一層次團隊」（Next Level Crew）就已經開始爲「離開」地球做準備了。基於一系列延續了20多年的複雜的教義，它的成員開始相信，1997年初海爾波普彗星的出現，標誌著他們即將離開身體軀殼，他們要繼續在另一個「高於人類的進化層次」（Evolutionary Level Above Human）的星球上進行自己的精神之旅。不管「遠征隊」成員是否相信確實存在一艘拖著彗星尾巴的太空船（當時的新聞經常這麼報導），他們也都堅定認爲，他們將遇到一艘類似的飛船。一旦脫離塵世的軀殼，他們便會在飛船上化作新的生命存在，就像團體中其他同伴一樣找到自己的位置。

作爲「遠征隊」離開地球的成員之一，安樂德（Anlody）在這次自殺行動發生前的一個多月前曾寫道：

> 可以想像，海爾波普彗星離地球非常近了，足以毀滅地球。
> 讓我們假設這個與海爾波普彗星相伴的傢夥確實是下一層次
> （Next Level）的太空船。這艘太空船的高級居住者知道海
> 爾波普彗星的目的是回收地球。他們把它送到這裡是為了讓

這個星球免受腐敗人類的侵擾。雖然我們不確定，但他們可能派太空梭來營救任何值得拯救的靈魂。（Anlody 1997）

五星期後，安樂德和該組織的其他成員已經毅然要拋棄他們的「物質外殼」了，他們要朝著自認為的「王國層次」（Kingdom Level）邁進。安樂德最後寫道，「我們離開地球，這是一種回家之旅。」（1997）

蒂、多以及天堂之門的起源

不同於其它新宗教運動的發起人，比如L·羅恩·哈伯德，大衛·伯格還有文鮮明，人們對天堂之門創始人邦尼·盧·內特爾斯（Bonnie Lu Nettles, 1924-1985）和馬歇爾·赫夫·阿普爾懷特（Marshall Herff Applewhite, 1931-1997）知之甚少。他們兩位在不同的時期有著不同的名字，比如「基尼和皮格」（Guinea and Pig），「泰迪和溫克」（Tiddy and Wink），「兩人」（the Two）還有「波和皮普」（Bo and Peep）。他們最後的名字叫做「蒂和多」（Ti and Do）。在天堂之門存在的二十多年間，阿普爾懷特和內特爾斯基本都過著遊歷式的隱居生活，他們的生平鮮為人知，但這對世人而言，似乎並不是什麼大問題（見Balch 1982）。

阿普爾懷特在德克薩斯州長大，父親是一位嚴苛專橫的長老教會牧師。據說，阿普爾懷特是一位成就斐然的有才華的音樂家，在受雇於休士頓大劇院（Houtston Grand Opera）期間（Phelan 1976），製作的很多音樂劇都無一例外地「好評如潮」（rave reviews）（Balch 1982: 28）。儘管在成年後的一段時間研究過長老教會，但他最終選擇了當一名音樂教授作為自己的事業。上個世紀60年代初，他曾任教於阿拉巴馬大學（University of Alabama），之後，他供職於休士頓的聖托馬斯大學（St. Thomas University）。

　　阿普爾懷特婚後育有兩個孩子，並且他在阿拉巴馬大學的學術生活也堪稱完美。一位研究天堂之門主要歷史的社會學家鮑爾齊（Balch）曾這樣寫道，阿普爾懷特是一位「受人尊敬和歡迎的導師」（1982: 30）。但他也有糟糕的一面，他堅決不加入教會，以及在性取向上搖擺不定，都令他飽受質疑之苦。1965年，在他任教於阿拉巴馬大學兩年後，他的婚姻便結束了。妻子帶著兩個孩子離開了他，回到了德克薩斯。據鮑爾齊記載，同性戀問題是否是他婚姻破裂的主要因素，這一點還不是十分清楚。無獨有偶，同年他失去了在阿拉巴馬大學的工作。在自殺事件發生後，有的新聞報導說，他是迫於「同性戀傳聞」而辭去工作的（Thomas et al. 1997）。但鮑爾齊寫道，阿普爾懷特「是因為他在個人問題上與學院系主任的意見不合而丟掉工作的」（1982: 30）。上述兩種原因之間是否有關係，目前還不確定。

　　阿普爾懷特雖然離婚之後在性問題上比以前更開放了，但他仍然「對自己的雙重生活有負罪感。但他對自己的很多戀人都講過，自己想擁有一種有意義的柏拉圖式的關係，如此他便可以不受性問題的牽絆，盡情地去開發自己的潛能。」（Balch 1995: 141）總而言之，這種將柏拉圖式的關係作為精神發育的媒介的渴望，以及放棄與家人所有聯繫作為成長的先決條件的需要，將因未來幾年天堂之門的進化而結出激烈的果實。

　　阿普爾懷特離婚之後搬到了德克薩斯，任教於聖托馬斯大學。這是一所聖巴西勒休會（Basilian Fathers）資助的羅馬天主教大學。他最初受聘在校園裡創建一個美術項目，他「很快成為學校受歡迎的老師和成功的籌資人，他的音樂作品贏得了休士頓媒體的好評。」（Balch 1995: 141）

　　他再次和學生、同行融為一體，當地媒體也對他的才華深表讚賞。阿普爾懷特好像已經忘卻了以前的苦惱。但是，他依然不能從他所認為的性的夢魘中解脫出來。1970年，他被聖托馬斯大學解雇。1997年的自殺案發生後，一篇新聞報導援引阿普爾懷特的工作單位檔案，說他是「因為『情感上的一些健康問題』而被解雇的」（Thomas et al. 1997）。儘管如此，鮑爾齊依然堅持認為，「他的事業是因為其與學生的醜聞而夭折的」（1995: 141）。雖然很多新聞說，這是一場同性戀，但實際情況似乎又不是如此。他竭力壓制自己的同性戀傾向，開始與他的一位女學生交往，該學生是學校一位董事的女兒。鮑爾齊寫道：「在他們打算結婚前不久，阿普爾懷特意外地結束了這種關係，那位女孩因此試圖自殺。女孩的家人對阿普爾懷特進行了批評，並且據報導，在女孩的哥哥提出要威脅他的生命後，他立即離開了那個地方。事後不久，他便被解雇了。」他再一次從一位受人尊敬的當地藝術界和學院人士淪落為徹頭徹尾的社會棄兒。

　　相比之下，邦尼·內特爾斯在知名度方面就顯得遜色許多。邦尼出生於休士頓，原名邦尼·盧·特魯斯代爾（Bonnie Lu Truesdale），小時候是一名浸禮宗教徒，在與阿普爾懷特相識時，她已為人妻並且是四個孩子的母親。她的婚姻非常不幸，在她與阿普爾懷特開始探尋他們各自的社會關係定位後，其婚姻很快便破裂了。雖然她的確沒有拋棄自己的基督教信仰，但她積極投身於替代性精神（alternative spirituality），也就是我們現在所說的「新時代」亞文化。她利用業餘時間參加「神智學協會」（Theosophical Society），為當地一家報紙撰寫占星術專欄，同時也研究唯靈論（spiritualism）。相對於阿普爾懷特的戲劇世界而言，內特爾斯從事的卻是一些玄學的領域，有些人評價說，內特爾斯的這些東西與客

觀世界格格不入，無法協調。如果阿普爾懷特的戲劇表演或曾讓觀眾從他們的日常生活中解脫出來，那麼「內特爾斯帶給世界的便是一個魔幻現實，充滿了暗示、預兆、精靈、揚升大師和更高層次的現實。」（Balch 1982: 34）

在與內特爾斯認識後不久，阿普爾懷特在工作上便開始走下坡路，他所在的一家當地劇院因此解雇了他的音樂助理職位。也正是在此時，他的耳朵開始聽到一些聲音，由此「他便公開懷疑他是否接觸到了超自然的力量。」（Balch 1982: 32）。阿普爾懷特和內特爾斯決定自己主動出擊並創立了基督教藝術中心（Christian Arts Center）。該中心靠從當地教堂租賃的設施運作，除了作爲音樂劇院使用外，它還提供各種各樣的玄學學習班，其中包括占星術和唯靈論。當地教會爲此深爲憂慮。此外，該中心很多激進分子反對在稱謂上使用「基督」一詞，並反對「有關基督教會設施中正在舉行人們與亡靈對話活動的謠言」（Balch 1982: 15）。在靈性接觸方面，很多人不能像阿普爾懷特一樣思想開放，對此，阿普爾懷特持保留態度。但即便如此，阿普爾懷特還是在《休斯頓郵報》的一篇關於該中心的專題文章中，公開支持內特爾斯的靈性接觸主張。此後不久，阿普爾懷特又一次失去了他的新工作——聖公會教堂（Episcopal church）的音樂指導。一個月後，基督教藝術中心也隨之關閉了。

雖然如此，但阿普爾懷特和內特爾斯並沒有因此有絲毫退縮，他們幾乎一夜之間建立了一個新的玄學研究中心，並將其命名爲「知所」（Know Place）。根據鮑爾齊記載（1982: 36），這些日子對身爲精神導師的阿普爾懷特來說，是一個有決定意義的階段。因爲已經失業，他便徹底拋棄了自己在音樂方面的興趣，完全投身於內特爾斯的玄幻世界中。他在研究神智學協會經文的同時，也教一些經過精挑細選的學員。在

此期間，阿普爾懷特的社會和認知孤立不斷加劇，他的精神創傷也日益嚴重了。阿普爾懷特和內特爾斯開始幻想UFO和他們在宏大宇宙計畫中所處的位置，並且逐漸自視爲是「兩位來自天國的成員（有些人則稱他們爲兩位來自太空的外星人）」，並且化身爲休斯頓的兩位無辜的人類（Heaven's Gate 1988a）。隨著在自己的世界裡越陷越深，他們開始把他們的經驗解釋爲在他們的物質生命中運作的外星智慧的表現。

天堂之門的信仰和實踐

　　1973年初，阿普爾懷特和內特爾斯離開休士頓，過上了遊歷的生活。這便是天堂之門的雛形，於此爲標誌興起，並最終發展成爲後來的天堂之門。兩人在旅行途中宿營、打零工，並從中找到了這些經歷更深層的含義，而隨後三年間又有三個重要的時刻讓他們堅定了自己的信念：（1）自身使命的覺醒和持續的理解；（2）《蒂和多第一聲明》（First Statement of Ti and Do）的發表；（3）俄勒岡集會讓他們萌芽中的組織爲全國人民所熟知。

　　那年5月，他們抵達俄勒岡西南地區，沿羅格河（the Rogue River）安營紮寨，並稱之爲「隱秘之地」（the Hideaway）（Balch 1995: 142）。數月之後的一天，阿普爾懷特在河邊冥想時，他感受到了上天對他的旨意（啓示），人們大多對其描述爲「像霹靂一樣抽搐」（Balch 1982: 40），還「散發出嗅鹽一樣的氣味」（Balch 1995: 142）。那次經歷後，他們覺醒到自己存在的眞正意義。昔日音樂指導和正式護士的風光不再，從前的內特爾斯和阿普爾懷特變成了《啓示錄》中寫到的兩個見證人（the Two Witnesses）。《啓示錄》的作者認爲，在人類歷史最後的階段，上帝會派兩個見證人到達地球，並賦予他們預見未來的超能力。當他們預言的約

定時間到來時，他們將會被「那從無底洞裡上來的獸」殺掉（Revelation 11:7）。他們將橫屍街頭三天半，最後上帝會讓他們復活，他們「就駕著雲上了天。」（Revelation 11:12）在阿普爾懷特和內特爾斯看來，他們自己不但是這兩個見證人，而且那朵雲便是帶他們去天國的太空船。在預言方面，他們的任務便是告誡人們那些世界末日事件的真正意義，讓更多的學員有機會「從人類層次過渡到下一層次」（Heaven's Gate 1975）。

　　他們繼續到全國各地傳播自己的思想，這種做法一直持續了近兩年的時間。正如鮑爾齊記載：「他們拜訪新時代的商店和中心，拜訪任何願意接受他們資訊的人，在全國各地的教堂中留下了許多印有『兩個見證人』的宣傳材料」（1982: 42）。1975年3月，他們兩人在加利福尼亞州奧海（Ojai）的一處賓館中，「兩人」發佈了第一份官方「宣言」，該宣言指出了阿普爾懷特和內特爾斯所經歷過的外星生命的具體形態，揭示了在天堂之門中他們會遇到的更複雜的宗教信仰體系。當時他們最初的組織叫做「人類個體變形」（Human Individual Metamorphosis, HIM）。當和內特爾斯發表第一份宣言的時候，阿普爾懷特當時還在因為汽車盜竊關押在監獄中。

　　理解25年來天堂之門複雜難懂的宗教信仰體系的關鍵在於，要相信從塵世到天國的過渡不是存在於精神層面，而是發生於現實中。的確，在自殺案發生的5星期之前，那些自殺者們曾寫道：「我們的教義，一直都不是有關宗教的或精神的。」（Anlody 1997）在他們的第一份宣言中，阿普爾懷特和內特爾斯效仿了很多宗教領袖並且堅持認為大多數的宗教傳統都對人類存在的基本問題存在誤解。他們鼓吹道：「一個想進入下一進化國度的人類，如果他能夠在蛻變的過程中被施以指導，且本身能完全克服了人性層面的各種因素和影響，那麼他就可能成為下一層

次世界的成員。」（Ti and Do 1975）有一種傳統，近似於有兩千多年歷史的諾斯替教派信仰，在這種傳統中，神的超然性有一種功能，那就是丟掉與塵世的人類相聯繫的介質——這種介質通常是身體。蒂和多在1975年寫道：「下一國度的成員願意蒙恩一類人，他們願意忍受所有必要的成長痛苦，完全脫離他的人類狀態。」

在諾斯替教派的傳統中，這也表明了一個訓練過程，參與者必須有敬畏之心，也是神秘個人蛻變的開始，蛻變的過程是由「下一層次的成員」協助完成的，學生也因他們得以「蒙恩」。儘管宗教的語言和意象是從《啓示錄》引申出來的，且耶穌基督被定義爲「下一國度的人」（Ti and Do 1975），縱觀這個團體的歷史，阿普爾懷特和內特爾斯認爲上述過程具有基本的教育意義。基於他們無法逃脫的宗教教育，他們認爲，「宗教」的概念與信仰上帝的仁慈救贖是有內在關聯的。這不是他們如何看待到「王國層次」的轉變，反而是吸取貫穿新時代運動的人類進化教育範例的經驗。因此，蒂和多的教育，而不是信仰，是改造和拯救的引擎。他們成爲老師、學員信徒，以及通過學習現實眞理而成長的一個過程。

新時代亞文化不得不與北美文化協調的一個方面，也是無法被忽視的一個方面，就是耶穌。雖然有少數信徒已經徹底否定耶穌，新時代思想和實踐的眾多支持者都重新詮釋了耶穌的一生和使命，將他從數百萬的基督徒所崇拜的救世主重塑爲兄長和揭示宇宙奧秘的老師。與其他新的宗教領袖一樣，阿普爾懷特和內特爾斯認爲，他們受命傳達耶穌的旨意，「重申耶穌的眞理，恢復其準確意義，並再次表明，任何期望進入那一國度的人都會經歷相同的過程。」（Ti and Do 1975）

這兩人關於耶穌的解釋既借鑒了他們自己的宗教背景，也將他們的教義與社會上主流思想相聯繫。雖然許多基督教派都在20世紀70年

代經歷過衰敗期，但耶穌是典型的宗教人物，一直以來都極受歡迎。同時，「來自外太空的神」的概念出現已久。雖然《紐約時報》記者詹姆斯・費倫（James Phelan）那時曾寫道「飛碟的故事早已不再是新聞」（1976），瑞士作家埃里克・馮・丹尼肯（Eric von Daniken）比任何人都熱衷於普及一個概念——古代的宗教經文和神聖的建築暴露了外星人造訪地球的證據，這概念仍受到新時代「探索者」亞文化的追捧，阿普爾懷特和內特爾斯也一同參與，吸引了許多信徒。

1975年秋，當時分別自稱爲波和皮普的阿普爾懷特和內特爾斯引發全國關注。新時代團體在加利福尼亞州、科羅拉多州和華盛頓州組織了一系列會議，在俄勒岡州沃爾德波特（Waldport）的九月會議上發生了前所未有的事：會上有人煽動說，所有想完成「過渡」的人必須參加「克服過程」（overcoming process）並斷絕一切與塵世的關係，會後超過30人「失蹤」了，離開了原來所在的團隊而加入了「兩人」。這件事震驚全國，《紐約時報》《新聞週刊》（News Week）以及全國各大有線新聞媒體都進行了報導，甚至與沃爾特・克朗凱特（Walter Cronkite）一起出現在哥倫比亞廣播公司晚間新聞（CBS Evening News）上。儘管新聞報導說，這群人中有很多人「放棄了一切……不動產、汽車、船隻和錢。」（Phelan 1976）在沃爾德波特會議後加入該團體的社會學家羅伯特・鮑爾齊和大衛・泰勒，對天堂之門有很明晰的研究。他們爭辯說，大多數成員已經有一些家產，但更傾向於遊歷和「探索者」的生活方式（Balch and Taylor 1977）。

當與阿普爾懷特和內特爾斯歸爲同一陣營時，信徒們（學員）參與了「進程」（Process），也是該團體主要做的事情。此外，這還涉及面對和放棄所有與塵世或人類層面的關聯。許多人改了名字，這是向高層次

宗教運動轉變的常見做法。阿普爾懷特和內特爾斯將他們以兩人爲單位進行分組來進行兩項主要的活動：第一，「連接」（communing），這意味著建立與下一層次成員的精神聯繫；第二，與二元夥伴發展「摩擦」（friction），以此爲手段識別並改掉限制性的特徵和品質。鼓勵學徒們把全部的時間和精力用於追求「連接」和「摩擦」，學生們還接受指示，既不尋求與二元夥伴的性關係，也不發展與夥伴彼此間的友誼（Balch and Taylor 1977）。

　　1976 年末，阿普爾懷特和內特爾斯進一步深化了教育隱喻，也就是把佈道變成「課堂」。 爲了幫助學員在參與「進程」的過程中識別所遇到的問題，他們向學員提供「17步」（The 17 Steps）教程，即爲解決學員在人類層面存在的問題而爲其量身定制的一系列問題。第一個問題便是「你能在不摻雜個人情感的情況下服從旨意嗎？」（Heaven's Gate 1976）。另有一個問題是「你捧碎了東西是因爲生理上的原因把東西握得太緊或者太鬆了嗎？」或者，再反過來，「你是否小心謹愼、爲人淳樸？是否在做事及其他所有生理上的行動或言辭都恪守律己？」顯而易見，大多數問題闡釋學員修正自己進而轉入下一層次所應具備的品質，而剩下的問題也在強調成爲潛在候選人所不可或缺的品質。鮑爾齊當時便很難相信誰能將教程堅持下來，阿普爾懷特和內特爾斯爲了防止有人退出教會，採取越來越嚴格的管理方式，尤其是在影響到資訊控制的情況下。「有關該過程唯一有效的資訊，」他數年後寫道，「只能單向向下傳遞，由聖父（the Father）傳給皮普（內特爾斯），再由皮普傳給波（阿普爾懷特），並再向下傳給他們的信徒們。」（Balch 1995: 154）

　　截至 1988 年，不但課堂中的限制有所增多，阿普爾懷特和內特爾斯爲了儘量回答下一層次所涉及的問題，還完善了自己的信仰。此時，他

們已經放棄了那種完全流放式的生活方式，用入教新成員募捐的錢租下房子。那年春天，學員們收到了一份戒律清單，羅列著教會的大小禁忌，名爲「學會控制和約束的附加指南」（additional guidelines for learning control and restraint）（Heaven's Gate 1988b）。其中大忌指「欺騙」、「淫逸」、違抗教義，同時羅列了其他三十多種禁忌，嚴格約束蒂和多課堂學員的生活方式。禁止學員「無監督夥伴的情況下採取任何行動」（#1），禁止「相信自己的判斷或使自己思考」（#2）。禁止消極地、批判地、或心存戒備地對待同班同學或兩位老師。諸如「有選擇地完成任務」（#15）、「有所好惡」（#16）等禁忌，旨在爲大家眼中僧侶式的團體氛圍培養一種泰然處之的態度。除了「監督夥伴」間柏拉圖式的關係，教會成員也一律中性打扮，因爲他們相信此種行爲能反映出「下一層次」中將不存在性別差異。一些男性成員甚至爲此瘋狂地做了閹割手術。

天堂之門的成員招募和社會組織

儘管天堂之門在1975至1992的數年間所開展過的具體活動依然是個謎，但羅伯特·鮑爾齊和大衛·泰勒已對該組織的發展構架有最爲深入的瞭解。天堂之門的發展歷程中有三個尤爲重要的特點：（1）教會的招募程序和其面臨的挑戰更多地吸納了新宗教聯盟的理論；（2）教會通過群體生活模式解決教派紛爭和背叛教會等問題 ；（3）邦妮·內特爾斯（蒂）的死亡，將教會的發展方向轉向 「下一層次」。

多年來，從社會學和反膜拜團體視角看待新宗教招募和隸屬關係，已成爲團體內外部聯結的概念，或「膜拜團體情感紐帶」（cult affective bonds）（Lofland and Stark 1965）。簡而言之，假設其他所有條件不變，當團體組織內部關係對潛在成員來說比外部關係更強大、更有意

義時，團體便依靠成員之間彼此牽制的等級得以平衡。社會學家羅德尼‧斯塔克和威廉‧希姆斯‧斑布裡奇主張是「社交網絡在膜拜團體、異端教派和傳統教派的招募中起著至關重要的作用。」（1985: 322）反膜拜團體活動分子常常譴責諸如「情感轟炸」（love-bombing）（統一教）和「釣魚傳道」（上帝之子/「家」）等招募新成員的行爲是欺詐和離經叛道的策略，因爲他們往往在虛假的僞裝下編織那些膜拜團體情感紐帶。然而，這樣的做法實際上只是在程度上，而不是在性質上，不同於任何數量的傳統宗教團體對潛在成員所表現出的感情。

　　然而，鮑爾齊和泰勒認爲，儘管天堂之門的招募程序「設計縝密」（1977: 844），但它與斯塔克和斑布裡奇所呈現的模型有極大的差異，外界也對此高度質疑。在他們所描述的招募過程中，非但沒有明顯的勸教行爲，而且幾乎沒有個性化的福音傳道，公衆集會也是臨時安排的。集會期間，首先簡單介紹教會的核心信仰，其次是問答環節，隨後那些看起來稍感興趣的與會者將受邀參加第二次集會，通常是第二天在其它地點舉行。事實上，與許多新宗教招募誇張外向的策略不同，UFO 團體簡直像是密封的。最初的集會結束後，工作人員會請潛在新成員「留下姓名和電話號碼，以便在當晚的晚些時候聯繫他們。第一次集會期間，後續的活動地址一律保密，這是爲了防止獵奇之人第二天大肆炫耀。」（Balch and Taylor 1977: 844）

　　如果潛在成員選擇進一步增進聯繫，並且受到了邀請，他們就會獲得「緩衝營地」（buffer camp）的地址（Balch and Taylor 1977: 845），並可以在那裡更深入地瞭解這個團體，但依然是以一種非常不正規的方式進行。與一開始便進行系統化佈道的流程不同，新成員主要依靠自己，在他們認爲可以的時候進入「下一層次」，並與他們的「監督夥伴」完

成新關係的初始階段。正如鮑爾齊和泰勒總結的那樣，不同於多數其他新宗教所部屬的戰術，「波和皮普招募策略最大的特點是其限制膜拜團體成員與潛在新成員間的互動。幾乎在所有這樣的互動中，會員對彼此的瞭解僅停留在兩次公眾集會上粗淺的印象。」（Balch and Taylor 1977: 845）

在派系爭鬥抬頭，教會士氣下滑，教會背叛率上升的多重壓力下，截至1976年中期，UFO教會還在懷俄明遠郊宿營時，阿普爾懷特和內特爾斯便採取措施，一方面強化現有成員對教會的承諾，一方面深化成員脫離「人類層次」的意識。鮑爾齊（1995: 154-5; cf. Davis 2000）向人們展示較大陣營如何分解成名為「星團」（star clusters）的小單元，並各自命以星座之名，以及流行的UFO語言又是如何滲透到團體成員的日常生活中。人們在宿營地停車場形成「對接區」（docking zone），例如，對於那些「受幽靈幹擾」的成員，為他們在遠離主營地的地方搭建「淨化區」（decontamination zone）（Balch 1995: 155）。

雖然招募毫無章法可言，但UFO團體的宿營生活卻高度程式化：成員們不斷地向「下一層次」轉化，並且每12分鐘都要更換任務。為了均衡團體，消除彼此肉體「軀殼」（vehicles）間的不同，阿普爾懷特和內特爾斯還制定了教服。鮑爾齊指出，「儘管款式有所變化，但教服還是保留了典型的三件套：包括尼龍風衣，帶有布眼罩的帽子，和冬季佩戴的手套。」（1995: 156）儘管有些行為在教外人看來荒謬無比，但他們顯然達到了想要的效果。正如鮑爾齊總結的那樣，引入這些規矩後，「派系爭鬥消亡，教會日漸團結，背叛率驟降。」（1995: 162）

在他們UFO事業初期，阿普爾懷特和內特爾斯，作為上帝的末日先知，曾希望自己能在被暗殺後復活。在開設「課堂」的那些年（1976至

1985年），教學核心秉承向「下一層次」的過渡將以生理方式實現的理念，而非精神或形而上學方式。1985年內特爾斯因罹患肝癌突然離世，撼動了成員們的信仰。阿普爾懷特在十多年裡第一次孤軍奮戰，而對於他與信徒間這種「命中註定」的關係來說，內特爾斯之死或許是最為重要的考驗。雖然他柏拉圖式的終生伴侶溘然長逝不免讓他絕望和迷茫，但是阿普爾懷特和他的教會迅速將她的死亡解釋為他們篤信多年的信仰。癌症僅僅是壓力的物理表現，而這種壓力「是由她『下一層次』的心智和生理機能間的差距造成的」（Heaven's Gate 1988a）。內特爾斯通過自己與「下一層次」的溝通，其心智已修煉到一定境界，超出其身體所能承受的範圍，無法維持身體正常的運轉。內特爾斯之死對教會的發展產生三方面重要的影響：

第一，根據《88更新》（88 Update），「多（阿普爾懷特）一直扮演著必須在精神上與他的老成員內特爾斯進行溝通的角色，這加強了他進行精神或心靈感應交流的機會」（Heaven's Gate 1988a）。對UFO團體來說，她是他們所知唯一活著的「蒂」，不僅已經成功過渡到「下一層次」，而且還繼續從這一高度與他們溝通。因此，她的死亡非但未被解釋成失敗，反而成為他們信仰顛撲不破的證據。

第二，由於內特爾斯如今已是阿普爾懷特「下一層次」中的「老成員」，成員們對層級之間的聯繫比以往有更直觀的認識，團結一致對教會來說也有了空前的意義。「課堂見證了蒂的心智如何同多的思想彼此契合，」《88更新》中寫道，「甚至連同談話的措辭，兩人都高度一致。」（Heaven's Gate 1988a）教會成員們不再等待通過未知實體的興趣和代理向「下一層次」過渡，如今他們敬愛的老師正在天國期盼他們歸來。

第三，建立在與「下一層次」有特殊聯繫的基礎上，阿普爾懷特的

教學在內特爾斯去世之後明顯削減了團體與社會的溝通。除了管理團體行為的紀律以及成員們脫離社會後普遍享受的隔離感，他教育成員們自己的信仰相比那些輕易迷惑大眾的信仰有本質上的不同。譬如他與內特爾斯精神上的溝通，「不能與通靈之路或唯靈論等流行概念混為一談」（Heaven's Gate 1988a）。儘管教會竭盡所能生活在遠離塵世的地方，但他們依然清楚地察覺到身邊的精神和宗教潮流，不想與其他新時代資訊和靈性的提供者混淆。

高於人類的進化層次：新宗教、暴力與媒體

正是由於天堂之門隱遁的本質，這個組織在許多方面所秉持的看不見的秩序並沒有其他眾多新宗教敘述得詳細。然而，簡而言之，成員們相信宇宙由各種其他智慧生物構成，他們智力及靈魂的發展程度有所不同。像其他某些團體一樣，他們在某種程度上將《聖經》解讀為原始時期外星人活動的記錄。人類被這些外星人帶到地球，頂多只是殘存對外星人模糊的印象，知道外星人生活在另一個星球，而他們也僅僅被我們人類視為「下一層次」。通過一系列漸進式的啟示，天堂之門的成員們才明白他們的組織乃精英組織，而他們正是流落人間的「下一層次」成員，只不過以「遠征隊」成員的身分活著。他們的任務便是集結所有能收到他們旨意的人，並訓練他們擺脫人性的束縛，踏上通往宇宙的回歸之旅，重拾自己的身分。

天堂之門在招募新成員方面僅取得了些許成功，持續時間也並不長。在大多數情況下，它發起的運動規模較小、行蹤隱蔽、而且日漸消亡。非常實際地來說，他們在社交方面非常閉塞——努力從根本上遠離傳統意義上的社會，而是在「下一層次」中探索他們存在的意義。對於天

堂之門的成員來說，他們進行的解放之旅——也就是教外人眼中的自殺行為——是步入「下一層次」的最後一步，也是合乎邏輯的一步，表明了他們確信在地球和凡人凡物之外還有其他生物存在。

　　由於該團體行蹤非常隱蔽、行動非常溫和，無論如何，教外人都想不到1997年3月底他們會發現39具「遠征隊」成員的遺體。這一領域還是媒體報導的空白，而媒體也有義務儘快填補。這個問題只是因為天堂之門的「遠征隊」選擇以一種相對溫和的方式進行最後的退場而變得更加嚴重。也就是說，那些形象和我們可以稱之為「膜拜團體想像」（cult imaginary）的東西，西方人習慣面對的東西——例如燃燒的大衛支派的宅第，或者鐘斯鎮散落一地的屍體——根本不相稱。的確，我們面對的畫面是自殺過程中高度儀式化的和看似平靜的方式。需要有人對此事做出合理的解釋，然而面對這個社會影響極大的自殺事件，人們既找不到團體的核心成員進行訪問，也幾乎未找到現存的記錄，那麼天堂之門的故事又該怎麼公之於眾呢？

　　事件發生的第二天，《紐約時報》將其九連載的通欄大標題命名為「膜拜團體的命案」（Death in a Cult）這個不動聲色的名字。英國的《泰晤士報》（The Times）報導稱「豪宅為邪惡的秩序藏匿死亡神廟」。與此同時，事件曝光的第三天，《鏡報》（The Mirror）將「遠征隊」描繪成「『外太空』殺人魔的微笑門徒」。兩週後，《新聞週刊》刊出了題為「死亡之網」（Web of Death）的文章。與此同時，加拿大《麥克林週刊》（Maclean's）也刊出題為「殺手膜拜團體」（Killer Cults）和「末日教派」（Doom Sects）的文章，後文還援引《馬太福音》24章11節作為副標題「假先知會崛起，進而迷惑眾人」（Fennell and Branswell 1997）。

　　我們在上一章也注意到，當暴力以任何重要的方式與新宗教相勾

結時，媒體通常不能及時、簡明、清楚地報導此類非常複雜的事件。報導常常被迫遵循特定媒體的要求和限制，而大多數記者對一般宗教報導缺乏經驗，特別是對新宗教報導缺乏經驗，這只會使問題更加嚴重。因此，對於天堂之門這類事件的報導，媒體通常同樣借助於新聞學的某種形式，將其他可能類似的各種解釋融合爲一種綜合解釋給大衆一個交代。無獨有偶，媒體只能以時間表的形式一一羅列這些事件，從1978年11月的人民殿堂教（the Peoples Temple）自殺事件，到近期發生的任何一個事件。這個事件時間表上記錄的內容相差無幾，並沒有對事件具體的解釋，無非是記錄了死亡的時間和人數，或許還有一兩張標誌性的圖片：鐘斯鎮橫屍遍野，大衛支派的住宅被大火吞噬，麻原彰晃（Asahara Shoko）不爲人知的眞容，以及歐姆眞理教（Aum Shinrikyo）1995年在東京地鐵站的瓦斯襲擊事件。不那麼微妙，但也不那麼準確的媒體資訊是，所有這些事件都存在於某種新宗教連續體中，所代表的暴力是可比較的，它的發生有著相似的原因。但事實遠非如此。

當天堂之門「遠征隊」找到自己存在的意義，並成功進入「下一層次」時，當一批又一批的觀衆眼睜睜地看到媒體報導租賃的豪宅裡有屍體運出，或簡易的小床上陳列著包裹好的一具又一具屍體時，媒體再一次使用單一和不加批判的「膜拜團體與暴力」（cults and violence）比喻來試圖解釋死亡事件。從概念和字面上講，UFO團體通常讓人聯想到其他許多讓人觸目驚心的結局，通常與新宗教與暴力有關，並終將解釋爲「與膜拜團體有關的死亡事件」。

媒體援引「膜拜團體與暴力」的比喻模糊了教會自身神學和邏輯學的複雜性。至於文中詳述的這兩個駭人聽聞的結局，無論是天堂之門還是大衛支派都相信他們活在歷史的最後一頁，並都認爲自己的教會才是

見證世界末日的核心場所。在這種意義上，兩個團體都採取行動，完成預言的使命——大衛支派會在世界末日遭到撒旦力量的襲擊，而天堂之門則會在海爾波普彗星「回收」地球之前被外星人帶離地球。然而，這些都在暗示人們，這些事件只有在忽略事件本身，關注實際的死亡時才有可比性。

採用「膜拜團體與暴力」的比喻也讓媒體忽略此種情況下的外部複雜性。正是這種情況導致了戲劇性的結局，並使它們首先引起了新聞媒體的注意。儘管他們離群索居，並寄希望於爲信仰獻身，天堂之門的成員們還會或多或少繼續以具備生產能力的社會人身分活著。他們在豪宅外還成功地經商，既不引起他人懷疑，也未受到他人調查。當他們離開的時刻越來越近時，成員們開始花時間記錄下他們想對家人朋友說的離別之辭，確保他們選擇加入蒂那樣「高於人類的進化層次」是純屬自願。與韋科的情況不同，成員中沒有兒童，也不通過兒童幫助成員們完成三天的儀式。成員們離開時也都儘量採用無痛的方式。正如凱瑟林‧維辛格爾所描述的那樣（2000: 230-1）：

> 第一天，15名信徒吃下布丁或蘋果醬與鎮定劑的混合物，喝下伏特加，並在有人幫助的情況下用塑膠袋套住自己的頭部。其他還活著的成員揭下他們的塑膠袋，並為每具屍體蓋上紫色的裹屍布。第二天，另有15人以同樣的方式結束生命。隨後將有7人在兩名婦女的協助下自殺。當人們找到最後死去那兩人的屍體時，他們的頭上還套著塑膠袋。

現在可以清楚地看到，天啓牧場發生的圍攻和火災與將近4年後蘭喬聖菲那起高度儀式化的自殺事件有非常多的不同之處。不幸的是，媒體急於以足夠快、足夠簡單的速度報導新聞，以防止觀眾切換頻道或點

擊他人的網址，這些差異很少被發現，更不用說解釋了。

　　最後，或許最重要的是，「膜拜團體與暴力」的比喻並沒有給大眾一個合理的交代，人們還是不明白爲什麼其他新宗教運動會擁有相似的信仰，並利用它給人們帶來類似的迫於預言的壓力，讓人們與社會隔離，而最終慘烈的終結形式卻大相逕庭。這樣的事例屢見不鮮，世界末日即將發生的預言在許多宗教傳統中早就司空見慣。例如，UFO團體的領袖陳濤（Chen Tao），他的組織以「上帝救世教」（God's Salvation Church）和「上帝救世飛碟基金會」（God Saves the Earth Flying Saucer Foundation）的而被人熟知。他曾預言，上帝將於1998年3月31日化爲人類來到凡間。更確切地說，上帝會於上午10點整準時抵達德克薩斯州加蘭（Garland）的里奇戴爾路（Ridgedale Drive）3513號（Chen 1997: 74-8）。隨著天堂之門曝出自殺事件，這一非常具體的預言引發了人們的擔憂：如果預言失敗，類似的大規模自殺即將發生。儘管預言失敗了，但此類自殺事件並沒有發生，不過陳漢明（Hon-ming Chen）立誓他會繼續擔當教會的領袖。

　　暴力在任何社會環境中絕非僅由一兩個因素造成，而這一原理也適用於宗教的集體暴力事件。正如我們對天堂之門和大衛支派的終結形式所做的研究一樣，爲了解釋方便而減少宗教和暴力的交集是有問題的，基於刻板印象對事物進行比較也是膚淺的。這樣的策略不僅淡化了我們對複雜事件的理解，而且這些解釋滲透到文化中，使刻板印象更爲固化。就近期發生的事件而論，韋科的火災在天堂之門的成員間引起了騷動，他們也認爲自己或許受到監視，甚至影響到他們是否脫離傳統社會所做的決定。大衛支派社區遭聯邦特工解體也同樣成爲隨後蒂莫西·麥克維（Timothy McVeigh）製造奧克拉荷馬城聯邦大樓爆炸案的誘因。

另一方面，正如本傑明‧澤勒（Benjamin Zeller）關於天堂之門事件所寫的那樣，「天堂之門的成員們原本指望其他路西法派勢力的政府力量來殺死他們」，結果「沒有任何公開的壓迫導致信徒們決定自己結束生命。」（2014: 198）不過正如我們所見，一旦暴力膜拜團體的比喻具有解釋新宗教與社會秩序之間鬥爭的文化意義，更有可能的是，它將不會解釋此類事件的起因為何，反而促成了事件的發生，並給我們在解釋事件始末時製造了極大的挑戰。然而，這確實留下了一個懸而未決的問題：為什麼要自殺？儘管澤勒指出，關於何時自殺的爭論還沒有定論，但天堂之門的成員最終選擇了自殺作為他們的離開策略，「因為他們的二元神學理論長期以來一直讓他們認為自殺是一種可能的必然，他們脫離人類世界的模式要求他們邁出離開的一步。缺乏政府的迫害，海爾波普彗星的出現及其相關的宣傳促進了這個過程。」（Zeller 2014: 198）

研究天堂之門

　　當天堂之門的39名成員從我們的存在層面上離開時，即使那些研究蒂和多的人最初也不確定蘭喬聖菲的自殺和他們是不是屬於同一組織。然而，當認定他們是一回事時，大家便開始認真地尋找解釋。媒體和學術文獻都對此做出了解釋，其中一個解釋就是被互聯網影響的社交恐慌。請記住，這是1997年，這似乎不是很久以前的事，但就技術發展和互聯網的社會滲透而言，確實是很長的一段時間。1997年，今天大多數人所知道的萬維網只有幾年的歷史，而「Internet Explorer」和「Netscape Navigator」等互聯網瀏覽器問世還不到兩年。寬頻接入、Wi-Fi、手持設備、社交媒體和智能手機——所有這些的普及都還需要幾年的時間。在那個時候，有可靠的互聯網接入的人相對較少。正因為如此，大多數人

對互聯網所知甚少，甚至對互聯網如何影響社會行爲所知甚少。

自殺發生的幾天內，自我宣稱的膜拜團體研究專家裡克·羅斯（Rick Ross）在沒有證據支援他論點前提下告訴《紐約時報》，「互聯網被證明是一個強大的膜拜團體招聘工具」，「天堂之門是越來越多的小型的、電腦連接的膜拜團體的象徵，這樣的團體在過去十年蓬勃發展。」（引自Markoff 1997: A20）福音派基督徒的辯護者塔爾·布魯克（Tal Brooke）告訴《新聞週刊》，「互聯網可以成爲一個有效的膜拜團體招募工具。」（Levy 1997: 46）然而，大多數媒體的危言聳聽只是基於一些間接的證據：天堂之門有一個網站，他們經營著一家規模不大的網站設計公司，並參與線上論壇——儘管論壇的大部分貢獻是「受到蔑視和嘲笑」（Miller 1997: 27）。

儘管，正如考恩所指出的，聲稱通過互聯網招募進入天堂之門構成了一場完全人爲製造的危機（Cowan 2011a）。利用互聯網作爲研究工具來研究新宗教現在是不可避免的，大多數新宗教運動有一些在互聯網空間的存在——在許多情況下，是很精緻的，但也存在一些很簡陋的——無論是理解團體本身，還是瞭解團體如何向外界展現它以及外界對它的反應，互聯網都是很好的手段。通過互聯網，研究人員可以追蹤這些群體本身，以及可能出現的挑戰他們的對抗行動。

在互聯網上研究新宗教運動時，我們必須注意兩個主要的方法和兩個重要的注意事項。首先，很明顯，我們可以使用互聯網作爲研究工具：通過「Factiva」或「Lexis-Nexis」等門戶網站搜索關於某個團體的新聞報導，使用線上學術文章和論文資料庫進行文獻綜述，或者簡單地搜索與我們的主題相關的線上資源——「搜索」（Googling）這些主題。通過這種方式，我們可以瞭解其他人對這個團體的看法。對於這一章，天堂

之門，更重要的是，我們的研究如何有助於理解它。

　　其次，通常更有趣的是，互聯網可以成爲研究場所。也就是說，某個團體如何利用互聯網？它僅僅是爲了成員之間的交流或資訊共用嗎——什麼被稱爲「宗教在線」？或者有一些實際的方面，例如宗教儀式，發生在互聯網環境中——也就是說，它是「線上宗教」嗎？在這種方法中，我們將研究該組織本身如何使用互聯網，以及在某些情況下，其他人如何對其作出反應。正如我們上面所提到的，天堂之門試圖通過線上論壇招募成員，但卻被認爲是可憐的「線民」，以至於幾乎沒有人把他們當回事。當然，沒有證據表明有任何人因爲線上互動而最終加入了這個群體。通過論壇、社交媒體和專門的網站訪問，我們有機會在互聯網環境中進行參與性觀察。然而，這就引出了第一個警告：秘密研究的誘惑。

　　關於互聯網有句古老的格言：當我們上網時，沒有人眞正知道其他人是誰。這一問題引發了互聯網研究中的欺騙問題。正如我們在本章前面提到的，一些關於天堂之門的最初研究是秘密進行的，研究人員假裝是潛在的群體成員。儘管現在，機構倫理審查委員會不太可能允許這樣的研究，但在互聯網上裝模作樣的誘惑仍然是個問題。在參與論壇或社交媒體時，創造一個身分是非常容易的。然而，負責任的研究人員在研究項目的整個生命週期中都要公開他們的身分並獲得受試者的知情同意。沒有這一點，研究對象就會相當合理地感到被濫用和利用，他們根深蒂固的信念只不過被視爲通往學術成功之路的墊腳石。

　　第二個警告——在互聯網世界中，語境（context）是決定性的——同樣重要。在自殺事件發生後的一段時間裡，主流媒體、專門的反抗運動、甚至一些學者都認爲，由於互聯網與天堂之門有關，互聯網在該組

織的滅亡中扮演了某種可怕的角色。這說明了語境的問題。就像我們不能（或者至少不應該）在不考慮語境的情況下從一本書或一篇文章中摘錄一段話一樣，研究人員在基於有問題的研究方法發表聲明時必須格外小心。例如，一些研究人員試圖僅通過鍵入名字和記錄搜尋引擎的點擊率來建立某種新宗教的重要性。對於天堂之門來說，怎麼知道這個詞指的是該組織本身，是反對運動的批評，還是沃倫·貝蒂（Warren Beatty）的同名電影？在線上，語境才是一切（見Cowan 2011b）。

延伸閱讀：UFO團體

（作者按：由於目前尚沒有關於天堂之門的學術書籍，下面列了一些更廣泛意義上的關於UFO團體的研究著作，其中很多都在天堂之門一章中有所涉及。）

- Chryssides, George, ed. *Heaven's Gate.* Farnham, UK: Ashgate, 2011.

- Festinger, Leon, Henry W. Riechen, and Stanley Schachter. *When Prophecy Fails: A Social and Psychological Study of a Modern Group that Predicted the Destruction of the World.* Minneapolis: University of Minnesota Press, 1956.

- Lewis, James R., ed. *The Gods Have Landed: New Religions From Outer Space.* Albany: State University of New York Press, 1995.

- Lewis, James R., ed. *Encyclopedic Sourcebook of UFO Religions.* Amherst, NY: Prometheus Books, 2003.

- Palmer, Susan J. *Aliens Adored: Raël's UFO Religion.* New Brunswick, NJ: Rutgers University Press, 2004.

- Partridge, Christopher, ed. *UFO Religions.* London and New York: Routledge, 2003.

- Tumminia, Diana. *When Prophecy Never Fails: Myth and Reality in a Flying-Saucer Group.* New York: Oxford University Press, 2005.

- Wessinger, Catherine. *How the Millennium Comes Violently: From Jonestown to Heaven's Gate.* New York and London: Seven Bridges Press, 2000.

- Zeller, Benjamin E. *Heaven's Gate: America's UFO Religion.* New York: New York University Press, 2014.

第九章　威卡與巫術：直面古老的文化恐懼

女巫並不傻，也不是在逃避現實，更不迷信。她們生活在二十世紀，而不是中世紀，而且她們對事實直言不諱。如果她們確實易於比多數人有更強烈的歷史延續性，又有更寬廣的時間背景，那麼這會使其現代意識更為鮮明，而不是模糊不清。許多女巫是科學家，或者是技術人員。而且依我們的經驗而言，她們常常很出色。如果現代女巫沒有清晰的基本原理，這些人就只能繼續著故意為之的精神分裂來維持生活，他們的生活也不會特別幸福——我們沒有看到這種跡象。

——珍妮特和斯圖爾特·法勒，《女巫之道》

或許正如珍妮特和斯圖爾特·法勒（Janet and Stewart Farrar）指出的那樣，現代女巫對於其信仰確信不疑，但是，大多數現代社會晚期的人們對於女巫和巫術的刻畫及其吸引力，仍然持有非常模棱兩可的態度。從一方面講，現代的異教信仰是一個迅速壯大的、奉行宗教運動的大家庭。其中，最主要的有威卡（Wicca）、巫術（Witchcraft）、德魯伊教（Druidry）、北歐古派（Ásatrú）和挪威異教（Norse Heathenism）。現代的異教書籍和雜誌在特賣店和大型連鎖書店都有售賣，比如邦諾（Barnes and Noble）和亞馬遜（Amazon.com）。在諸如《聖女魔咒》（Charmed）和《吸血鬼獵人巴菲》（Buffy the Vampire Slayer）等流行電視劇中，巫師團

體被刻畫爲超級英雄，爲了善和眞理而擁有超能力。無論是受到流行文化的影響，還是因爲與現代異教的核心準則和信仰產生了共鳴，越來越多的異教修行者「走出掃帚間」，活躍在現代晚期的宗教舞臺上。

　　另一方面，由於女巫被習慣性的認爲是邪惡的、專心於搞破壞的老太婆，因此，她們是萬聖節慶典和好萊塢恐怖電影中現成的素材。在被歪曲的500多年裡，最壞的時候，女巫和巫師被指責膜拜撒旦；最好的時候，被指責無意間與魔鬼結爲同盟。雖然很多反對現代異教的福音派基督徒謹愼地提出，巫師團體並未明言膜拜撒旦，但是，基督徒在對抗膜拜團體時，仍然將宣傳建立在一種教條之上，卽魔鬼存在於所有異教的信仰和活動之中。儘管憲法保障宗教自由權，但異教徒依舊與周圍的文化有著低強度的衝突，並且會不時地因爲一些「冒犯」受到更爲公開的迫害，比如在學校閱讀有關威卡的書籍，在工作場所佩戴五芒星，簡單地宣稱自己信奉巫術，官方對咒語施法和黑巫術的指控（見Barner-Barry 2005）。對於許多異教徒而言，「舊習難改」（the old ways die hard）這條格言可以一分爲二來看：它爲教徒們的現代信仰和活動提供了神話歷史的基礎，同時，它延續著可以追溯至千年之前的對異教徒的偏見。

　　現代的異教信仰是一個折衷的大家庭，有些宣稱幾百年前就已經建立，有些直率地承認自己是更近年份的血統。儘管他們有許多不同之處，但大多數現代異教徒是由三個被廣泛解釋的原則聯繫在一起的：自然是神聖的；神無所不在；異教徒有能力與微妙的過程和能量相互作用，從而建立和維繫萬物。限於篇幅關係，我們無法將數量龐大的所有（甚至大多數）現代異教一一贅述，本章將集中討論現代異教大家庭中最顯眼的一支——威卡和現代巫術，兩者也被稱爲技藝（Craft）。值得指出的是，這些術語不是嚴格意義上的同義詞，許多修行者這樣描述它們

的差別：「所有的威卡教徒都是女巫，但是，並不是所有的女巫都是威卡教徒。」

吉羅德・加德納與現代巫術的起源

　　無論再怎麼宣稱其古老的起源，現代巫術和其內部作爲一場獨特的宗教運動而興起的威卡，都是開始於一個退休的英國公務員，名爲吉羅德·布羅素·加德納（Gerald Brosseau Gardner, 1884-1964）。加德納在東南亞的職業生涯變化多樣但又波瀾不驚，他管理著一個茶葉種植園，而且是英國政府在馬來西亞的海關報驗員。1936年，加德納和妻子唐娜（Donna）返回英格蘭，在靠近南海岸的新森林（New Forest）地區定居。作爲一個業餘的人類學家和民俗研究者，他很快與當地一群被叫做克羅托納團體（Fellowship of Crotona）的秘術士交往起來，並通過他們開始探索這一地區各色各樣的巫術傳奇。其中，埃及古物學者瑪格麗特·默里（Margaret Murray, 1863-1963）的作品尤其使他信服，認爲傳統巫師集團仍然在英格蘭有所活動（見Murray 1921, 1931）。加德納宣稱，自己於1939年9月第二次世界大戰前夜，由一位名叫桃樂西·克拉特巴克（Dorothy Clutterbuck）的女性引導加入了一個這樣的集團。確實，威卡的全部傳說堅持認爲加德納和克拉特巴克都參與了在現代異教徒中廣爲人知的「權力之錐」（Operation Cone of Power），即一系列據說是由女巫的錐子引導著的儀式，從而借助巫術的力量阻撓希特勒入侵大英帝國的計畫（Heselton 2000: 226-60）。歷史學家羅奈爾得·哈頓（Ronald Hutton）說，「這一戲劇性的插曲是加德納最喜歡的巫師集團的故事」（1999: 208），迪士尼經典電影《飛天萬能床》（Bed-knobs and Broomsticks）中虛構的部分也大致基於此。

　　20世紀40年代末，加德納已經收穫了作爲一名巫師的相當數量的經驗。對於他已經開始稱其爲威卡的現代巫術應該繼續作爲一個秘密的神秘宗教存在，還是應該從新森林的陰影中走向陽光，加德納開始有了自己的想法。由於新森林的其他女巫持反對意見，加德納離開了這一團體，去建立自己的巫師集團。1948年，他搬到了馬恩島（Isle of Man），並最終掌管了坐落於卡斯爾敦（Castletown）的魔法和巫術博物館。隨著1951年最後一條英國巫術法案的廢除和桃樂西·克拉特巴克辭世，加德納無所顧慮的將「老宗教」呈現給更現代的受眾。儘管1949年他就以筆名「希里」（Scire，拉丁文「求知」之意——譯者）公佈了虛擬的威卡信仰和活動，但其在1954年以自己的眞實姓名出版《今日巫術》（Witchcraft Today）是開創性的。隨後，他於1959年出版了《巫術的意義》（The Meaning of Witchcraft）。加德納不僅願意在媒體面前談論他的信仰，也因爲這些著作成爲了現代巫術的公衆面孔。「與許多煽情的作者不同，」他在《巫術的意義》中表明，「我不希望給人留下一種印象，認爲女巫在這片土地的各個角落活動。相反，僅有少數的眞正的女巫活著，而且她們很少與人來往。」（Gardner [1959] 2004: 5）然而，他們並沒有堅持多久，至少那些對大不列顛最古老的新宗教運動感興趣的人沒有。

　　就在《今日巫術》出版前不久，加德納引導多琳·巴連特（Doreen Valiente, 1922-1999）加入了他的巫師集團。她作爲作家和威卡修行者的技能幫助形成了加德納的威卡。許多年來，加德納從大範圍的團體和傳統中收集巫術和宗教儀式的資料，他已經從瑪格麗特·默里那裡收集到了關於巫術的材料，被認爲是一種古老的多產宗教的延續。通過其與「克羅托納團體」的聯繫，他能夠接觸到很多關於神秘團體的正式作品，比如「玫瑰十字會」（Rosicrucians）和「金色黎明的赫爾墨斯秩序」

（Hermetic Order of the Golden Dawn）。他在阿萊斯特·克勞利（Aleister Crowley）1947年去世前與其成為朋友，並宣稱克勞利引導他加入了「東方聖殿騎士團」（Ordo Templi Orientis），並且特許他成立自己的克勞利巫術結社的分會。雖然加德納從未使用過這一特許狀，但克勞利的巫術信仰和神秘活動的很多方面，都明顯影響著他對現代巫術和威卡的重塑。加德納將這些資料匯入《暗影系列叢書》（Books of Shadows），這是其巫術和神秘篇章的著作集。據民俗研究員賽賓·麥格羅科（Sabine Magliocco）分析，可能是叢書的第一冊在其巫術博物館一個檔櫃後面被發現。她注意到加德納似乎花費了很長的篇幅，精心製作了一份「古老的」手稿來為其古老的宗教服務：

> 加德納似乎費了很大力氣使這份手稿看起來像他理想中的中世紀魔法書：他取下另一本書的皮質封面，去掉原來的內容，把很多紙張重新包好，謹慎地書寫書的皮質封面和部分內容。一些單詞是有拼寫錯誤的，或許是故意為之，從而使其看起來陳舊，又或許這是抄寫員的一時疏忽。（Magliocco 2004: 53; 參見Hutton 1999: 227-32）

作為其秘書和最高女祭司，巴連特幫助加德納將其雜亂無章的收集組織成連貫的巫術和神秘篇章，編成了加德納的《暗影系列叢書》。從那以後，這些書籍成為許多現代巫術巫師集團的信仰和活動基礎。

不過，神秘的魔法文學不是加德納留給現代巫術的唯一。除了巴連特，他還引導了許多女巫，她們在威卡傳說中被稱為「加德納之網」（Gardner's network），包括加德納的最後一位最高女祭司莫妮克·威爾遜（Monique Wilson, 1928-1980？），她在蘇格蘭接連成立了很多巫師集團，並且引導了雷蒙德·巴克蘭（Raymond Buckland，生於1934年），

後者在「技藝」中被稱爲「羅巴特」（Robat），被認爲於20世紀60年代早期將加德納的巫術帶到了北美；派特里夏·克勞瑟（Patricia Crowther，生於1927年）和她的丈夫阿諾德（Arnold, 1909-1974），兩人都是大不列顛現代巫術的重要發言人；埃莉諾·瑞伊·博恩（Eleanor [「Rae」] Bone, 1910-2001），接連成立了兩個英格蘭巫師集團；傑克·布拉塞林（Jack Bracelin，生卒年月不詳）和他的女友，後者在威卡史上被稱爲「戴恩妮斯」（Dayonis）（Hutton 1999: 249-50），兩人爲其新的教派尋求更多的新聞報導，此舉挑起了兩人與加德納之網中老成員的衝突。

這也不是說加德納沒有競爭對手，因爲現代異教已經從黑暗走向光明。羅伯特·科克倫（Robert Cochrane，原名羅伊·鮑爾斯[Roy Bowers]，1931-1966），他是被稱爲「圖巴·該隱家族」（Clan of Tubal Cain）的女巫集會的創始人和教主。根據英國研究者伊桑·道爾·懷特（Ethan Doyle White）的說法，科克倫是一個鬆散的異教組織網的一部分，它被稱爲傳統技藝（Traditional Craft），它聲稱勝過加德納關於巫術的古老宣言。也就是說，他們聲稱自己的血統甚至比加德納的群體更古老、更傳統（White 2011: 205; 參見Hutton 1999: 309-318）。懷特試圖解釋科克倫對加德納和他的運動的敵意，他闡述了新宗教團體在公共舞臺上爭奪一席之地的情況下，權利主張競爭的重要問題。例如，科克倫反對女巫「進入媒體，發表可以想像到的最荒謬的言論」，比如一個女巫在一次採訪中聲稱「如果她不履行她的儀式，第二天早上就不會升起太陽」（White 2011: 209）。此外，「這兩種傳統之間存在著明顯的哲學差異」。加德納更注重儀式，而科克倫的人生之路則更神秘（White 2011: 210）。兩人之間的「競爭意識」並不令人驚訝。簡而言之，科克倫嫉妒加德納的名氣和成功（White 2011: 210）。最後，從新宗教研究角度來看，最有趣的是，懷特

認爲科克倫的敵意可能源於對前妻的反感，他曾是加德納所在團體的成員，但在緊張或不愉快的情況下離開了。這並不是新宗教（或已確立宗教）的前成員第一次心懷不滿，試圖把以前的宗教團體做得更好。

亞歷克斯·桑德斯（Alex Sanders, 1926-1988）多次宣揚加德納的啓蒙。他是傳統英國威卡亞歷山大教派（Alexandrian tradition of British Wicca）的創始人，與妻子瑪克辛（Maxine，生於1946年）一起，都位於二十世紀六七十年代最著名的英國巫師行列。桑德斯稱自己爲「女巫之王」，儘管並不存在類似的名號。他還宣稱自己是女巫世襲的血統，並教授一種正式魔法和流行秘術的混合體。在某段時期，他開始癡迷於加德納《暗影系列叢書》中的一本，並將其整合進自己的系統。之後，桑德斯堅持說自己所有的魔法書都是祖母傳給他的，而且據說，也是祖母在他七歲的時候做了引導。雖然這些說法已經被駁倒，但很多新加入亞歷山大教派的人仍然認爲他是眞正的秘術導師，是強大的巫師（Farra 1991）。亞歷山大教派雖然不及加德納教派強大和流行，但它仍存在於大不列顛和北美，就像科克倫的「圖巴·該隱家族」一樣。

現代巫術與威卡的社會組織與發展

與亞歷山大教派一樣，關於威卡的加德納起源的許多事件也飽受爭議。桃樂西·克拉特巴克似乎確有其人，但歷史學家並未發現哪怕一丁點確切的證據，證明她與當地的女巫文化有關，更不必說她是英國巫師集團的領頭人物了（參見Valiente 1984; Hutton 1999: 207-12）。瑪格麗特·默里關於古老異教活動在大不列顛遺存的論點，受到了歷史學家和民俗研究者的嚴峻挑戰（見Simpson 1994）。包括艾丹·凱利（Aidan Kelly）（1991）在內的異教批評家爭辯道，無論源自何處，加德納及其同僚僅

僅是爲了自己的目的創造了威卡。然而，正如雷蒙德·巴克蘭（Raymond Buckland）所指出的，作爲對一種堅實的社會洞察力的回應，「如果加德納編造了整個事件，基本的原理和所有的一切，從表面上看，這並不妨礙威卡成爲今天可行的宗教。其在世界範圍內迅速的壯大，證明了它貼近人們宗教信仰的需求」（1995: 148）。並且，看來它肯定是符合人們需求的。

自20世紀50年代興起於大不列顛，並於60年代傳入北美，現代異教信仰在各種各樣的人中紮了根。儘管文化汙名仍然伴其左右，現代異教信仰已經出現顯著的成長。在信教人數總量方面，據目前估算，僅美國就達到80萬到100萬（Clifton 2006: 11）。還有那些往往令人眼花繚亂的傳統、世系和思想流派，它們標誌著其信仰和實踐範圍的迅速擴大。

例如「一切世間教」（Church of All Worlds, CAW），它是美國最古老的現代異教組織之一，1962年，由羅伯特·海萊因（Robert Heinlein）的科幻小說《陌生土地上的陌生人》（Stranger in a Strange Land）產生靈感而被創立。兩年後，卡爾頓學院（Carleton College）的學生們組織成立了北美德魯伊改革教派（Reformed Druids of North America, RDNA），該教派隨後演變爲多個同時代的德魯伊教，例如「我們自己的德魯伊」（Ár nDraíocht Féin, Our Own Druidry），還有各樣「新的、改善了的」北美德魯伊改革教派團體。1968年，加文（Gavin）和伊凡·弗羅斯特（Yvonne Frost）成立了「威卡教堂和學院」（Church and School of Wicca），首次在美國可以提供巫術郵購課程。雖然他宣稱自己是受吉羅德·加德納本人之托在美國成立巫師集團的，而且通常被認爲將加德納的威卡帶到了「大洋彼岸」，不過，雷蒙德·巴克蘭也建立了至少兩個他自己的威卡教派——「西克斯」（Seax）和「派克提維坦」（PectiWitan）——兩教的發

展是對傳統加德納團體間的混戰作出的反應。巴克蘭承認，在撒克遜口頭傳說和神話（儘管他謹慎地指出不是歷史）的基礎上，他創建西克斯教派，只是爲了滿足一種需求，卽建立個人更爲滿足的威卡（[1974] 2005）。而對於又稱爲皮克特技藝（Pictish craft）的派克提維坦，他宣稱這是從一位年紀較長的蘇格蘭人處習得，那人名叫艾丹‧布瑞克（Aidan Breac）（1991）。

　　尋找古老的起源和神奇的家族血統——兩者都是新宗教尋求社會和文化合法性的策略——標誌著許多現代異教的出現。無數的女巫、巫術崇拜者、女神崇拜者、北歐古派和異教徒延續了瑪格麗特‧默里生存主義神話的精髓，並聲稱他們是強大的異教祖先。與亞歷克斯‧桑德斯一樣，維克多‧安德森（Victor Anderson, 1917-2001）也宣稱自己自孩提時代就由祖母引導了。他在北美成立了威卡仙靈教派（Feri tradition of Wicca），也被稱爲精靈或仙女威卡（Faerie or Fairy Wicca）。安德森的教派建立的基礎，是關於英國「小精靈」的廣泛的口頭傳說。美國最著名的巫師之一斯塔霍克（Starhawk）於20世紀70年代中期加入仙靈教派，並通過如今在現代異教信仰中已成爲經典的《螺旋舞》（Spiral Dance）一書，大大影響了美國女神崇拜的復興。的確，隨著人們對現代異教信仰的興趣越來越大，以及伴隨著的對於物質的需求日益增長，諸如西爾弗‧雷文沃夫（Silver RavenWolf）、艾登‧麥考伊（Edain McCoy）和D‧J‧康威（D. J. Conway）等現代巫師開設了一種家庭手工業，其基礎爲主要面向青少年和年輕人銷售的普通入門級巫術教材（例如Conway 1990; RavenWolf 1993, 1998; McCoy 1994）。

　　更有巫師集團和工作小組興起，將威卡和巫術與基督教合併在一起，生成「基督異教信仰」（ChristoPaganism）的形式，明顯使基督

教徒和異教徒都覺得尷尬（Pittman 2003）。與此類似，通過把迦南教（Canaanite）的女神亞瑟拉（Asherah）引入猶太教，猶太異教信仰（JudeoPaganism）雖然數量較少，但也得以成形。需要指出的是，這種信仰描述僅僅是揭開了範圍廣、種類多的現代異教信仰的面紗，如今，現代異教在英國、歐洲和北美都有活動。

　　對於威卡和巫術而言，根本的社會性區別在於巫師集團和獨立個體，有些人是作爲儀式工作團體的一份子去練習技藝，而有些人選擇獨居，只在合適的時候尋求社團。「巫師集團，」斯塔霍克寫道，「是由女巫支持的團體，意識提升團體，心理研究中心，神職人員培訓計畫，神秘學院，代理人家族和宗教集會的集合體」（1989: 35）。巫師集團通常是親密的小集體——雖然或大或小，但按「慣例」來講不超過13人。而且，新成員要經過規定的引導儀式才會被認可。正如一位異教評論員所指出，此種引導過程對於技藝而言有利有弊。有些巫師集團只引導那些在必要訓練中表現出一定程度的忠誠和奉獻的人，其他集團則會引導所有提出請求的人，之後不給予任何訓練和支援就將其以「女巫」的名義送往世界各地。在許多現代異教徒看來，這種慣例只會削弱和貶低技藝。正如考恩在《賽博亨格》（Cyberhenge）一書中所指出的，這是個人諾斯替主義的議題，現代異教徒中普遍存在這樣一種信仰，即如果某件事對實踐者來說「感覺正確」，那麼它就一定是正確的。這種內在的確定性導致許多現代異教徒宣稱自己是這一群體或那一群體的領袖，儘管除了這種個人諾斯替主義意識之外沒有其他明顯的限定——這種情況導致現代異教徒群體中發生了不少衝突。（參見Cowan 2005: 35-50, passim）

　　查斯·克利夫頓（Chas Clifton）注意到，雖然女巫的巫師集團或許是現代威卡最爲著名的流行的一面，但是「大多數威卡教徒並沒有抱

團，而是『獨居』，只是偶爾的會與其他威卡教徒合作。」（2006: 11）並
且他們並沒有把自己作爲已經成立的儀式工作團體的一份子去練習技
藝。在許多情況下，附近並沒有巫師集團可以讓未來的女巫申請引導和
訓練，或者在其他情況下，經歷了集團混戰，也就是他們所說的「女巫戰
爭」（Reid 2000），很多已經受過引導的女巫或者威卡教徒會離開團體工
作，繼續自己獨自練習。由於現代異教信仰已經受到歡迎，獨居者面臨
著兩個主要問題：缺少巫師集團成員的認可，成員們常常認爲獨居者是
「二流女巫」；缺少合格的老師，缺少合格老師提供的學習技藝的資源。
這兩個問題引發了爲獨自練習者出版特製書籍的熱潮（例如Green 1991;
Cunningham 1993; RavenWolf 2003）。最有影響力的書有斯考特・坎甯安
（Scott Cunningham, 1956-1993）的《威卡：獨自練習者的指南》（Wicca: A
Guide to the Solitary Practitioner）（1998）。書中，坎甯安聲明，女巫和威卡
教徒應該：

> 絕不認為自己低人一等，因為你並不由任一老師或任一巫師
> 集團領導。不要擔心自己不被認可為真正的威卡教徒。這
> 種認可，僅僅對於那些給予或者拒絕它的人來說，才是重要
> 的，在其他人眼裡則毫無意義。你只需愉悅自己，讓自己與女
> 神和男神和諧一致。（1988: 53-4）

這裡，坎甯安也舉例說明個人靈知的基本原則：相信對於所有人
而言，神無處不在，相信神會嘉獎（或者至少回應）所有誠心追尋他們的
人。哲學上，這種情感上的授權可能來源於「女神的誡命」（The Charge
of the Goddess）。對於許多現代異教徒而言，這是首個季度「夜半集會」
（sabbat）儀式和月度「女巫會」（esbat）儀式的一部分。該誡命最初由加
德納和巴連特在研究了各樣素材後起草，包括了一段文字，取自阿萊斯

特·克勞利與查理斯·利蘭合著的《阿拉迪亞：女巫的福音》（Aradia: The Gospel of the Witches）（[1899] 1974）。據珍妮特和斯圖爾特·法勒關於加德納的季度「夜半集會」儀式的版本，在誡命的結尾，最高女祭司以女神之名告誡團體：

> 想要尋我者，要知道，只要知曉這秘密，你的尋找和渴望將會於你有利。如果你發現你尋的不在你身上，你必永遠不會在你之外尋得它。看吧，我起初便與你同在，且在你慾望的盡頭可以獲得我。（Farrar and Farrar 1981: 43）

現代巫術與威卡的信仰、儀式和實踐

儘管個人諾斯替主義基本上授予了現代異教徒信仰，儘管隨著各種異教思想派別的發展和成熟，區別幾乎不可避免地湧現，但是女巫和威卡教徒的確有著許多共同的基本準則：自然是神聖的；神無所不在；異教徒有能力有意圖地與萬物推移互相作用。現代女巫和威卡教徒抵制對其他宗教團體的二元理解，將自身信仰的基礎定位在神聖的自然上。對於他們而言，「地球母親」這個短語不簡單是對我們居住的星球的政治正確的委婉用語，而是堅定的信念，深信神性會在自然世界中顯現。大多數現代異教徒居住在城市或城郊的環境中，但其對自然的崇敬有很多種表達方式——精心製作儀式用具、收集藥草、戶外宗教活動的優先選定方式、以季度來安排儀式的時間，以及爲了各種生態原因而實施的政治行動。實際上，「十三條信仰準則」（The Thirteen Principles of Belief）中的第一條是1973年美國女巫委員會發佈的共識聲明。聲明說道：「我們實踐儀式是爲了讓自己與生命力量的自然韻律合拍，比如月亮的階段變化，季節性的季度和跨季的節點。」（Adler 1986: 102）其他宗教

多與自然世界隔離，並且豎起二元論的圍欄來保持精神生活免遭譴責，而現代異教信仰及其宗教活動則擁抱自然世界，並通過承認自然固有的美、價值和神性來尋求人類生活和目的的魅力。坎甯安寫道：「威卡的核心……是與自然愉快地融合。」（1988: 6）

　　許多現代異教徒已經把各種宗教傳統中的上帝與女神併入了自己的萬神殿，不過，女巫和威卡教徒依舊按傳統崇拜「大女神」（the Great Goddess）和她的伴侶「有角男神」（the Horned God），以此表達自己對神聖自然的信仰。大女神有很多別名，被人們知曉的方式也不盡相同，代表著所有自然世界的神性，她的伴侶代表著繁育的準則。現代異教徒認識到，宇宙中的神性實在超越了人類所理解的性別概念，但他們相信，這個實在是內在的，是男性和女性原則的極性和統一。女神和男神一起創造了過去、現在和將來的一切。然而，這種二元性不應該被理解爲嚴格的平等。許多（有些人會認爲大多數）儀式工作團體將女神置於男神之上，將女性的生育能力凌駕於男性的授精能力之上。此外，在女性群體中更爲常見的一個舉動是，男神已經完全從宗教儀式中消失了。

　　從加德納源頭和亞歷山大源頭演變而來的威卡教傳統中，兩個儀式特別例證了神聖兩極的無所不在——「邀月」（Drawing Down the Moon）和「大典」（the Great Rite）。據許多異教修行者說，邀月是現代巫術和威卡中最動人、最美麗的儀式之一。最高女祭司進入恍惚狀態，此間，最高男祭司跪在她面前，召喚由月亮代表的女神，祈求她進入最高女祭司的身體裡，並借由其身體向巫師集團講話。當巫師集團希望與神聖互補的男性一起工作時，一種被成爲「邀日」（Drawing Down the Sun）的類似的儀式（儘管不經常進行），就由集團中的最高男祭司執行。

　　另一方面，大典就是聖婚，是女神和男神的神聖婚禮。大典設定在

最高女祭司和最高男祭司之間，或者作爲引導進入技藝第三層次的一部分，包含或是「象徵」（in token）或是「眞實」（in true）的性交。在很多巫師集團中，這種儀式已經不再使用，尤其是在北美，很多團體認爲這是無可救藥的家長制，而在使用這種儀式的地方，大典通常是象徵性的，或者說，是暗示性的。以這種方式執行時，最高男祭司又是跪在最高女祭司面前，舉起聖杯，此爲陰極在儀式中的象徵。站在其上方的最高女祭司把聖刀插入聖杯，她的儀式之刀是爲儀式中陽極的象徵。著名的威卡教徒珍妮特和斯圖爾特·法勒提出，在大典中，可以認識到技藝的三個重要組成部分：

> 第一，所有魔法的，或者說創造性的工作的基礎都是兩極性的，是互補的兩方的相互作用。第二，「有其上，必有其下」，我們屬於自然屬於眾神，能夠全面實現自我的男人或女人是這種神性的通道，是男神和女神的表現（且實際上，每一個都顯示了男神和女神兩者的元素）。第三，從肉體到精神的所有層次都是神聖的。（Farrar and Farrar 1984: 32-3）

自然是神聖的，並且神無所不在。這兩個信念支撐著威卡和現代巫術的第三大根本準則：異教徒有能力與微妙的過程和能量相互作用，從而建立和維繫萬物。對於外界來說，這或許是技藝中最令人著迷，同時也是最令人恐懼的一面——巫術的魔法。威卡教徒和女巫用很多種方式來定義「魔法」（magic）（有些人將「magic」拼寫爲「magick」，從而把他們的魔力與舞臺藝術和幻術區分開來）。和往常一樣，其中一些比其他的更有用。例如，坎甯安將其定義爲「用以產生所需效果的自然能量的投射」（1988:19）。一個線上巫師集團的最高女祭司對此表示贊同。「魔法是一種藝術，通過集中注意力和努力影響我們周邊的事物來有

意識地指揮能量。」（McSherry 2002: 6）斯塔霍克對魔法的定義爲「感知和顯現流動於世間的微妙無形的力量的藝術，喚醒理性之外的更深層意識的藝術。」（1989: 27）諸如坎甯安、麥克謝利和斯塔霍克的許多威卡教徒和女巫堅持認爲，儘管他們操作的力量可能很神秘，但並不是超自然的。也就是說，它們可能被科學的唯物主義哲學和占主導地位的一神論宗教的限制所掩蓋，而不爲大眾所知，但它們仍然是宇宙秩序的自然組成部分。現代晚期的人類已經完全忘記了如何獲得這些能量，但是通過現代的異教儀式和法術可以學習，而且必須再次學習。

　　廣義上看，威卡教徒和女巫的儀式慣例遵循著季度慶祝和月相集會的一種錯綜複雜的模式——分別爲季度儀式和月度儀式。以「一年之輪」（Wheel of the Year）著稱的八次季度慶祝標誌著二至、二分和期間的中間點，象徵著死亡和重生的年復一年的循環。例如，人們在4月30日這一天或其前後，慶祝也被叫做「魔女之夜」（Walpurgisnacht）和「五月節」（May Day）的「五月一日」（Beltaine），標誌著夏天的臨近。它與在10月31日被慶祝的「薩溫節」（Samhain，發音爲sow-wen）相關聯。薩溫節預示著冬天的到來。耶誕節（Yule）標誌著冬至的降臨（12月21日或22日），這是北半球冬季白晝最短的一天，象徵著神聖的重生，是「女神誕子之日，其子爲男神」（Cunningham 1988: 65）。「在巫術中，」斯塔霍克寫道，「女神的慶典是隨月相進行的；上帝的慶典遵循『一年之輪』的神話模式。」（1989: 113）

　　另一方面，月度儀式遵循著13個月的月運週期，是許多巫師集團定期集會的時間。不過，有些團體選擇一個月集會不止一次。季度慶典時不時會對非集團成員開放，而月度儀式通常對外封閉，只對內部成員開放，是授課、占卜、施法和療傷的時刻。由於月亮象徵著女神，對於技藝

入門或者把巫術提升到下一層次，滿月的儀式被認爲是尤其祥瑞的。

然而它們是在不同的現代異教團體中實踐的，有兩個基本原則，通常被認爲支持儀式實踐和咒語：「威卡忠告」（Wiccan Rede）和「三法則」（Rule of Three）。首先歸功於多琳·瓦倫特（Doreen Valiente），「威卡忠告」是現代異教徒信仰和實踐的道德基礎。它簡單地說：「只要不傷害任何人，就照你的意願去做。」另一方面，「三法則」則規定了一個人的儀式和咒語的實際效果。也就是說，無論好壞，一個人向這個世界付出什麼，就會得到三倍的回報。雖然「威卡忠告」明顯借鑒了約翰·斯圖亞特·密爾（John Stuart Mill）的功利主義自由理論，但這條規則顯然與許多亞洲傳統所遵循的因果報應原則相似。

認識到威卡和巫術是生活的方式，而不僅僅是儀式和信念的集合，並且就這一點而言，與其他宗教教派相比並無異處。一些儀式和慶典已經發展，以紀念現代異教徒生活中的重大事件。例如，巫術崇拜與基督教的受洗和按手禮類似。在巫術崇拜中，孩童將會以女神和男神（或者是巫師集團特定的諸神）的名義被命名，也會爲其獻身。然而由於威卡和巫術是引導性的教派，巫術崇拜不會迫使孩童信奉特定的教派。當孩子到了可以發表個人意見的年紀，就會被允許、被期待著自己選擇自己的道路。綁手禮是現代異教的結婚典禮，常常由最高女祭司或最高男祭司，或者兩人一起主持，在雙方親友面前完成。在有的地方，這可以等同於合法婚姻。在另一些地方，這種儀式會在雙方有了合法婚姻後舉行。儀式的傳統各種各樣，但通常包括跳過掃帚柄、用神聖的繩子把新郎新娘的手綁在一起，有時舉辦象徵性的或者眞正的大典。與許多基督教的婚禮典禮不同，沒有如「直到死亡將你我分開」這樣的綁手禮誓詞。如果有一天他們不再愛彼此，巫師集團可以舉行分手禮以象徵其結合的

終結。

　　雖然具體的理解在集團與集團之間不盡相同，不過，女巫和威卡教徒都信奉死亡之輪和人類的重生。死者的靈魂被認爲只在一個地方稍作停留，然後會繼續其無休止的旅行。這個地方有不同的名字——夏季樂土（the Summerland），彼世（the Otherworld），祝福島（the Isles of the Blessed），或者閃耀島（the Shining Isle）——爲了尊敬過世的人，爲了撫慰在世的人，威卡教徒和女巫會舉辦「過世」儀式，向已故之人爲其獻身的男神女神們祈禱，重述死亡與重生的神聖故事——比如得墨忒耳（Demeter）和珀爾塞福涅（Persephone）的故事，或者是凱爾特傳說塞莉溫（Cerridwen）的坩堝：所有的靈魂都回到坩堝裡，所有的靈魂都從坩堝裡重生。（見Starhawk et al. 1997）

撒旦恐慌：宗教性膜拜團體恐懼遺產

　　現代異教是一個多樣化的宗教運動大家庭，已經重現並改造了基督教創立以前對於信仰和儀式活動的理解。儘管多種多樣，但是各色的異教對於看不見的秩序，的確有著相似的觀點。對於該觀點而言，重要的是相信終極實在是存在的，並且通過我們居住的自然世界顯現。由於每個人都是自然秩序的一部分，每個人都是神聖的表達。因此，每個個體都有能力與架構起萬物的能量流相互作用，使自己與生命的潛在有序韻律和諧一致。然而，正如我們在前幾章討論過的團體中經常看到的那樣，現代異教徒認爲，總的來說，人類已經對他們神聖本性的現實視而不見——這一次是由於一神論宗教和科學唯物主義的專橫影響。異教允許修行者再度定義和呈現自己的實際的神性。修行者相信，通過挖掘宇宙能量流，他們能夠有意識地指揮這種能量，影響其周圍的世界。

　　威卡教徒在探尋實踐自身異教派別的過程中，與古老的教義產生了矛盾，這些教義的目的是保護基督教會的權力，反對持不同政見者、異教徒和民間宗教的實踐者，這些人在假定皈依基督教很久之後仍然繼續他們的信仰。在基督教歷史中，撒旦和女巫都是用以標記可接受的信仰和宗教活動的界限的。《主教會規》（Canon Episcopi，大約西元900 年）是羅馬天主教最早的法典之一，也是最早的關於巫術的聲明之一。它的確寫明，任何人，只要相信女巫能夠飛行、影響天氣、治癒或引發疾病，就是「一名異教徒，毋庸置疑」（Lea 1939: 180）。他們暗示自己的超自然能力來自與惡魔簽訂的協議，賦予了魔鬼比教會更大的權力來處理人類事務。這保持了教會超過600年的地位，直到十五世紀中期。隨著中世紀臨近尾聲，理性主義的時代即將開始，所有的一切發生了變化。正因為女巫被認為與撒旦結為同盟，教會出臺了獵巫政策。在1484年，英諾森八世（Innocent VIII）頒佈教皇詔書《最為深沉憂慮的要求》（Summus Desiderantes Affectibus），兩年後，臭名昭著的《女巫之槌》（The Malleus Maleficarum）出版。這些引發了基督徒對女巫和巫術的歇斯底里，並且反映為之後在殖民時代的美國發生的巫術審判（Boyer and Nissenbaum 1974）。

　　自那時起，J·戈登·梅爾頓評論道：「撒旦派的傳統幾乎完全是由保守的基督徒所傳承，在譴責他們的過程中，生動地描述了這些行為的細節。」保守派的基督徒仍然用撒旦主義和巫術崇拜來劃分安全和危險的領土邊界，區分信仰信念和荒唐之辭。例如，一位著名的基督教原教旨主義者把威卡描述為「撒旦創造的更為誘人的欺騙之一」（Schnoebelen 1990: 7），另一位認為，由於「撒旦主義是現存於世的最早的非基督宗教，威卡一定是其同胞。」（Baker 2004: 160）

　　與其他新宗教一樣，威卡利用反主流文化的時代潮流和發展中的女權運動，在20世紀70年代變得更爲顯眼。關於膜拜團體的爭議，包圍著這一時期的許多新宗教——統一教、「家」、克利希那教派、科學教。雖然爭議的強度在20世紀80年代早期開始減弱，但是，一種新的膜拜團體恐慌引起了公衆的注意。這一時期，撒旦主義恐慌席捲了北美和歐洲，同時一個已經大範圍滲透進多個組織和機構的地下撒旦網增加了公衆的恐懼。在所謂的暴行中，最著名的是潛入幼稚園和日托中心，對無辜兒童進行性虐待。另外，製造恐慌的人主張年長的婦女被俘虜爲繁殖者，她們的孩子應該被撒旦崇拜者抓來用做儀式祭品。雖然研究恐慌的學者很快開始懷疑這些主張（Richardson, Best and Bromley 1991; Victor 1993; Nathan and Snedeker 1995），但各種各樣的團體都捲入了隨之而來的道德恐慌。儘管威卡仍處於撒旦主義恐慌的邊緣，但是，他們在樹木繁茂的地點聚集，舉行宗教活動，而且在儀式中使用五芒星、儀式匕首、坩堝和蠟燭，在無知的和對撒旦教徒和巫術崇拜之間區別很模糊的人們中間引起了巫術恐懼。

　　由於巫術恐懼在基督教傳統中根深蒂固，對撒旦主義的恐慌和道德恐慌隨之增加。另一方面，越來越多的現代異教徒主張擁有實現自身信仰的權利。威卡今天不斷面臨對他們合法性的挑戰，至少在美國，憲法第一修正案的權利被挑戰。在學校，教師因爲對學生公開其威卡教徒的身分而被停職，學生被禁止穿戴威卡中等同於十字架的五芒星。例如2000年，北卡羅來納州的一位學校教師，由於被發現是練習巫術者而被停職（Chamberlain 2000）。學校也常常爭辯是否應該舉辦萬聖節慶典，因爲福音派基督徒指責該慶典是在發揚撒旦主義。福音派對暢銷系列小說《哈利·波特》（Harry Potter）的回應反映出了對巫術的恐慌，該系列

小說在美國圖書館協會列出的100部「最具挑戰性的圖書」中尤爲突出。因爲許多福音派基督徒認爲該書將毫無戒備之心的孩子們引向了巫術崇拜（並且暗示著撒旦主義），他們希望《哈利·波特》永遠從圖書館書架上消失（Dionne 1999）。而另一些人則在《哈利·波特》電影的開幕式上設置糾察隊。

　　爲公衆服務的人員們，由於信仰威卡，也遭受過相似的歧視。例如1998年，在波士頓一家藝術用品店內，一名職員由於佩戴五芒星被顧客投訴，之後受到譴責。「我立刻成爲了撒旦崇拜者，」他說道，「他們告訴我，不能佩戴五芒星外出。」（Lawrence 1998）售賣威卡儀式用品的商店受到了暴力威脅。被剝奪了同等機會，不能在公共事件中致開幕禱告，而這種機會被各個信仰教派輪番享有。同時，他們在監獄和軍隊中的專職教士職位也遭到反對。對威卡的偏見繼續使軍事領導者的決定複雜化。喬治·W·布希（George W. Bush）於2000年競選總統的時候，對軍中的威卡牧師這一問題做出了回應，他告訴記者，「我認爲巫術崇拜不是一種宗教，不過，我認爲無論如何，它都不適合在美軍中推廣」（Reuters 2002）。一名衆議院議員曾給德克薩瑟州胡德堡軍事基地（Fort Hood）的軍方官員寫過一封類似的抗議信，要求指揮官撤銷對基地內舉行威卡儀式的許可（Rosin 1999）。美軍內的巫師團體持續爭取權利，要求在喪生於行動中的異教士兵的墓碑上放置五芒星。

　　除去這些持續的緊張態勢，威卡教徒在得到社會認可方面，取得了可觀的進展。儘管學術界對這些影響的性質或深度存在分歧，但娛樂產品，如《魅惑》（Charmed）、《吸血鬼獵人巴菲》和《少女女巫薩布麗娜》（Sabrina the Teenage Witch）等，以其他新宗教只能夢想的積極方式，呈現了我們可以稱之爲流行文化異教的東西。此外，他們良好教育

和中產階級的背景，對自然的敬畏，以及非暴力的倫理道德，使得巫術恐懼在現代晚期變得不那麼可信，而異教徒在教育公眾瞭解他們的各種傳統方面也發揮了積極的作用。例如，為了糾正錯誤的資訊，「女巫之聲」（The Witches's Voice）這一互聯網中相關內容最廣泛的現代異教網站（www.witchvox.com），提供了大量各色教派的資訊。也有許多標誌性的勝利，比如在2001年，麻塞諸塞州代理州長正式簽署一項法案，宣判在1692年賽勒姆（Salem）女巫審判案中的五名女子無罪，她們在當時的案件中被作為女巫處以極刑（LeBlanc 2001）。大量的證據表明，威卡正努力向成為主流宗教派別的目標邁進。儘管如此，巫術崇拜者的經歷也揭示了危險膜拜團體的概念是多麼深刻地嵌入到公眾意識和知識的文化儲備中。即使是對社會毫無危害的團體，也會發現自己受制於古老的恐懼和道德的恐慌，而這並不是他們自己造成的。

研究現代異教

儘管有這些進步，人們仍然普遍認為女巫和巫術是危險的。不幸的是，這些觀念被諸如基督教反膜拜團體之類的運動所極力推崇，這些反膜拜團體運動不斷地將現代異教呈現為撒旦教的一個版本，或者是撒旦自己的工具。例如，在2010年，一位年輕的密蘇裡女子試圖在當地圖書館的公共電腦上訪問有關威卡的資訊。該圖書館的過濾軟體遮罩了它和其他與現代異教有關的網站，但不包括與巫術和巫術崇拜有關的基督教反膜拜團體網站。當她詢問解鎖網站的相關事宜時，圖書管理員告訴她，他們能解鎖的只有管理員覺得顧客有「合理理由查看的內容」，她「有『義務』向『相關部門』報告那些試圖訪問被遮罩網站的人們，如果她認為他們會濫用他們試圖獲取的資訊。」（Patrick 2013）毫不奇

怪，這讓這位女士非常擔心。美國公民自由聯盟（American Civil Liberties Union）代表她提起的訴訟在幾年後解決了這個問題。

　　雖然近年來很少聽到，謠言仍然堅稱高度組織化的、顛覆性的、地下異教組織在從事恐怖行為——特別是在萬聖節或作為正在進行的祭祀的一部分。比如，我們在2014年寫這篇文章的時候，一位名叫米蘭達·巴伯（Miranda Barbour）的美國年輕女子聲稱自己是撒旦膜拜團體的成員，並自願參與了幾年前的20多起殺人儀式。然而，無論是關於她的具體故事，還是關於兇殘的撒旦集團的概念，都幾乎沒有可信的證據，然而，現代的異教仍然與歷史聯繫在一起，我們甚至可以說是關於巫術和女巫的歇斯底里的想像。那麼，我們如何克服這種偏見呢？

　　對現代異教群體的參與性觀察，例如社會學家海倫·伯傑（Helen Berger）（1999）、尼基·巴多-弗拉裡克（Nikki Bado-Fralick）（2005）或塔尼亞·魯爾曼（Tanya Luhrmann）（1989）所進行的研究，將個人和群體的信仰從歷史神話中分離出來，並將當代實踐置於適當的文化背景中。參與觀察涉及許多相互關聯的技術。一旦獲得了對一個團體的訪問權，就現代的異教而言，這可能涉及到一個由團體成員進行的漫長的審查過程，研究人員開始「參與」（participate）並「觀察」（observe）巫術集會、圈子或儀式團體的實踐、儀式和行為。例如，這可能包括跟隨一個提升者的道路，或者僅僅作為一個客人參加儀式，在這種情況下，群體生活的某些方面可能對研究者保持封閉。在參與和觀察的過程中，研究人員經常對整個群體進行「調查」（surveys）。這是一個非常有用的方法來收集宏觀資料，比如成員的人口和職業，集團的歷史和演變，以及隨著時間的推移領導的變化。與此相輔相成的是，研究人員可以對選定的成員進行「深入的個人訪談」（in-depth personal interviews），收集更多的微觀

資料來充實自己的項目。也就是說，如果用宏觀的資料來描繪群體的形態，那麼微觀的資料則填充了群體成員的日常生活和經歷。在進行這類訪談時，研究人員接觸組織的各個層次的成員是很重要的——新手、經驗豐富的參與者和領導。最後，還有「歷史研究」（historical research），他們把時間花在研究任何被認爲是檔案的東西上。這可能意味著通訊、信件、儀式材料或其他組織文獻的副本。參與性觀察的目的是獲得盡可能完整的群體圖像，通過成員的眼睛盡可能地看到它。

然而，參與觀察的方法並非沒有困難，其中包括局內人/局外人問題、信任問題和研究人員轉換的可能性。

首先，許多已經著手研究現代異教的人本身就是實踐者，通常是某種類型的巫術崇拜者或女巫。例如，尼基·巴多-弗拉裡克的作品《來到循環的邊緣》（Coming to the Edge of the Circle）（2005）就是這種情況。雖然巴多-弗拉裡克巧妙地處理了這個問題，並以令人欽佩的學術誠信提出了宗教研究中眾所周知的「局內人/局外人問題」。也就是說，如果研究人員研究他們自己的傳統，他們能有多客觀？一些研究人員無法走出自己的經驗去觀察周圍發生的事情，而另一些人則把他們的研究看作是使他們的特定宗教傳統合法化的一種手段。當然，這並不是現代異教特有的問題，但在進行研究時確實需要仔細考慮。

其次，還有信任的問題，尤其是當非局內人的研究人員參與到一個團隊中，以至於團隊成員忘記了他們是研究項目的主體時。20世紀80年代中期，塔尼婭·魯爾曼在一個儀式魔法小組中進行了她的博士論文研究，論文題爲《女巫技藝的說服》（Persuasions of the Witch's Craft）（1989）。很明顯，她的一些研究對象更願意接受她作爲一名成員，而不是訪客。幾年後，當她的作品發表時，許多人都被她對他們的信仰和

行爲的解釋震驚和傷害。的確，當我們中的一個人在近20年後開始研究現代異教時，其中一些人的痛苦仍然顯而易見。「你不會對我們耍花招的，是嗎？」考恩曾在一次會議上被問到。（參見Hutton 2003: 260-265）對參與觀察的研究項目來說，失去研究對象的信任幾乎總是致命的。在這方面，我們能提供的最佳建議是，始終保持一個人作爲研究人員的身分，與團隊建立明確的關係，並不斷尋求受試者的持續的知情同意。

最後，用俗語來說就是「入鄉隨俗」（going native）。也就是說，研究人員可能過於投入或迷戀他們的研究對象或被研究的群體，以至於忽略了他們作爲研究人員的主要角色，而開始更多地作爲群體成員發揮作用。雖然這種情況並不常見，但人們已經知道它會發生。當然，人們有權利做出自己的宗教選擇，我們經常在研究中發現關於我們自己的重要事情——包括什麼可能更相容，更有益，或有意義的宗教信仰。

這些都不是不進行參與性觀察的理由，但它們是警示，需要對正在進行的研究項目的持續認識，對研究對象的持續的知情同意，以及保持作爲研究人員的自我意識。

延伸閱讀：威卡與巫術

• Adler, Margot. *Drawing Down the Moon: Witches, Druids, Goddess-Worshippers, and Other Pagans in America Today*, rev. edn. Boston: Beacon Press, 1986.

• Bado-Fralick, Nikki. *Coming to the Edge of the Circle: A Wiccan Initiation Ritual.* Oxford and New York: Oxford University Press, 2005.

• Berger, Helen A., Evan A. Leach, and Leigh S. Shaffer. *Voices from the Pagan Census: A National Survey of Witches and Neo-Pagans in the United States.* Columbia: University of South Carolina Press, 2003.

• Clifton, Chas S. *Her Hidden Children: The Rise of Wicca and Paganism in America.* Lanham, MD: AltaMira Press, 2006.

• Cowan, Douglas E. *Cyberhenge: Modern Pagans on the Internet.* New York and London: Routledge, 2005.

• Farrar, Janet, and Stewart Farrar. *The Witches' Way: Principles, Rituals and Beliefs of Modern Witchcraft.* Custer, WA: Phoenix Publishing Inc, 1984.

• Hutton, Ronald. *Triumph of the Moon: A History of Modern Pagan Witchcraft.* Oxford: Oxford University Press, 1999.

• Pike, Sarah M. Earthly Bodies, *Magical Selves: Contemporary Pagans and the Search for Community*. Berkeley and Los Angeles: University of California Press, 2001.

• Starhawk. *The Spiral Dance: A Rebirth of the Ancient Religion of the Great Goddess*, rev. edn. San Francisco: Harper and Row, Publishers, 1989.

第十章　再思膜拜團體：新宗教運動的意義

　　考慮到在前幾章中我們僅僅是淺嘗輒止，我們從對新宗教運動簡單的調查中瞭解到了什麼？對於新宗教運動的意義，我們能說些什麼？對於它們所處的社會和整個宗教，它們告訴了我們什麼？爲了回答這些問題，我們希望讀者能夠獲得三個要點。首先，儘管偶爾會有相反的報導，但宗教作爲一種社會人類現象是一直存在的，尤其是21世紀，任何關於它終止的消息都是不成熟的。雖然肯定在一些領域中，宗教起的主導作用明顯低於過去——例如各種斯堪的納維亞半島國家——在其他地區，尤其是在南半球和非洲，宗教繁榮和新宗教不斷湧現並相互爭奪的地方。

　　第二，儘管新宗教經常以簡單的方式出現在媒體上，通過專門的反宗教運動，如世俗的反膜拜團體運動和福音派的反膜拜團體運動，或者通過執法和立法機構。它們不能被簡化爲引起公衆注意的爭論，要理解它們需要的遠遠不止這些。第三，恰恰因爲新宗教在某種程度上是新的，而且以不同的呈現方式，新宗教給我們一個機會去瞭解宗教作爲一種社會人類現象出現、發展、適應、繁榮或衰落，偶爾會消失。正如社會科學家，我們將世界作爲我們的實驗室，那麼新的宗教就會給我們提供我們可以觀察到的實驗性信仰，在某些情況下，這些實驗性信仰貫穿於它們的整個生命週期。

不管它在某些社會中失去了多麼重要的地位，宗教仍然是人類社會的重要部分。但是從19世紀60年代中期到19世紀80年代晚期，許多社會學家相信在西方社會中宗教的地位在逐步下降。依靠新教的人口統計資料進行分析，大部分在北美與西歐——事實上，它們正在衰退，而且在某些情況下還在急劇下降——許多學者推斷，從伏爾泰到馬克思再到佛洛德等思想家的預言實際上已經成為現實。人類正在超越其社會和個人對宗教信仰的需要，並最終將宗教拋在身後。在它留下的地方，它只是作為一個不那麼開明的過去的遺跡。然而現實並非如此。從中東與非洲伊斯蘭教神權體制的出現，到拉丁美洲克里斯瑪式基督教的興盛，如摩門教與耶和華見證人還具有驚人的成長速度，在我們的案例中，世界各地其他新宗教運動還在激增，宗教似乎是充滿活力的，不會很快消失。確實，儘管福音派的反膜拜團體與世俗的反膜拜運動已經盡最大努力，儘管在世界的大部分地區它們受到法律與社會的責罵，儘管它們常常在媒體中受到質疑，新宗教仍然在湧現，無論是作為特定傳統中出現的對信仰與實踐的先鋒解釋，還是結合並適應多種原有傳統（通常是宗教的和世俗的）形成新的和創新的運動。由於種種跡象表明，新宗教將繼續出現和存在，我們如何理解它們在社會中的意義就成為一個具有某種重要性的問題。在最後一章中，我們請讀者特別注意一些我們認為值得進一步研究的群體。有些看起來像新宗教，至少傳統上是這樣理解的，有些則不然。無論如何，這不是一份詳盡的名單，而是在新宗教世界中繼續出現的各種團體的抽樣。

知識卡片1　死亡聖神

他們通常比官方的羅馬天主教聖徒有更多的信徒，民間聖徒是整個拉丁美洲宗教生活的重要組成部分。在墨西哥，

當地對「死亡聖神」（Santa Muerte）的崇拜，被稱為「死聖」
（Saint Death），可以追溯到18世紀。關於死亡聖神崇拜的
歷史記錄保留的很少，直到20世紀40年代，當墨西哥和北美
的人類學家發現當時的大部分農村，都存在以村為中心的
民間聖徒崇拜。在20世紀60年代農民工將死亡聖神從農村
帶到墨西哥城龐大的城市中心。一代之後，在20世紀90年
代，死亡聖神人氣暴漲。2001年，第一個供奉「瘦骨嶙峋的
女士」（the Bony Lady）的公共神龕在墨西哥城的特皮托巴
里奧（Tepito Barrio）豎立起來，兩年後，墨美傳統天主教使
徒教會（Traditional Holy Catholic Apostolic Church, Mex-
USA）被確立為「官方的」死亡聖神教堂。對死亡聖神的崇拜
是如此廣泛，以至於當下在普通墨西哥人中受歡迎程度堪
比聖猶大（St. Jude），甚至堪比瓜達羅佩的聖母（Virgin of
Guadalupe）。據估計，多達500萬墨西哥（Mexico City）人崇
敬死亡聖神。隨著拉美裔移民不斷湧入美國，許多城市的宗
教景觀中都點綴著諸如洛杉磯的死亡聖神聖殿（Templo de
Santa Muerte）的神殿、廟宇和教堂。

各種各樣的因素塑造並影響著最近墨西哥對「瘦女士」
（Skinny Lady）崇拜的激增：政府和財政危機導致了失業、貧
困、政府福利計畫的侵蝕，以及貧富之間非同尋常的差距。
除此之外，販毒集團日益強大的勢力還造成了大規模的暴力
和政治動盪。事實上，死亡聖神近年來備受爭議的主要原因
是毒販、綁架團夥、監獄裡的犯人以及墨西哥最弱勢群體對
她的崇敬。然而，在毒品戰爭的另一方，包括警察、士兵和獄
警，以及墨西哥社會的各個階層，特別是年輕人中，死亡聖神

也有相當多的信徒。大多數「漂亮女孩」（Pretty Girl）的信徒
認為他們對骷髏聖徒的崇拜是對天主教信仰的補充，甚至是
天主教信仰的一部分。也就是說，他們不認為這是信仰的替
代品。

儘管在墨西哥社會的弱勢群體和邊緣群體中極受歡迎，死亡
聖神還是遭到了兩大權勢集團的堅決抵制：羅馬天主教會和
墨西哥政府。教會對死亡聖神採取了果斷的立場，譴責「死
聖」崇拜與天主教不相容，是「邪惡的」，等同於崇拜基督的
敵人。就其本身而言，墨西哥政府甚至更加咄咄逼人。例如，
死亡聖神的文身已經成為警方鑑定的一種手段：那些有「瘦
骨嶙峋的女士」文身的人馬上就會受到懷疑。內政部秘書
處將墨美傳統天主教使徒教會從官方承認的宗教名單中移
除。該教堂的創始人、主教大衛・羅莫・吉蘭（David Romo
Guillen）因有爭議的刑事指控被判入獄。2009年3月，墨西哥
軍隊在美墨邊境沿線推平了數十座獻給這位民間聖人的路
邊神龕。儘管官方對死亡聖神進行了宗教和政府的鎮壓，但
在墨西哥和美國，死亡聖神仍然吸引著越來越多的人的強烈
崇拜，甚至出現在電視連續劇《嗜血法醫》（Dexter）等流行
文化產品中。

兩種視角：膜拜團體與新宗教運動

　　每個類別之中都有歷史學與社會學的細微差別，對於新宗教的看
法往往集中在兩個大的類別之下。這些團體要麼是膜拜團體，它們被賦
予了所有的負面刻板印象和社會汙名；要麼是新宗教，這些合法的（如

果不一定是合胃口的）信仰運動在不同的階段出現和發展。我們認爲後者的理解比前者更有用而且更準確。

膜拜團體的刻板印象

對於大多數新宗教，這樣的爭論很難被公衆注意。的確，新宗教不能被引起公衆注意的爭論所定義或歸納。在那些相對較少的因爭論而出名的團體的歷史中，儘管這些爭論很可能是在它們的最引人注目的時刻，但每個團體都有比這多得多的東西。世俗反膜拜團體、福音派反膜拜運動、主流媒體和國家安全機構的持續失敗，只會使膜拜團體的刻板印象永久化，對任何提供新的或創新的教義和實踐的宗教團體，以及對「看不見的秩序」的任何新觀點，都造成潛在的損害。

雖然這些專業的反對運動，可能會承認新宗教大體上的範圍和多樣性，但在實踐中，它們的污蔑和邊際化戰略只有在可疑團體以單一的解釋性標題聚集起來的情況下才有效。例如，對於許多福音派反膜拜團體的成員，任何新宗教——無論它的傳統是什麼，無論它的實踐或信仰是什麼——僅僅是撒旦對上帝永恆戰爭的最新表現。在新宗教運動之中，無論信仰和實踐的範圍有多寬泛，因爲他們不認可福音派與正統基督教派的信仰，那麼從定義上來說，他們就是與魔鬼爲伴的。

另一方面，世俗的反膜拜團體已經依靠意識形態，認爲疑似團體可以通過「洗腦」或「思想控制」、持續增長的「膜拜團體特徵」而被鑒定。在嚴格的科學研究中，存在一些方法檢驗通常被稱作「洗腦理論」或「洗腦假設」的經驗資料，30年來，肆無忌憚的宗教領袖會給他們所接觸的人帶來突然的、劇烈的、永久性的人格變化的觀點，在反宗教運動中具有一種意識形態的力量。然而，作爲一種轉換理論，它在很多方面都失敗了。（參見Bromley 2001）

　　首先，轉換現象的「經驗複雜性」（empirical complexity）。換句話說，轉換沒有統一的模式，沒有簡單可論證的過程對為什麼男人和女人皈依宗教，或為什麼他們從一種宗教轉換到另一種宗教做出解釋。眾多認知因素、社會壓力、文化影響與情感狀態伴隨著每一個的皈依過程。一些轉變表面上可能相似——那些在葛培理（Billy Graham）佈道大會皈依福音派基督教的人們可能都背誦相同的「決志禱告」（Sinner's Prayer）——社會、文化與個人因素導致每個人的轉變點不同。因為洗腦意識形態依靠一種更為整體的對於宗教皈依的理解。但是，這不能解釋人們做選擇的範圍，人們做選擇的原因，或在聯繫過程中人們禮拜的原因。

知識卡片2　焚人節

西方歷史由各種各樣的狂歡荒誕（carnivalesque）所標記，從羅馬時代的農神節（Saturnalia）到中世紀的愚人的盛宴（Feast of Fools），從贖罪券的銷售到恐怖統治時期（Reign of Terror）公開砍頭的可怕場面，從墨西哥的「死亡之神」（Dios de la Muerte）到新奧爾良的狂歡節（Mardi Gras）慶祝活動。所有這些，無論是為了慶祝還是為了社會控制，為了大眾的娛樂，還是為了教育被征服的人，都有這樣的瞬間：社會習俗受到挑戰，我們生活的世界被顛覆。

通過主動招引我們許多人通常認為是禁忌的行為——裸體，公共藝術，故意創建和銷毀的藝術作品——「焚人」（Burning Man）是最近在慶祝、創意節日中出現的一種創新，這種節日會暫時拆除、徹底修改、偶爾重組已建立的社會群體和習俗。在20世紀七八十年代三藩市（San Francisco）

的自殺俱樂部（Suicide Club）和雜音社團（Cacophony Society），它的標誌性活動，公開焚燒人形木雕，即「焚人」，始於1986年。從那以後，「焚人節」（Burning Man Festival）從幾百個心理承受力很強的人發展成了內華達州黑岩沙漠（Black Rock Desert）為期一週的狂歡節，現在吸引了成千上萬的參與者。

每年的節日都有一個特定的主題，在這一週的活動中為激進的創造力提供了一種具有象徵意義的保護傘。焚人節的神奇之處在於，每年都會對焚人的場所進行全面重建。這裡沒有固定的地點，在節日結束時，臨時社區被拆除，人們非常小心地將環境恢復到節日前的狀態。

「焚燒者」（Burners）開始了一段朝聖般的旅程，來到社區偏遠的沙漠地帶，佔據這個有限的空間幾天，然後離開它的儀式空間，重新開始他們以前的生活。大多數「焚燒者」不認為焚人節是一個宗教事件，許多人更可能將其定義為精神上的而不是宗教上的。然而，組織者確實設想通過這次活動在世界上創造精神上的改變，許多「焚燒者」以精神的方式報告他們的經歷，而許多活動和藝術展覽體現了有神論和精神的主題。

誠然，就參加人數而言，「焚人節」還比不上新奧爾良的狂歡節或巴西狂歡節（Rio de Janeiro），但「焚人節」有更強的認同感，激發了更激進的創作衝動。有一個「焚燒者」身分，則他不只是去了焚人節，而是那一年焚人節的一部分。受黑色搖滾音樂節（Black Rock Festival）的啟發，當地和地區的活

動也越來越多。考慮到他們對傳統的激進挑戰，嘉年華式的慶祝很難創造和維持。但是它確實值得一看。

第二，洗腦的意識形態建立在信仰的基礎之上，在皈依過程中，危險宗教團體使用的招募策略將潛在信徒從他們自己的信仰中掙脫過來。通過「膜拜團體」的行動，男人和女人失去了自行思考的能力、根據自己的最佳利益而做出合理決定的能力。這呈現給我們「可觀察性」（observability）的問題。更準確地說，我們如何知道發生了什麼？相信這一點可能更令人欣慰，但我們既不瞭解招募策略本身，也不瞭解可能正在招募和轉換過程中的個人。對洗腦意識形態的支持取決於我們當中一個人所說的「替代指標」（surrogate indicators）（Bromley 2001: 322）——退出後的個人帳戶與家庭和朋友對所愛的人發生的性格徹底轉變的證詞。因為，在大多數情況下，我們不能觀察到從開始到結束的招募過程，沒有一個可靠的方法去概括一種招募策略對另一種的影響。在許多情況下，洗腦的說法是為滿足利益相關者對於所愛之人皈依的焦慮，而不是解釋促使宗教信仰轉變的機制。

第三，正如我們在這本書中許多地方講到的那樣，新宗教展示了一系列「組織形態與結構」（organizational styles and structures）。一些宗教運動的組織過於寬鬆以至於不能支撐全神貫注的過程，如洗腦要求的那種過程。另一些群體在他們的生命週期中變化得太頻繁、太快，以至於像洗腦這樣嚴格的過程無法有效地實施。還有一些組織擁有許多不同的成員類型或組織內的承諾級別。依據首要的反膜拜團體意識形態而言，這就引出一個問題，一個人能否被輕微洗腦的問題，輕微洗腦與有效勸說的區別是什麼？

第四，「歷史問題」（problem of history）。如果像大部分熱情的洗腦

意識形態爭論的支持者所認爲的，這種潛在有效的過程中幾乎每個人都受到支配或很難抗拒，但人們如何解釋新宗教總體上令人驚訝地缺乏成功？這並不是說人們沒有皈依，那將是荒謬的。但是大多數新宗教運動的成員數量少於他們所宣稱的或公衆認爲的，他們招募與保持皈依的能力極度低下。例如，最初在美國引發這種洗腦歇斯底里症的團體成員從未超過1萬人。這看起來似乎很多，但無論是與主流宗教信徒的人數相比，還是與聲稱的洗腦過程的幾乎不可思議的力量相比，都顯得蒼白無力。

除了洗腦的意識形態之外，世俗的反膜拜團體形成了對「膜拜團體特徵」的讚美，關於這些我們在第一章中有簡短的討論。回想起國際膜拜團體研究會（International Cultic Studies Association, ICSA；參見Lalich and Langone 2006）利用這些資訊來識別潛在的危險群體，並在此基礎上向家人、朋友，以及在可能的情況下向民政和軍事當局提出建議。但是，正如我們所指出的，這些標記充滿了問題，令人苦惱的問題，對於這些問題世俗的反膜拜團體幾乎沒有答案。

首先，ICSA認爲可疑團體有一個「我們對抗他們的兩極分化的心態，這可能會引起與社會的戰爭。」這說的是什麼？在特定社會中，什麼代表主流傳統？例如，在美國，福音派與正統基督新教徒至少占人口的三分之一。「接受耶穌是救世主」的人們與那些不接受的人們之間仍然保持著嚴格的區分。的確，戴夫·亨特（Dave Hunt），一位世俗的反膜拜團體作家寫道：「熟悉其他宗教和其他宗教著作的唯一原因，是爲了向那些遵循錯誤系統的人展示錯誤所在，從而拯救他們。」（1996: 68）如果相信一個人的世界觀是正確的，而這有助於導致一個膜拜團體的形成，那麼在歷史上更多的宗教和政治集團就屬於這一類。

　　第二，據ICSA稱，危險的宗教團體使用「致幻實踐」（例如冥想、念咒、說方言、譴責、令人衰弱的日常工作）進行過渡，儘管沒有跡象表明「過渡」。一個人認為不合理的吟誦或不合理的冥想時間，另一個人可能覺得對他們的精神敏感性幾乎沒有影響。羅馬天主教徒每天禱告玫瑰經（Rosary），許多長達數小時之久。作為他們日常實踐的一部分，來自許多不同傳統中的佛教徒長時間誦經。世俗反膜拜團體配置這樣一個主觀的量化——它們將諸如誦經（chanting）與言語不清（glossolalia）包含在「譴責會話」（denunciation sessions）與「使人衰弱的工作程序」（debilitating work routine）的清單中——這暴露了他們對虔誠和入迷的宗教體驗的歷史和實踐缺乏深刻理解。再一次，這些實踐中的許多是一些占主導地位的宗教傳統的基礎，包括基督教、印度教和佛教，幾乎沒有世俗反膜拜團體將它們包括在危險膜拜團體的列表中。

　　第三，ICSA擔心膜拜團體是「全神貫注於斂財」與「擴充新成員」。在成為新成員方面，許多宗教團體公開勸誘改宗，無論何時何地慶祝皈依。如果招募是宗教活動的特徵，在宗教多元社會中，根據ICSA的標準，相對較少的群體可以逃脫譴責。回到基督教，西方占主導地位的傳統，每年數十億美元的新教電視佈道產業的兩個主要目標分別是勸說非基督教徒皈依福音派，鼓勵電視福音佈道活動的消費者做出經濟貢獻。與電視福音佈道活動部門相關的個人醜聞和財務醜聞眾所周知。雖然他們滿足了ICSA清單中的特徵，但很少被指控為危險膜拜團體。

　　第四，ICSA認為，當積極的「成員被期望投入過多的時間在團體和與團體相關的活動上」時，團體就有潛在的危險。然而，這個標記再次建立在它的極端主觀性，它的模糊性，它無法區分哪些群體可能存在潛在的問題，哪些群體高水準的承諾是會員資格的特徵。什麼構成了對一個

人來說是「過多的時間」，對另一個人來說幾乎是不夠的。此外，數千年來，在世界各地的許多地方，男人和女人都對他們自己的宗教道路做出了一生的承諾，無論是在社區還是作為孤獨的修行者生活。來自許多不同宗教傳統的修道士團體要求其成員作出完全的承諾，其中許多人在尋求神性的過程中放棄了他們生活的所有其他方面。然而，由於卡梅爾修女（Carmelite nuns）或禪宗弟子（Zen Buddhist）全心全意地獻身於他們的精神道路，他們很少被認為是危險膜拜團體的受害者。

因此，考慮到（1）沒有經驗證據支持「洗腦」或「思想控制」假說是基於世俗反膜拜團體意識形態的；（2）每個「膜拜團體」，從概念和實證兩方面特徵衰退或失敗，我們必須找到一個更有用的方法來討論這些團體。如果我們不這樣做，那麼我們就有可能使「膜拜團體的刻板印象」永世長存，並導致公眾對新宗教運動的普遍無知。我們認為，最好準確地把它們理解為新宗教運動，而且，毫不掩飾地說，它們的主要意義就在於此。

知識卡片3　卡車司機教會和牛仔教會

卡車司機教會（Trucker Churches）和牛仔教會（Cowboy Churches）都是迅速發展的小眾教堂的例子，它們在美國和其他地方迅速蔓延的同時，卻一直在（主流）教會的監視之下。這些教會值得一看，因為它們是對西方社會長期以來女性占主導地位這一事實的回應。尤其是福音派教會，他們的回應是追求「脫教的哈利們」（unchurched Harrys），即不接受傳統教會的難以捉摸的男性教區居民。儘管不限於他們，「卡車司機」和「牛仔」代表了這些抵制教會的男性文化。「騎行者」（Bikers）是另一個明顯的例子。與規模大得多的大型教會運動一樣，卡車司機和牛仔教會也通過重新包裝傳

統的教會服務形式來吸引未到教堂的人，同時堅定地堅持保守的基督教教義。雖然最終，這兩家教會都是小眾教會，不會在很大程度上縮小傳統教會出席人數上的性別差距，但它們反映了福音派教會不斷向邊緣人群傳教的使命。

卡車司機教會

20世紀50年代，美國州際公路系統的建設導致了商業貨物運輸從鐵路到公路的巨大轉變。超過300萬的男性（和女性）駕駛大型貨車穿越北美大陸。當卡車司機的流行文化形象從英雄到叛徒時，卡車司機的實際情況絕不是在公路上的冒險生活。卡車司機每天都面臨著惡劣的工作條件、最低工資收入、長時間工作、嚴重的身體風險、孤獨和疲憊。由於長途卡車司機可能一次在路上行駛數天或數週，卡車停靠站成為為卡車司機提供服務的場所，服務範圍從休息、食品、燃料到性服務和毒品。

卡車司機教會也如雨後春筍般出現，為那些遠離家庭、友誼和其他傳統社交圈子，在路上的人們提供宗教服務。最早的卡車司機教會之一「交通侍奉基督」（Transport for Christ）是在1951年由一名前長途卡車司機創建的。由於司機們經常在路上奔波，通常一次只能為少數幾名卡車司機提供服務。它的形式是無教派的，但傳統的、保守的基督教。具有象徵意義的卡車司機教堂是由一輛大卡車改裝而成的，裡面簡單地擺放著自製的長椅、講壇和掛在拖車牆上的宗教圖像。

牛仔教會

19世紀下半葉，傳奇的美國牛仔實際上只興旺了幾十年，後

來開闊地的牧牛場被圍欄牧場取代，牲畜運輸被鐵路取代。
真正的牛仔現在供不應求，有大量的牧場主、牛仔競技選手
和馬迷，他們認同與牛仔生活相關的陽剛之氣、個人主義和
獨立的價值觀。牛仔文化通過西部服裝、音樂和舞蹈、牛仔
牧場和牛仔競技會繼續活在美國人的想像中。牛仔競技生活
特別戲劇化了實際牛仔生活所需要的身體技能和耐力，傳統
社會邊緣的男性文化也得以延續。

和卡車司機教會一樣，牛仔教會也迎合了特殊的生活方式和
價值觀。最早出現於20世紀70年代，現在牛仔教堂的數量接
近900座。就像卡車教會一樣，牛仔教會也宣揚傳統的、保守
的基督教神學，但卻保留了牛仔的文化形式。牛仔集會的常
見場所包括牛仔競技會、牧場、農舍、倉庫和露營地。當代
和古典的鄉村、西部和藍草音樂，是給定的基督徒的歌詞和
主題。工作著裝是很常見的，動物在避難所是受歡迎的，洗
禮是在馬槽和湖泊裡進行的。牛仔教會通過將其與聖經中
過著簡單自給自足的遊牧生活或務農生活的人物進行對比，
為會眾重新連接了過去和現在。牛仔的神秘感被神聖化了。
正如一個牛仔教會的帖子所評論的：「事奉包含了品格、誠
實、尊重、正直、力量和真理，換句話說——一個牛仔符合基
督的全部特徵。」的確，一些牛仔文化藝術把耶穌描繪成一
個牛仔。

作為新宗教的新宗教運動

儘管他們的信徒表現得很確定，但世界上許多宗教的起源卻籠罩
在神秘之中。在某個時間點上，我們熟悉的大部分宗教都是新宗教，要

麼是因為新教義與實踐完全引入被另一個傳統控制的地理區域，要麼是因為他們將驚人的創新引入已有傳統。可是，這些起源的本質與他們對傳統發展的影響常常引起激烈的爭論。例如，耶穌真的說過或做過《約翰福音》中關於他的事情嗎？或者，正如許多學者所爭論的那樣，這些文本是否代表了早期教會領導人後來對新生的基督教社區所作的解釋？耶穌真的明白自己是彌賽亞（基督徒幾個世紀以來一直宣揚的主和救世主）嗎？他想要完全不同的東西嗎？或者，他說過嗎？這對基督教有什麼意義呢？既然基督教理論的衡量標準是基於對宗教經典的解釋，從過去的理論與實踐以及特定神學家的教派和宗教傾向中推斷和猜測，這些問題的答案仍舊是信仰問題，而未必是事實。

　　我們不知道，例如在早期耶穌運動的範圍內的爭論導致了耶路撒冷會議（Council of Jerusalem），會議決定使徒保羅可以向非猶太人（Gentiles）傳道，這些非猶太人可以成為基督教群體的一部分，前提是他們在同意除其他事項外，也不吃祭祀給神的肉。我們只有《使徒行傳》第15章中的記錄告訴我們發生了什麼事——缺失的公正來源和可疑的歷史可靠性。從這個記錄和我們當時對巴勒斯坦猶太教的瞭解中，我們可以推斷出，保羅所提出的創新——耶穌運動的資訊不應該只保留給猶太人，這足以背離主流的做法，它產生了相當多的辯論和爭議。無論何時，無論如何，只要確定非猶太人不一定被排除在耶穌的資訊之外，並能被歡迎加入基督的團體，基督教實際上就成為了一種新宗教運動。它不再僅僅是第二聖殿猶太教（Second Temple Judaism）大背景下的一個小的彌賽亞教派，而是一個神學、教義和實踐上的創新，它自己走了出來。類似的創新、爭議和改變的例子可以從整個基督教歷史中收集——普世的委員會逐漸縮小並集中信仰的範圍，直到只有那些符合《亞大

納西信經》（Athanasian Creed）的人才被認爲是基督教社區的一部分；「和子說」（filioque，基督教神學有一個重大爭議：聖靈是由天父而出，或是由天父和聖子而出？「和子說」表示聖靈是由天父和聖子而出——譯者）導致在十一世紀分東西方教會的大分裂；五個世紀後，馬丁·路德（Martin Luther）對羅馬天主教教義和實踐有效性的挑戰；加爾文主義（Calvinist）的選舉和宿命論；或浸禮宗（Baptist）相信所有信徒都是神職人員。事實上，正如我們其中一人所寫：

> 基督教會的歷史可以說是關於虔誠的男人和女人如何理解他們與上帝關係的不同方式的歷史，他們如何就這些不同理解的相對優點進行辯論，以及他們如何解決（或未能解決）爭端中固有的緊張局勢。（Cowan 2003b: 6）

例如，西元前6世紀印度的佛教爭論，西元1世紀巴勒斯坦的耶穌運動，西元6世紀中期阿拉伯半島什葉派伊斯蘭教的發展，西元19世紀美國摩門教的突然出現——所有這些都挑戰了特定傳統的統治地位，所有這些都被貼上了離經叛道和危險的標籤。在許多方面，與我們今天所遇到的新宗教幾乎沒有什麼不同，它們所經歷的抵抗力量與那些挑戰其他新宗教合法性的力量幾乎沒有不同。當我們觀察宗教探索的新表現形式出現時，我們就能看到宗教作爲人類和社會現象的表現形式。也就是說，不必從我們所能獲得的通常很少和不可靠的歷史資源中推斷宗教的產生和發展過程，這些資源經常被用來支持對資料的特殊解讀（例如Ehrman 1993, 2003, 2005），新宗教允許我們能夠在這些過程中繪製增長、發展與偶爾衰退的圖表，調查研究這些運動出現時主流文化的反應。

儘管並非所有，但許多宗教運動始於克里斯瑪式領袖，這些領袖

提出了與特定傳統教義的不同解釋方式，他們挑戰了占主導地位的信仰實踐，他們宣揚了一種對於救贖的新啟示或信條。有了新宗教運動，我們有可能觀察到這種克里斯瑪式權威是如何在領導層內部發展的，以及成員是如何授予領導者這種權力的——在某些情況下，它是如何被保留或被取消的。此外，當領導層發生變化時，無論是一位克里斯瑪式創始人去世，還是將先知的衣缽傳給下一代，新宗教爲我們提供了一扇窗，讓我們得以瞭解，在重大的組織變革或外部壓力面前，宗教團體是如何保持誠信的。有些團體，像科學教，將權力鞏固在相對少數人手中，並建立嚴格的官僚機構，以確保基礎教義的純粹性。另一些，就像新異教主義（modern Paganism）的許多流派一樣，對組織結構和領導採取一種更自由放任的態度，基本上是根據每個人的權利來選擇他們認爲合適的道路，或者如果他們覺得被領導的話，他們可以選擇另一條道路。

　　因爲，在它的基礎上，宗教是一種社會現象，成員身分是團體生活至關重要的方面。無論我們正在討論已經建立的信仰還是新宗教團體，大部分宗教運動面臨一系列相同的問題：如何留住成員，如何發展新成員。顯然，儘管這些問題並不僅限於新宗教，我們在本書中討論過的團體提供了集中的環境來研究招聘、加入、保留和退出的過程。在團體中「成員資格」是如何概念化的？概念化是如何隨時間改變的？爲什麼改變？在公眾展示中，在內部工作中，成員資格的某個概念是如何起作用的？如果這些是不同的，那麼如何不同，爲什麼？例如，回想那些加入藍慕莎開悟學校的人們不是「成員」或「信徒」，而是被稱爲「學生」。大部分超驗冥想實踐者與官方的超驗冥想組織無關。大部分家庭國際的正式成員全心全意地投身於這項運動，以至於住在團體共同的家庭中。科學教經常聲稱，全世界有800萬到1,000萬信徒，但幾乎沒有證據表

明，大部分成員每天做基礎練習。在這種情況下，說一個人是團體的「成員」是什麼意思？

知識卡片4　星期天集會

星期天集會 (Sunday Assembly) 是一個無神論的教會，這可能看起來有點矛盾。對於那些要麼確定沒有上帝，要麼不確定是否有上帝的人來說，它是一個避難所和聚會的地方。當然，星期天集會並不是西方第一個無神論教會。例如，在19世紀後期，出現了「道德公會」(ethical unions) 和奧古斯特・孔德 (August Comte) 的「人類宗教」(Religion of Humanity)，其中一些團體至今仍然存在。儘管如此，在所謂的「新無神論」(New Atheist) 運動之後，由理查・道金斯 (Richard Dawkins)、克里斯多夫・希欽斯 (Christopher Hitchens)、薩姆・哈裡斯 (Sam Harris) 和丹尼爾・丹尼特 (Daniel Dennett) 等作家推廣的星期天集會吸引了廣泛的媒體報導和迅速增長的會員。無神論者、不可知論者、懷疑論者、自由思想者和各種非信仰者突然發現不再躲藏似乎是安全的。

星期天集會的創始人是英國喜劇演員和娛樂明星桑德森・鐘斯 (Sanderson Jones) 和皮帕・埃文斯 (Pippa Evans)，他們都是在既定的信仰傳統中長大的，但是，像他們的許多同齡人一樣，他們成年後既遠離年輕時的教堂，也遠離自己的理想和信仰。然而，他們認識到非信徒需要社會支援，這是人類對社區的基本需求，於是在2013年成立了星期天集會。這個團體吸引了200多名遊客來參加它的第一次禮拜，會眾很快增加到600人。獨立運營的分支機構很快在英國其它地區、美國、加拿大和澳大利亞成立。該集團活躍的互聯網業務是其

快速增長的一個重要因素。雖然星期天集會既否定神性，也否定教義，但它把傳統的無神論斥為「無聊」。從本質上講，集會教導我們，當前的生活是所有芸芸眾生所能得到的，正因為如此，消極和無望應該被價值觀、夢想和行為所取代，而這些價值觀、夢想和行為在任何地方都能提升人類的體驗。教會的座右銘很簡單：「活得更好，經常幫助，更多好奇。」每個月的服務都有一個特定的主題，一個現場樂隊，一個客座演講，以及一段反思的時間。

雖然星期天集會的規模可能在擴大，但也不乏批評者。基督教和無神論的反對者都批評星期天集會太像傳統的基督教會。創始人鐘斯和埃文斯回應稱，他們最終設想的是一個「世俗寺廟」（secular temple），將像當代教堂那樣為參與者提供社區，但不帶有與傳統宗教相關的超自然標誌或教條主義宇宙論。無神論教會的概念是否可行還有待觀察，因為目前的會眾幾乎都是白人、年輕人和中產階級。儘管如此，在西方，與宗教無關的個人、自認的不可知論者和無神論者的數量仍在增長，為這一（非）宗教領域的新成員創造了一個潛在的位置。

雖然它們顯然要經過解釋和辯論，但對於許多已確立的宗教傳統來說，它們是神聖知識的基本準則——無論通過文本還是口頭教義傳播——都相對固定。另一方面，新宗教頻繁出現，是觀察聖經的形成，合法化，抗辯等過程的機會。正如我們曾提到的，在科學教，L·羅恩·哈伯德的著作被當作宗教經典，不能被修改。但是自從1986年哈伯德去世之後，教會仍然出版了根據他的著作改編的大量作品（例如Church of

Scientology International 1998, 1999, 2002），由此提出了一個問題，誰控制
著現在的發佈過程，以及他們是在什麼基礎上做的決定。另一方面，大
衛·伯格去世後，家庭國際的啓示和解釋過程已經相當民主化。雖然瑪
麗亞和彼得仍然是公認的運動領導者，但先知的啓示和解釋被委託給
整個團體，沒有一個人能絕對控制天啓的產物。（Shepherd and Shepherd
2006）。事實上，現在看來，在一個團體的形成過程中非常重要的「文學
作品」（lit），隨著家庭走向更主流的基督教教義和實踐，其重要性正在
減弱。在這種情況下，觀察它的學術重要性怎麼強調都不過分。

最後，新宗教提供給我們一個觀察占主導地位的社會秩序的重要
視角，宗教團體出現在這些社會秩序之中。一個特定社會如何對待少數
信仰，很大程度上反映了這個社會的歷史、結構和價值觀。然而一些新
宗教可能出現在對於宗教信仰嚴格控制的社會之中，這種團體往往運行
於社會邊緣。另一方面，正如我們在美國、加拿大和西歐所見，需要對宗
教多元性有一定程度的容忍，而且確實需要一種文化意願來容忍一定程
度的宗教模糊性和競爭。但甚至在這些社會中，也難對所有宗教開放，
宗教寬容並不絕對。例如，爲什麼科學教能夠在美國恢復作爲宗教的官
方認可，但在加拿大卻不行？爲什麼它在法國和德國被認爲是「危險教
派」？爲什麼它在希臘被禁止？至少像科學教一樣，向社會提出這樣的
問題。

作爲實驗性信仰的新宗教

社會科學家與宗教研究學者早就意識到，沒有任何事物本身是神
聖的，沒有哪種對神聖秩序的概念化是普遍的或者是不證自明的。詹姆
斯的「看不見的秩序」，很多人稱之爲神聖的，反而表現爲一種社會協議

的功能，一個特定群體的共識。正如考恩在其他地方寫的：

> 無論用何種技術促進他們的出現和演變，作為社會與文化的
> 產物、宗教信仰、習俗和傳統，它們都表現出它們的持久性。
> 因為參與者之間達成了協定，即他們所參與的那些東西是神
> 聖的，而不是褻瀆的；是有意義的，而不是瑣碎的；是有效的，
> 而不是無效的。（Cowan 2005: 27-8）

　　無論他們是否將人類的起源作為星際種族滅絕的產物（科學教）
或一項發生在數百萬年前外星基因操作的程序（雷爾運動），無論他們
的救世神學是否停留在新奇的或可供選擇的彌賽亞原則上（統一教，
大衛支派）或是神無處不在的樂觀信仰上（新異教主義），無論他們是
否能夠通過冥想（超驗冥想）操縱「自然法則」或參與意識與能量過
程（藍慕莎開悟學校）來理解生命中的至善，在許多方面，新宗教都是
實驗性信仰，它們既確立了自己對「看不見的秩序」的看法，又確立了自
己的方法，通過這種方法我們應該「和諧地調整自己以適應這種秩序」
（James [1902] 1994: 61）。正如我們在每一個案例中所看到的，這些關於
看不見的秩序的概念和男人女人在這個秩序中協商他們的地位所依靠
的資源是密切相關的。

　　就像它們在自然科學和物理科學中的相似之處一樣，有時這些新
的宗教實驗會取得成功，我們也見證了一些學者所稱的新世界信仰的出
現（例如，斯塔克[Stark][1984]將耶穌基督後期聖徒教會視為正在興起的
世界宗教）。另一些時候，運動在它們存在的早期就失敗了，我們只能從
週邊瞭解它們。然而，還有一些時候，宗教創新的實驗產生了可怕的後
果，不僅對參與者，有時也對無辜的旁觀者。最近也是最具破壞性的例
子是1995年歐姆真理教對東京地鐵的沙林毒氣攻擊。

　　這給我們帶來了一個重要的觀察結果。再一次遵循物理和自然科學的類比，僅僅因為某件事是實驗性的並不意味著這個實驗本身就是高尚或明智的。也不是給實驗貼上任何宗教的標籤來保證其高貴或智慧。一些組織，比如歐姆眞理教，爲了追求他們對看不見的秩序的特殊願景，做出了可怕的事情。然而，從歷史上看，儘管此類事件在新宗教運動中相對罕見（見Bromley and Melton 2002），但實驗性信仰也會以其他不那麼明顯的方式引發衝突。問題會以以下方式出現：（1）當一種新宗教對世界的修正與普遍存在的對看不見的秩序的文化理解相衝突或嚴重偏離時；（2）當一種新宗教認爲必須「和諧地調整」以適應這種看不見的秩序時，它與主流文化所要求的有很大的不同。這一基本原則的例子很容易從整個宗教歷史中找到。

> 知識卡片5　宗教致幻教會
>
> 縱觀歷史和文化，毒品在宗教、精神和薩滿教儀式中扮演著不可或缺的角色。當用於宗教目的時，這些物質被稱為「宗教致幻劑」（entheogens）。在宗教致幻教會（entheogenic churches）和宗教團體中，精神活性物質諸如D-麥角酸二乙胺（LSD）、墨斯卡靈（佩奧特掌，一種具有致幻作用的仙人掌——譯者）（mescaline [peyote]）、裸蓋菇素（神奇蘑菇）（psilocybin [magic mushrooms]）、大麻、蟾毒以及最近出現的「設計師致幻劑」（designer psychedelics），都被視為聖禮。
>
> 在北美，出於宗教目的合法使用宗教致幻劑的情況極為罕見，而且使用宗教致幻劑的群體幾乎都很小，而且壽命很短。然而，美洲原住民的佩奧特掌儀式是個例外。印第安

人有組織地使用佩奧特掌可以追溯到19世紀80年代，當時平原印第安人被送到奧克拉荷馬州的保留地，科曼奇族（Comanche）酋長誇納・派克（Quanah Parker）和卡多族（Caddo）印第安人約翰・威爾遜（John Wilson）在傳播聖禮性佩奧特掌的使用方面發揮了重要作用。1918年，美國原住民教會（Native American Church，後來的北美原住民教會 [Native American Church of North America]）成立，不過主要是為了在儀式上使用佩奧特掌不被定罪。佩奧特掌的使用在印第安部落中迅速傳播開來，目前多達四分之一的印第安人可能隸屬於北美原住民教會。禁止使用佩奧特掌的法律不能在保留地實施，執法機構通常也沒有試圖阻止在印第安宗教儀式中使用佩奧特掌。然而，1990年美國最高法院在「就業處訴史密斯案」（Employment Division v. Smith）（494 U.S. 872）中認為，在佩奧特掌的使用超越了其他法律的情況下，不存在自由使用的宗教權利。然而，並沒有阻止宗教對這些物質的持續使用，也沒有阻止對其禁令的挑戰。在這方面，有兩個當代團體特別有趣，值得進一步注意：「上帝的佩奧特掌之路教會」（Peyote Way Church of God）和「植物聯盟」（União do Vegetal, UDV）。

上帝的佩奧特掌之路教會由伊曼努爾・特魯希略（Immanuel Trujillo）於1977年創立，他曾是美國原住民教會的一名成員。雖然該教會對印第安人和非印第安人都開放，但它只有不到200名成員，而且佩奧特掌在教會儀式中被用作聖禮。在其他事情中，上帝的佩奧特掌之路教會質疑為什麼印第安人教會歧視非印第安人，為什麼除了印第安人教會以外的其他教會

被禁止在他們自己的宗教儀式中使用佩奧特掌。在20世紀80年代，佩奧特掌之路的代表接觸了包括美國總統在內的幾位州和聯邦官員，呼籲對佩奧特掌相關法律進行改革——這些要求都沒有成功。該組織還發起了幾起聯邦訴訟，稱毒品法違反了憲法賦予他們的宗教表達權。這些都沒有成功。儘管有這些挫折，教會成員仍然繼續使用佩奧特掌在「靈魂漫步」。教會的面積小，地理位置偏遠，教會對聖禮用途的限制，以及與當地執法部門的合作關係，使教會得以維持其脆弱的地位。

另一方面，植物聯盟最近在挑戰限制精神活性藥物使用的法律方面取得了重大成功，在這個案例中是「死藤水」（ayahuasca）。死藤水，也被稱為「hoasca」或「vegetal」，是一種迷幻茶，由在亞馬遜河流域發現的卡皮木（mariri）和綠九節（chacrona）葉子沖泡而成。植物聯盟的歷史始於何塞·加布里爾·達·科斯塔（Jose Gabriel da Costa），他的信徒稱他為梅斯特·加布里埃爾（Mestre Gabriel）。加布里埃爾1922年出生在巴西的柯拉考德瑪利亞（Coracao de Maria），1961年他創立了植物聯盟（字面意思是「植物的結合」），並開始傳播他的教義，融合了基督教和土著信仰。1993年，植物聯盟在新墨西哥州的聖達菲（Santa Fe）成立。植物聯盟教導說：「喝下這種植物可以創造一種增強的意識狀態，能夠放大我們對自己本質上的精神本性的感知。」該組織在美國有100-200名成員。

法律糾紛始於1999年，當時海關和美國緝毒局（Drug

Enforcement Administration, DEA）的工作人員沒收了30加侖的死藤水茶，因為用於沖泡這種茶的茶葉含有一種受管制的物質——二甲色胺（dimethyltryptamine, DMT），也被稱為「精神毒品」。植物聯盟對美國司法部（US Department of Justice）提起訴訟，稱該茶是教會的「核心聖禮」，政府侵犯了它的憲法第一修正案權利。該案（Gonzales v. O Centro Espirita Beneficente Uniao do Vegetal et al.）上訴至最高法院，最高法院在2006年裁定植物聯盟「在美國可以自由活動」。首席大法官羅伯茨（Roberts）稱，政府對美國原住民教會的豁免是他做出這一決定的決定性因素。三年後，俄勒岡州的一名地區法官做出了對「聖代美」（Santo Daime）有利的裁決，聖代美是另一個在聖禮上使用死藤水的團體，法官稱DEA被明確禁止「懲罰在聖禮上使用代美茶」。

對使用聖禮藥物的歷史限制的持續挑戰給新宗教的學者提出了有趣的問題。雖然在宗教信仰和實踐的背景下考慮非法物質似乎很奇怪，但值得記住的是，在整個基督教歷史中，有幾個類似的問題已經被提出，關於在聖餐儀式中使用葡萄酒的聖禮。佩奧特掌之路未能成功地擴大對神聖儀式中使用佩奧特掌的法律保護，但仍很活躍；植物聯盟和聖代美在追求將死藤水用於聖禮上的權利方面比較成功。目前也有一些團體神聖地使用大麻，最著名的是「拉斯特法裡教」（Rastafaria）和「死亡聖神」。用於醫療和娛樂目的的大麻消費法律正在迅速改變。這可能是在宗教儀式中合法使用精神活性物質的最可能的情況，因為新的或現有的教會公開使用大麻作為宗教聖禮。

　　無論它的視角是政治的，經濟的，科學的，藝術的或宗教的，當一個人或一個團體對世界的理解徹底重組，在新宗教的情況下是對與世界相關的看不見的秩序的認識出現了根本性的重組，這就增加了與那些致力於在任何特定社會中發表主流觀點的人發生衝突的可能性。在許多情況下，新視角不僅提供了一種可供選擇的思維方式，它還暗示或爭辯說，主流的理解在這一點上是不正確的，信徒完全相信一個過時的或錯誤的世界觀。歷史又一次充滿了各種人類努力的例子。就新宗教而言，文鮮明是基督復臨的上帝，去完成耶穌沒有完成的工作，統一教的信徒不僅在與基督教神學的混合中加入了他們自己獨特的理解，而且對福音資訊的所有其他解釋的有效性提出了質疑。通過堅持審察的實踐，他們有一個獨特有效的精神過程，這個過程在L·羅恩·哈伯德發現之前對人類是隱藏的，科學教教徒含蓄地否定了所有其他的精神和治療途徑。從廣義上講，宗教的本質是主張唯一的真理，而在宗教多元化的社會中，這些相互競爭的主張往往是被容忍的。然而，對真理的新理解往往會在很大程度上挑戰主流思想，而這些新理解將行為的需求強加於信徒，常常會加劇他們與周圍社區的緊張關係。這裡需要注意的是，這些衝突並不一定是新認識或新行為本身的問題，而是根深蒂固的世界觀和那些或明或暗地質疑其正確性的世界觀之間經常存在的對立關係的作用。衝突是一種共同建構的社會行為。

　　我們試圖在一個比運動本身更複雜的背景下理解新宗教運動，它們將自己視為至善和至真的儲存地，或堅定的反對者，反對那些發現新宗教威脅到文明生活的宣稱。在本書中，我們試圖證明無論一個團體是否接受作為一個合法的宗教，這是一個社會、文化、政治的複雜產物，而不是將新宗教運動與一系列固有宗教的特徵進行經驗的客觀的簡要比

較。例如，幾十年來，「眞正的」宗教是那些提到超自然實體的宗教，尤其是那些可疑地與基督教上帝相似的神。顯然，這排除了世界範圍內一些活躍而重要的宗教傳統，而現在很少有人會拒絕考慮這些傳統。

此外，被政府承認爲一種合法的宗教——不論從中可能獲得什麼社會利益——與作爲一種宗教，不論國家支持或制裁，在社會上或歷史上都有重要的區別。以歷史爲參照，羅馬天主教會在中世紀的不同時期有效地禁止了其他宗教活動，無論是猶太教、伊斯蘭教，還是各種基督教的「異端邪說」，都不再是任何現實意義上的宗教運動。同樣地，雖然科學教在許多國家可能缺乏官方認可，但這既無助於改變科學教作爲宗教實踐者的自我認知，也無助於阻止爲獲得這種認可而進行的更大範圍的組織鬥爭。我們認爲，它只是提出了一個更大的問題：誰來決定什麼是宗教，什麼不是宗教，以及基於什麼理由。

將新宗教稱作實驗，不要陷入有限選擇的謬論是非常重要的——相信如果一個組織是這樣的，就不會是那樣的，不可能同時兩者都是。人們常常認爲，統一教與其說是一個宗教組織，不如說是一個由文鮮明領導的龐大企業帝國，目的是追求越來越大的政治影響。根據這一邏輯，如果統一教是一個跨國企業帝國，那麼它就不能是一個合法的宗教團體。這是既不合理也不現實的歷史——羅馬天主教會是世界上最大的企業帝國，有超過千年的歷史，至今仍然飽受爭議——這一爭論忽視了實踐者的宗教生活現實，他們並不是教派權力結構的一部分，但卻從他們的信仰與實踐中獲得顯著的精神收益。換句話說，解釋（或不解釋）宗教傳統的起源——即使這些起源被發現完全是捏造的或欺詐性的——絲毫不能削弱這些傳統對今天的參與者所帶來的文化力量。

最後，在「善良的、道德的、得體的謬論」基礎上，譴責新宗教實驗

的合法性與可接受性是很容易的——斷言一個「眞正的」宗教是鼓勵在特定社會中建立行爲規範的。然而，對這些主張的仔細考察通常會發現，被比較的是既有傳統對道德的修辭上的主張也有爭議的新宗教的實際做法。對新的現實生活和已確立的傳統的現實生活的比較，產生了一種不那麼兩極分化的觀點。沒有比針對新宗教的性虐待指控更恰當的例子了。現在大量的研究毫無疑問地表明，性虐待發生在各個宗教傳統的家庭中，神職人員或其他宗教領袖的性侵犯不僅限於天主教傳統，而且也廣泛存在於新教傳統中。

基本上，我們認爲，最有用的方法是把那些被普遍稱爲「膜拜團體」的有爭議的群體理解爲既是新宗教又是實驗性社會運動。這既不是對特定群體或其議程的認可或譴責，也不是對他們的信仰、教義或實踐的含蓄肯定。它僅僅是一個斷言，經過40多年的工作，我們使用社會科學工具以更有效地調查新宗教，作爲社會的組成部分去理解它們，並在這樣理解它們之後，欣賞它們對看不見的秩序以及人類爲這種秩序和諧地調整自己的追求的貢獻。

延伸閱讀：新宗教運動

• Chryssides, George, and Margaret Wilkins. *A Reader in New Religious Movements.* London: Continuum, 2006.

• Dawson, Lorne L., ed. *Cult: Faith, Healing, and Coercion*. New York: Oxford University Press, 2004.

• Galanter, Marc. *Cults: Faith, Healing, and Coercion*. New York: Oxford University Press, 1989.

• Palmer, Susan J. *Moon Sisters, Krishna Mothers, Rajneesh Lovers: Women's Roles in New Religions.* Syracuse, NY: Syracuse University Press, 1994.

• Saliba, John A. *Understanding New Religious Movements.* Walnut Creek, CA: AltaMira Press, 2003.

• Zablocki, Benjamin, and Thomas Robbins, eds. *Misunderstanding Cults: Searching for Objectivity in a Controversial Field.* Toronto and London: University of Toronto Press, 2001.

參考文獻

- Adler, Margot (1986). *Drawing Down the Moon: Witches, Druids, Goddess-Worshippers, and Other Pagans in America Today*, rev. edn. Boston: Beacon Press.
- Anaya, Jaime F. Leal (2004). Epilogue: Unique Significance of Ramtha's Teachings. In *Ramtha: The White Book*, by Ramtha (channeled by JZ Knight), rev. edn. Yelm, WA: JZK Publishing.
- Anlody (1997). "Investments." In *How and When "Heaven's Gate" (The Door to the Physical Kingdom Level Above Human) May Be Entered.* http://religiousmove-ments. lib.virginia.edu/nrms/heavensgate_mirror/book/book.htm, April 16, 2006.
- Arntz, William, Betsy Chasse, and Mark Vicente, dir. 2006. *What the Bleep!?: Down the Rabbit Hole.* Captured Light.
- Asimov, Nanette (2004). "Narconon Banned from SF schools; Anti-drug Teachings Tied to Scientology Called Inaccurate." *San Francisco Chronicle* (August 25).
- Asimov, Nanette (2005). "Schools Urged to Drop Anti-drug Program; Scientology-linked Teachings Inaccurate, Superintendent Says." *San Francisco Chronicle* (February 23).
- Bado-Fralick, Nikki (2005). *Coming to the Edge of the Circle: A Wiccan Initiation Ritual.* Oxford and New York: Oxford University Press.
- Bailey, Brad, and Bob Darden (1993). *Mad Man in Waco: The Complete Story of the Davidian Cult, David Koresh, and the Waco Massacre.* Waco, TX: WRS Publishing.
- Bainbridge, William Sims (1997). *The Sociology of Religious Movements*. New York and London: Routledge.
- Bainbridge, William Sims (2002). *The Endtime Family: Children of God*. Albany: State University of New York Press.
- Bainbridge, William Sims (2004). "After the New Age." *Journal for the Scientific Study of Religion* 43 (3): 381-394.
- Bainbridge, William Sims, and Daniel Jackson (1981). "The Rise and Decline of Transcendental Meditation." In *The Social Impact of New Religious Movement*, ed. Bryan Wilson, 135-58. New York: Rose of Sharon Press.
- Baker, Tim (2004). *Dewitched: What You Need to Know About the Dangers of Wicca and*

Witchcraft. Nashville, TN: Transit Books.

- Balch, Robert W. (1982). "Bo and Peep: A Case Study of the Origins of Messianic Leadership." In *Millennialism and Charisma*, ed. Roy Wallis, 13-72. Belfast: The Queen's University.
- Balch, Robert W. (1995). "Waiting for the Ships: Disillusionment and the Revitalization of Faith in Bo and Peep's UFO Cult." In *The Gods Have Landed: New Religious From Other Worlds*, ed. James R. Lewis, 137-166. Albany: State University of New York Press.
- Balch, Robert W., and David Taylor (1977). "Seekers and Saucers: The Role of the Cultic Milieu in Joining a UFO Cult." *American Behavioral Scientist* 20 (6): 837-860.
- Barker, Eileen (1978). "Living the Divine Principle." *Archives de sciences sociales des religions* 45: 75-93.
- Barker, Eileen (1984). *The Making of a Moonie: Choice or Brainwashing?* London: Basil Blackwell.
- Barker, Eileen (2004). "Perspective: What Are We Studying? A Sociological Case for Keeping the 'Nova'." *Nova Religio* 8 (1): 88-102.
- Barner-Barry, Carol (2005). *Contemporary Paganism: Minority Faith in a Majoritarian America*. New York: Palgrave Macmillan.
- Baylor Center for Community Research and Development (1993). "Waco Area Opinions on the Mt Carmel Raid and Siege," Poll #45. Waco, TX: Baylor University.
- Beck, Melinda, and Susan Frakar (1975). "The world of cults." *Newsweek* (December 4).
- Beckford, James A. (1994). "The Media and New Religious Movements." In *From the Ashes: Making Sense of Waco*, ed. James R. Lewis, 143-148. Lanham, MD: Rowman and Littlefield Publishers.
- Beckford, James A. (1996). *Scientology, Social Science and the Definition of Religion*. Los Angeles: Freedom Publishing.
- Behar, Richard (1991). "The Thriving Cult of Greed and Power." *Time* (May 6): 50-57.
- Beit-Hallahmi, Benjamin (2003). "Scientology: Religion or Racket?" *Marburg Journal of Religion* 8 (1); retrieved from www.uni-marburg.de/religionswissenschaft/journal/mjr/beit. html, May 30, 2004.
- Bennett, Will (1993). "British Children in Care after Cult Raid; Police Arrest 30 Adults after Allegations of Child Abuse." *The Independent* (London; September 3).
- Benson, Herbert (1974). "Your Innate Asset for Combating Stress." *Harvard Business Review* (July-August).
- Berg, Moses David (1968). "The Message of Jeremiah! The Message that Started the Jesus Revolution!" DFO (Disciples and Friends Only) #1337. www.exfamily.org, March 2, 2006.

- Berg, Moses David (1969). "Old Love, New Love." Mo Letter A (August 26). www.exfamily.org, March 2, 2006.
- Berg, Moses David (1970). "I Gotta Split!" Mo Letter #28 (December 22). www.exfamily.org, March 4, 2006.
- Berg, Moses David (1973). "War and Peace – Or, What Has Communism Got?" Mo Letter #255 (April 16). www.exfamily.org, March 7, 2006.
- Berg, Moses David (1974a). "The Blob War!" Mo Letter #315B (October 3). www.exfamily.org, March 7, 2006.
- Berg, Moses David (1974b). "The Law of Love" DO (Disciples Only) #302C (March 21). www.exfamily.org, July 23, 2006.
- Berg, Moses David (1978a). " Happy Rebirthday' – RNR Rules!" DO (Disciples Only) #663 (February). www.exfamily.org, March 7, 2006.
- Berg, Moses David (1978b). "Our New Colony Rules Summarised!" DO (Disciples Only) #675 (January). www.exfamily.org, March 7, 2006.
- Berg, Moses David (1978c). "You Are The Love of God." DO (Disciples Only) #699 (June). www.exfamily.org, March 9, 2006.
- Berg, Moses David (1980). "The Devil Hates Sex!–But God Loves It" DFO (Disciples and Friends Only) #999. www.exfamily.org, March 9, 2006.
- Berg, Moses David (1982). "The Flirty Little Fishy!" DO (Disciples Only), True Komix #293 (January) Zurich: True Komix.
- Berg, Moses David (1984). "To Win Some, Be Winsome." DO (Disciples Only) #1855 (October). www.exfamily.org, March 7, 2006.
- Berg, Moses David (1989). "Child Abuse?!– An Official Statement from the Founders of the Children of God!" Zurich: World Services.
- Berger, Helen A. (1999). *A Community of Witches: Contemporary Neo-Paganism and Witchcraft in the United States*. Columbia, SC: University of South Carolina Press.
- Berger, Helen A., Evan A. Leach, and Leigh S. Shaffer (2003). *Voices from the Pagan Census: A National Survey of Witches and Neo-Pagans in the United States*. Columbia: University of South Carolina Press.
- Berger, Knute (2005) "Who the #$*! Are They? How I Was Suckered by a 35,000-year-old Entity" *Seattle Weekly* (March 9).
- Blake, Mariah (2013). "The Fall of the House of Moon." November 12. www.newrepublic.com/article/115512/unification-church-profile-fall-house-moon (accessed January 10, 2014).
- Bloomfield, Harold, Michael Cain, Dennis Jaffe, and Robert Kory (1975).*TM: Discovering Inner Energy and Overcoming Stress*. New York: Dell.
- Bowcott, Owen (2013). "Scientology Case Has Judges Debating the Meaning of Reli-

gion." July 18. www.theguardian.com/world/2013/jul/18/scientologycase-judges-religion (accessed December 12, 2013).

- Boyer, Paul, and Stephen Nissenbaum (1974). *Salem Possessed: The Social Origins of Witchcraft*. Cambridge, MA: Harvard University Press.
- Bragg, Roy, Laura E. Keeton, and Stefanie Asin (1993). "Agents Fear Cult Children Could Be Used as Shields." *Houston Chronicle* (March 30).
- Brenner, Keri (2008). "Disillusioned Former Students Target Ramtha: Critics Claim They Were 'Brainwashed'." The Olympian (January 27). www.religionnewsblog.com/20447/jz-knight (accessed October 21, 2013).
- Bromley, David G. (1988). "Deprogramming as a Mode of Exit from New Religious Movements: The Case of the Unificationist Movement." In *Falling From the Faith: Causes and Consequences of Religious Apostasy*, 166-184. Newbury Park, CA: Sage Publication.
- Bromley, David G. (1998). "Linking Social Structure and the Exit Process in Religious Organizations: Defectors, Whistle-blowers, and Apostates." *Journal for the Scientific Study of Religion* 37 (March): 145-160.
- Bromley, David G. (2001). "A Tale of Two Theories: Brainwashing and Conversion as Competing Political Narratives." In *Misunderstanding Cults: Searching for Objectivity in a Controversial Field*, ed. Benjamin Zablocki and Thomas Robbins, 318-348. Toronto: University of Toronto Press.
- Bromley, David G. (2002). "Dramatic Denouements." In *Cults, Religion, and Violence*, ed. David G. Bromley and J. Gordon Melton, 11-41. Cambridge: Cambridge University Press.
- Bromley, David G. (2004). "Perspective: Whither New Religions Studies: Defining and Shaping a New Area of Study." *Nova Religio* 8 (2): 83-97.
- Bromley, David G., and J. Gordon Melon, eds. (2002). *Cults, Religion, and Violence*. Cambridge: Cambridge University Press.
- Bromley, David G., and Anson D. Shupe, Jr (1979). *"Moonies" in America: Cult, Church, and Crusade*. Beverly Hills, CA: Sage Publications.
- Bromley, David G., and Anson D. Shupe, Jr (1980). "Financing the New Religions: A Resource Mobilization Approach." *Journal for the Scientific Study of Religion* 19 (Spring): 227-239.
- Bromley, David G., and Anson D. Shupe, Jr (1983). "The Archetypal Cult: Conflict and the Social Construction of Deviance." In *The Family and the Unification Church*, ed. Gene G. James, 1-22. Barrytown, NY: Unification Theological Seminary.
- Bromley, David G., Anson D. Shupe, Jr., and J.C. Ventimiglia (1983). "The Role of Anecdotal Atrocities in the Social Construction of Evil." In *The Brainwashing/Deprogramming Controversy: Sociological, Psychological, Historical and Legal Perspectives*, ed. David G.

Bromley and James T. Richardson, pp. 139-160. New York and Toronto: The Edwin Mellen Press.

- Bromley, David G., and Edward D. Silver (1995). "The Davidian Tradition: From Patronal Clan to Prophetic Movement." In *Armageddon in Waco: Critical Perspectives on the Branch Davidian Conflict*, ed. Stuart A. Wright, pp. 43-72. Chicago and London: University of Chicago Press.
- Brown, Michael F. (1997). *The Channeling Zone: American Spirituality in an Anxious Age.* Cambridge, MA: Harvard University Press.
- Bruce, Alexandra (2005). Beyond the Bleep: *The Definitive Unauthorized Guide to What the Bleep Do We Know!?* New York: The Disinformation Company.
- Bryant, M. Darrol, and Herbert W. Richardson, eds. (1978). *A Time for Consideration: A Scholarly Appraisal of the Unification Church.* New York and Toronto: The Edwin Mellen Press.
- Buckland, Raymond (1991). Scottish Witchcraft: *The History and Magick of the Picts.* St Paul, MN: Llewellyn Publication.
- Buckland, Raymond (1995). *Witchcraft from the Inside: Origins of the Fastest Growing Religious Movement in America.* St Paul, MN: Llewellyn Publication.
- Buckland, Raymond ([1974] 2005). *Buckland's Book of Saxon Witchcraft.* Boston and York Beach, ME: Red Wheel/Weiser.
- Carassava, Anthee (1997). "Greek Court Orders Closure of Scientology Mission." Associated Press (January 17).
- Chamberlain, Knight (2000). "Wiccan Teacher is Fighting Suspension in North Carolina." *Atlanta Journal and Constitution* (January 14).
- Chancellor, James D. (2000). *Life in The Family: An Oral History of the Children of God.* Syracuse University Press.
- Chen, Hon-ming (1997). *God's Descending in Clouds (Flying Saucers) on Earth to Save People*. Garland, TX: privately published.
- Christensen, Dorthe Refslund (1999). "Rethinking Scientology: Cognition and Representation in Religion, Therapy, and Soteriology." Ph.D. dissertation, University of Aarhus, Denmark.
- Christensen, Dorthe Refslund (2005). "Inventing L. Ron Hubbard: On the Construction and Maintenance of the Hagiographic Mythology of Scientology's Founder." In *Controversial New Religion*, ed. James R. Lewis and JesperAagaard Petersen, 227-258. Oxford and New York: Oxford University Press.
- Chryssides, George D. (1999). *Exploring New Religions*. London and New York: Cassell.
- Church of Scientology International (CSI) (1994). *L. Ron Hubbard: A Life of Creativity.* Hollywood, CA: Celebrity Center International.

- Church of Scientology International (1998). *What is Scientology?* Los Angeles: Bridge Publications.
- Church of Scientology International (1999). *The Background, Ministry, Ceremonies and Sermons of the Scientology Religion.* Los Angeles: Bridge Publications.
- Church of Scientology International (2002). *Scientology: Theology and Practice of a Contemporary Religion.* Los Angeles: Bridge Publications.
- Church of Scientology International (2004a). "Scientology Effective Solutions: Providing the Tools for Successful Living." Brussels: Church of Scientology International.
- Church of Scientology International (2004b). *This is Scientology: An Overview of the World's Fastest Growing Religion* (DVD). Los Angeles: Golden Era Productions.
- Church of Scientology International (2005). "L. Ron Hubbard: A Chronicle"; retrieved from www.scientology.org, March 20, 2006.
- Church of Scientology International (2006a). "Quick Facts"; retrieved from www.scientology.org, March 15, 2006.
- Church of Scientology International (2006b). "What is the Sea Organization?"; retrieved from www.scientology.org, March 20, 2006.
- Clifton, Chas S. (2006). *Her Hidden Children: The Rise of Wicca and Paganism in America.* Lanham, MD: AltaMira Press.
- Connell, Joan (1997a). "The New Age Spiritualist and the Old School Scholars." *Washington Post* (March 8).
- Connell, Joan (1997b). "Talking to the Woman behind the Warrior." *Washington Post* (March 8).
- Conway, D. J. (1990). *Celtic Magic.* St Paul, MN: Llewellyn Publications.
- Conway, Flo, and Jim Siegelman (1979). *Snapping: America's Epidemic of Sudden Personality Change.* Philadelphia: Lippincott.
- Coser, Lewis (1974). *Greedy Institutions: Patterns of Undivided Commitment.* New York: Free Press.
- Cowan, Douglas E. (2003a). *Bearing False Witness? An Introduction to the Christian Countercult.* Westport, CT: Praeger Publishers.
- Cowan, Douglas E. (2003b). *The Remnant Spirit: Conservative Reform in Mainline Protestantism.* Westport, CT: Praeger Publishers.
- Cowan, Douglas E. (2004a). "Contested Spaces: Movement, Counter-movement, and E-Space Propaganda." In *Religion Online: Finding Faith on the Internet*, ed. Lorne L. Dawson and Douglas E. Cowan, 255-271. New York and London: Routledge.
- Cowan, Douglas E. (2004b). "Researching Scientology: Academic Premises, Promises, and Problematics." Paper presented to the 2004 international conference of CESNUR (Center for Studies on New Religions), Waco, TX. www.cesnur.org/2004/waco_cowan.htm.

- Cowan, Douglas E. (2005). *Cyberhenge: Modern Pagans on the Internet.* New York and London: Routledge.
- Cowan, Douglas E. (2009). "Researching Scientology: Perceptions, Premises, Promises, and Problematics." In *Scientology*, ed. James R. Lewis, pp. 53-79. New York and Oxford: Oxford University Press.
- Cowan, Douglas E. (2011a). "A Sometimes Mysterious Place' : Heaven's Gate and the Manufactured Crisis of the Internet." In *Heaven's Gate*, ed. George D. Chryssides, pp. 139-154. Farnham, UK: Ashgate.
- Cowan, Douglas E. (2011b). "The Internet." In *The Routledge Handbook of Research Methods in the Study of Religion*, ed. Michael Stausberg and Steven Engler, pp. 459-473. London and New York: Routledge.
- Cowan, Douglas E. (2013). "Beyond Brainwashing: Conversion to New Religious Movements." In *Oxford Handbook of Religious Conversion*, ed. Lewis Rambo and Charles Farhadian, pp. 687-705. Oxford and New York: Oxford University Press.
- Cowan, Douglas E., and David G. Bromley (2006). "The Church of Scientology." In *Introduction to New and Alternative Religion in the United Stated*, ed. Eugene V. Gallagher and W. Michael Ashcraft, 169-96. Westport, CT: Greenwood Press.
- Cowan, Douglas E., and Jeffrey K. Hadden (2004). "God, Guns, and Grist for the Media's Mill: Constructing the Narratives of New Religious Movements and Violence." *Nova Religio* 8 (2): 64-82.
- Cox, Harvey G. (1977). *Turning East: The Promise and Peril of the New Orientalism.* New York: Simon and Schuster.
- Cunningham, Scott (1988). *Wicca: A Guide for the Solitary Practitioner.* St Paul, MN: Llewellyn Publications.
- Cunningham, Scott (1993). *Living Wicca: A Further Guide for the Solitary Practitioner.* St Paul, MN: Llewellyn Publications.
- Daschke, Dereck, and W. Michael Ashcraft, eds. (2005). *New Religious Movement: A Documentary Reader.* New York: New York University Press.
- Daschke, Rex., and James T. Richardson (1976). "Organization and Functioning of the Children of God." *Sociological Analysis* 37: 321-339.
- Davis, Winston (2000). "Heaven's Gate: A Study of Religious Obedience." *Nova Religio* 3 (2): 241-267.
- Dawson, Lorne L., ed. (2004). *Cults and New Religious Movements: A Reader.* Oxford: Blackwell.
- Dawson, Lorne L. (2006). *Comprehending Cults: The Sociology of New Religious Movements*, 2nd edn. Oxford and New York: Oxford University Press.
- Dionne, J., Jr (1999). "Harry and the Book Banners." *Washington Post* (November 2).

- Docherty, Jayne Seminare (2001). *Learning Lessons from Waco: When the Parties Bring Their Gods to the Tables.* Syracuse, NY: Syracuse University Press.
- Doyle, Clive (2012). *A Journey to Waco: Autobiography of a Branch Davidian*, ed. Catherine Wessinger and Matthew D. Wittmer. Waco, TX: Baylor University Press.
- Druckman, Daniel (2000). "Frameworks, Techniques, and Theory: Contributions of Research Consulting in Social Science." *American Behavioral Scientist* 43: 1635-1677.
- Ehrman, Bart D. (1993). *The Orthodox Corruption of Scripture: The Effect of Early Christological Controversies on the Text of the New Testament.* New York and Oxford: Oxford University Press.
- Ehrman, Bart D. (2003). *Lost Christianities: The Battles for Scripture and the Faiths We Never Knew.* New York and Oxford: Oxford University Press.
- Ehrman, Bart D. (2005). *Misquoting Jesus: The Story Behind Who Changed the Bible and Why.* New York: HarperSanFrancisco.
- Ehrman, Bart D. (2014). *How Jesus Became God: The Exaltation of a Jewish Preacher from Galilee.* New York: HarperCollins.
- Enroth, Ronald (1972). *Youth, Brainwashing and the Extremist Cults.* Grand Rapids, MI: Zondervan.
- Fair, Kathy (1993). "Standoff at Cult Compound; Separated from Man with Answers, Followers Keep Vigil." *Houston Chronicle* (March 13).
- Falsani, Cathleen (2002). "All He's Saying Is…" *Chicago Sun-Times* (July 11).
- Farrar, Janet, and Stewart Farrar (1981). *Eight Sabbats for Witches and Rites for Birth, Marriage and Death.* Custer, WA: Phoenix Publishing Inc.
- Farrar, Janet, and Stewart Farrar (1984). *The Witches' Way: Principles, Rituals and Beliefs of Modern Witchcraft.* Custer, WA: Phoenix Publishing Inc.
- Farrar, Stewart (1991). *What Witches Do: A Modern Coven Revealed,* 3rd edn. Blaine, WA: Phoenix Publishing Inc.
- Fennell, Tom, with Brenda Branswell (1997). "Doom Sects." *Maclean's* (April 7).
- Festinger, Leon, Henry W. Riechen, and Stanley Schachter (1956). *When Prophecy Fails: A Social and Psychological Study of a Modern Group that Predicted the Destruction of the World.* Minneapolis: University of Minnesota Press.
- Fisher, Marc, and Jeff Leen (1997). "Stymied in US, Moon's Church Sounds a Retreat." *Washington Post* (November 24).
- Flinn, Frank K. (1994). S*cientology: The Marks of a Religion.* Los Angeles: Freedom Publishing.
- Foster, Lawrence (1981). *Religion and Sexuality: Three Communal Experiments in the Nineteenth Century.* New York: Oxford University Press.
- Frago, Charlie (2013). "Church of Scientology Sets Opening of Long Delayed Flag Build-

ing in Clearwater." Tampa Bay Times (August 16, 2013). http://www.tampabay.com/news/humaninterest/church-of-scientology-sets-opening-oflong-delayed-flag-building-in/2136935 (accessed December 2, 2014).

- Freed, Josh (1980). *Moonwebs: Journey into the Mind of a Cult.* Toronto: Dorset Publishing.
- Friedrich, Otto. 1987. "New Age Harmonies." Time (December 7). www.time.com/time/magazine/article/0,9171, 966129, 00.html#ixzz2aS2D8Z5c (accessed October 21, 2013).
- Frigerio, Alejandro (1996). *Scientology and the Contemporary Definitions of Religion in the Social Sciences.* Los Angeles: Freedom Publishing.
- Galanter, Marc (1989). *Cults: Faith, Healing, and Coercion.* New York: Oxford University Press.
- Galanter, Gerald B. ([1949] 1996). *High Magic's Aid.* Hinton, WV: Godolphin House.
- Galanter, Gerald B. ([1954] 2004). *Witchcraft Today.* New York: Citadel Press.
- Galanter, Gerald B. ([1959] 2004). *The Meaning of Witchcraft.* York Beach, ME: Red Wheel/Weiser.
- Carol Giambalvo, Michael Kropveld, and Michael Langone (2013). "Changes in the North American Cult Awareness Organizations." In *Revisionism and Diversification in New Religious Movements*, ed. Eileen Barker, pp. 227-246. Farnham, UK: Ashgate.
- Glock, Charles Y., and Robert N. Bellah, eds. (1976). *The New Religious Consciousness.* Berkeley and Los Angeles: University of California Press.
- Goode, Erich (2000). *Paranormal Beliefs: A Sociological Introduction.* Prospect Heights, IL: Waveland Press.
- Green, Marion (1991). *A Witch Alone: Thirteen Moons to Master Natural Magic.* London: Thorsons.
- Haldeman, Bonnie (2007). *Memories of the Branch Davidians: The Autobiography of David Koresh's Mother*, ed. Catherine Wessinger. Waco, TX: Baylor University Press.
- Hall, John R. (1995). "Public Narratives and the Apocalyptic Sect: From Jonestown to Mt Camel." In *Armageddon in Waco: Critical Perspectives on the Branch Davidian Conflict*, ed. Stuart A. Wright, 205-35. Chicago and London: University of Chicago Press.
- Hall, John R. (2004). *Gone From the Promised Land: Jonestown in American Cultural History.* New Brunswick, NJ: Transaction Publishers.
- Hanegraaff, Wouter J. (1996). *New Age Religion and Western Culture: Esotericism in the Mirror of Secular Thought.* Leiden and New York: E. J. Brill.
- Harley, Gail (1997). "Academics Find 'Nothing Evil' about Rantha's School." *Nisquallly Valley News* (February 20).
- Harley, Gail (2005). "From Atlantis to America: JZ Knight Encounters Ramtha." In *Controversial New Religions*, ed. James R. Lewis and Jesper Aagaard Petersen, 319-30. Oxford and New York: Oxford University Press.

- Heaven's Gate (1975). "UFO's: Why They Are Here, Who They Have Come For" poster used for public meetings, 1975-1976; in *How and When "Heaven's Gate" (The Door to the Physical Kingdom Level Above Human) May Be Entered: An Anthology of Our Materials*. http://religiousmovements.lib.virginia.edu/nrms/heavensgate_mirror/book/2-3. htm (accessed April 16, 2006).
- Heaven's Gate (1976). "The Steps 17." In *How and When "Heaven's Gate" (The Door to the Physical Kingdom Level Above Human) May Be Entered: An Anthology of Our Materials*. http://religiousmovements.lib.virginia.edu/nrms/heavensgate_mirror/ book/2-5.htm (accessed April 16, 2006).
- Heaven's Gate (1988a). "Update 88- The UFO Two and Their Crew: A Brief Synopsis." In *How and When "Heaven's Gate" (The Door to the Physical Kingdom Level Above Human) May Be Entered: An Anthology of Our Materials*. http://religiousmovements.lib. virginia.edu/nrms/heavensgate_mirror/book/3-3.htm (accessed April 16, 2006).
- Heaven's Gate (1988b). "Additional Guidelines for Learning Control and Restrain: A Self-examination Exercise." In *How and When "Heaven's Gate" (The Door to the Physical Kingdom Level Above Human) May Be Entered: An Anthology of Our Materials*. http:// religiousmovements.lib.virginia.edu/nrms/heavensgate_mirror/book/2-6.htm (accessed April 16, 2006).
- Heelas, Paul (1996). *The New Age Movement: The Celebration of the Self and the Sacralization of Modernity.* Oxford: Blackwell.
- Heide, Frederick J., and T. D. Borkovec (1983). "Relaxation-induced Anxiety: Paradoxical Anxiety Enhancement Due to Relaxation Training." *Journal of Consulting and Clinical Psychology* 51 (2): 171-182.
- Heide, Frederick J., and T. D. Borkovec (1984). "Relaxation-induced Anxiety: Mechanisms and Theoretical Implications." *Behavioral Research Therapy* 22: 1-12.
- Heselton, Philip (2000). *Wiccan Roots: Gerald Gardner and the Modern Witchcraft Revival.* Milverton, UK: Capall Bann Publishing.
- Hexham, Irving, and Karla Poewe (1999). "Verfassungsfeindlich: Church, State, and New Religious in Germany." *Nova Religio* 2 (2): 208-227.
- Hong, Nansook (1998). *In the Shadow of the Moons: My Life in the Reverend Sun Myung Moon's Family.* Boston: Little, Brown.
- Hubbard, L. Ron ([1950] 1990). *Dianetics: The Modern Science of Mental Health.* Los Angeles: Bridge Publications.
- Hubbard, L. Ron ([1958] 1977). *Have You Lived Before This Life? A Scientific Survey: A Study of Death and Evidence of Past Lives.* Los Angeles: Church of Scientology of California.
- Hubbard, L. Ron ([1981] 2005). *The Way to Happiness: A Common Sense Guide to Better*

Living. Glendale, CA: The Way to Happiness Foundation International.

- Hubbard, L. Ron (1988). *Scientology: The Fundamentals of Thought.* Los Angeles: Bridge Publications.
- Hubbard, L. Ron (1996). *Ron the Philosopher: The Rediscovery of the Human Soul. Hollywood,* CA: L. Ron Hubbard Library.
- Humphreys, Bernard (1992). "Sex Cult: 124 Children Held." *The (Adelaide) Advertiser* (May 16).
- Hunt, Dave (1996). *In Defense of the Faith: Biblical Answers to Challenging Questions.* Eugene, OR: Harvest House Publishers.
- Hutton, Ronald (1999). *Triumph of the Moon: A History of Modern Pagan Witchcraft.* Oxford: Oxford University Press.
- Hutton, Ronald (2003). *Witches, Druids and King Arthur.* London and New York: Hambledon and London.
- Ideal Girls School (n.d.). *"About Consciousness-Based Education"* ; retrieved from www.idealgirlsschool.org/cbe/cnsc.htm, June 14, 2006.
- Jacobs, Janet Liebman (1989). *Divine Disenchantment: Deconverting from New Religions.* Bloomington, IN: University of Indiana Press.
- James, William ([1902] 1994). *The Varieties of Religious Experience: A Study in Human Nature.* New York: The Modern Library.
- Johnston, Hank (1980). *"The Marketed Social Movement: A Case Study of the Rapid Growth of TM."* Pacific Sociological Review 23 (3): 333-354.
- Katz, Ian (1994). "Religious Group Tries to Return to Normal." Associated Press (February 12).
- Kelley, Dean M. (1996). *Is Scientology a Religion?* Los Angeles: Freedom Publishing.
- Kelley, Aidan (1991). *Crafting the Art of Magic: Book 1.* St Paul, MN: Llewellyn Publications.
- Kennedy, John W. (2001). "Field of TM Dreams." *Christianity Today* (January 8).
- Kent, Stephen A. (1999a). "The Creation of 'Religious' Scientology." *Religious Studies and Theology* 18 (2): 97-126.
- Kent, Stephen A. (1999b). "Scientolog - Is this a Religion?" *Marburg Journal of Religion* 4 (2). www.uni-marburg.de/fb11/religionswissenschaft/journal/mjr/kent.html (accessed May 30, 2004).
- Kessler, John (2006). "Sushi USA." *The Atlanta Journal-Constitution* (June 18).
- Kliever, Lonnie (1982). "Unification Thought and Modern Theology." *Religious Studies Review* 8: 214-221.
- Knight, JZ (1987). *A State of Mind: My Story.* Yelm, WA: JZK Publishing.
- Knight, JZ (1995). "Greetings from JZ Knight." Beginning Consciousness and Energy

Workshop (13 May 14). www.ramtha.com/intjz.html (accessed January 21, 2001).

- Knight, JZ (1997). "In Her Own Words ······JK Knight." *North Thurston Communities* (April 25).
- Kopel, David B., and Paul H. Blackman (1996). "*The Unwarranted Warrant: The Waco Search Warrant and the Decline of the Fourth Amendment.*" *Hamline Journal of Public Law and Policy* 18 (1): 1-12.
- Krylova, Galina A. (n.d.). "Anti-Cultists vs. CARP: An Important Russian Legal Saga". www.cesnur.org/testi/galina.htm (accessed March 29, 2006).
- Kyriazopolous, Kyriakos N. (2001). "The Legal Treatment of Scientology's Church in Greece." Paper presented to the 2001 international conference of CESNUR (Center for Studies on New Religions), London. www.cesnur.org/2001/london2001/kyriazopolous. html (accessed March 18, 2006).
- Lalich, Janja, and Michael D. Langone (2006). "Characteristics Associated with Cultic Groups - Revised". www.culticstudies.org/infoserv_articles/langone_michael_checklis. htm (accessed June 23, 2006).
- Lapham, Lewis (2005). *With the Beatles. Hoboken,* NY: Melville House Publishing.
- Larson, Bob (1989). *Larson's New Book of Cults*, rev. edn. Wheaton, IL: Tyndale House.
- Lattin, Don (2001a). "Escaping a Free Love Legacy; Children of God Sect Hopes It Can Overcome Sexy Image." *San Francisco Chronicle* (February 14).
- Lattin, Don (2001b). "Leaving the Fold: Third-generation Scientologist Grows Disillu-sioned with Faith." *San Francisco Chronicle* (February 12).
- Lawrence, J. M. (1998). "Spirituality: Witches Want to Sweep Image Clean; Believers Tired of Persecution." *Boston Herald* (October 22).
- Lazarus, Arnold (1976). "Psychiatric Problems Precipitated by Transcendental Medita-tion." *Psychological Report* 39: 601-2.
- Lea, Henry Charles (1939). *Materials Toward a History of Witchcraft*, vol. 1, ed. Arthur C. Howland. New York and London: Thomas Yoseloff.
- LeBlanc, Steve (2001). "Massachusetts Governor Signs Bill Exonerating Five Executed as Salem Witches." Associated Press (November 2).
- Leiby, Richard (1999). "Sex, God, and Rock-and-Roll." *Washington Post* (September 26).
- Leiby, Richard (2005). "A Place in the Desert for New Mexico's Most Exclusive Circles." *Washington Post* (November 27).
- Leland, Charles Godfrey ([1899] 1974). *Aradia: The Gospel of the Witches.* London: C.W. Daniel Co.
- LeMoult, John E. (1983). "Deprogramming Members of Religious Sects." In *The Brainwashing/ Deprogramming Controversy: Sociological, Psychological,* Legal and

Historical Perspectives, ed. David G. Bromley and James T. Richardson, 234-257. New York and Toronto: The Edwin Mellen Press.

- Levy, Steven (1997). "Blaming the Web." *Newsweek* (April 7): 46-47.
- Lewis, James R., ed. (1994). *From the Ashes: Making Sense of Waco.* Lanham, MD: Rowman and Littlefield.
- Lewis, James R., ed. (1995). *The Gods Have Landed: New Religions From Outer Space.* Albany: State University of New York Press.
- Lewis, James R., ed. (2003). *Encyclopedic Sourcebook of UFO Religions.* Amherst, NY: Prometheus Books.
- Lewis, James R., ed. (2004). *The Oxford Handbook of New Religious Movements.* New York and London: Oxford University Press.
- Lewis, James R., ed. (2009). *Scientology.* New York and Oxford: Oxford University Press.
- Lewis, James R., and J. Gordon Melton, eds. (1992). *Perspectives on the New Age.* Albany: State University of New York Press.
- Lewis, James R., and J. Gordon Melton, eds. (1994). *Sex, Slander, and Salvation: Investigation The Family/The Children of God. Stanford,* CA: Center for Academic Publication.
- Lifton, Robert J. (1961). *Thought Reform and the Psychology of Totalism: A Study of "Brainwashing" in China.* New York: W.W. Norton.
- Linedecker, Clifford L. (1993). *Massacre at Waco, Texas: The Shocking Story of Cult Leader David Koresh and the Branch Davidians.* New York: St Martin's Press.
- Lofland, John, and Rodney Stark (1965). "Becoming a World-Saver: A Theory of Conversion to a Deviant Perspective." *American Sociological Review* 30: 862-75.
- Lowe, Scott (2010). "The neo-Hindu Transformation of an Iowa Town." *Nova Religio* 13(3): 81-91.
- Lowe, Scott (2011). "Transcendental Meditation, Vedic Science and Science." *Nova Religio* 14(4): 54-76.
- Lowe, Scott (n.d.). "Transcendental Meditation (TM)." *World Religions & Spirituality Project VCU*. www.has.vcu.edu/wrs/profiles/Transcendental Meditation.htm (accessed September 30, 2013).
- Luhrmann, Tanya (1989). *Persuasions of the Witch's Craft: Ritual Magic in Contemporary England.* Cambridge, MA: Harvard University Press.
- McCoy, Edain (1994). *Witta: An Irish Pagan Tradition.* St Paul, MN: Llewellyn Publications.
- MacLaine, Shirley (1983). *Out on a Limb.* New York: Bantam.
- MacLaine, Shirley (1985). *Dancing in the Light.* New York: Bantam.
- McSherry, Lisa (2002). *The Virtual Pagan: Exploring Wicca and Paganism through the Internet.* Boston and York Beach. ME: Red Wheel/Weiser.
- Magliocco, Sabine (2004). *Witching Culture: Folklore and Neo-Paganism in America.*

Philadelphia: University of Pennsylvania Press.

- Maharishi School (n.d.). "Welcome to Maharishi School Website". www.Maharishischooliowa.org (accessed June 14, 2006).
- Maharishi University of Management (n.d.). "Natural Security Agency: Invincibility to Every Nation through Creative Intelligence, Higher Consciousness and Natural Law." www.goldendome.org/nsa.htm (accessed July 22, 2006).
- Maharishi Vedic Education (2001). "Introduction to the TM-Sidhi ®Program". www.tm.org/sidhi/index.html (accessed June 13, 2006).
- Maharishi Vedic Education Development Corporation (2005). "View Scientific Research Charts on the Effects of Transcendental Meditation". www.tm.org/discover/research/charts/index.html (accessed June 14, 2006).
- Mallia, Joseph (1998). "Inside the Church of Scientology." *Boston Herald* (I March 5).
- *Malnak v. Yogi* (1977a).440F. Supp 1284.
- *Malnak v. Yogi* (1977b). US District Court, District of New Jersey, Civil Action No. 76-341.
- Manny, Nancy (2009). *My Billion Year Contract: Memoir of a Former Scientologist.* Bloomington, IN: XLibris.
- Markoff, John (1997). "Death in a Cult: The Technology." *New York Times* (March 28): A20.
- Martin, Sheila (2009). *When They Were Mine: Memoirs of a Branch Davidian Wife and Mother,* ed. Catherine Wessinger. Waco, TX: Baylor University Press.
- Mason, Paul (1994). *The Maharish: The Biography of the Man who Gave Transcendental Meditation to the West.* Shaftesbury, UK: Element Books.
- Mayer, Jean-François (1999). " 'Our Terrestrial Journey is Coming to an End' : The Last Voyage of the Solar Temple," trans. Elijah Siegler. *Nova Religio* 2 (2): 172-196.
- Mayer, Jean-François (2001). "The Movement for the Restoration of the Ten Command-ment of God." *Nova Religio* 5 (1): 203-210.
- Maynard, Steve (1997). "About JZ Knight." *The News Tribune* (Tacoma, WA; February 9).
- Meek, James (1999). "Sect Losers Battle to Become a Charity; Scientology 'is not a Reli-gion' ." *The Guardian* (London; December 10).
- Melton, J. Gordon (1986). *Encyclopedic Handbook of Cults in America.* New York: Garland.
- Melton, J. Gordon (1998a). *Encyclopedia of American Religions,* 6th edn. Detroit: Gale Research.
- Melton, J. Gordon (1998b). *Finding Enlightenment: Ramtha's School of Ancient Wisdom.* Hillsboro, OR: Beyond Words Publishing.
- Melton, J. Gordon (2000). *The Church of Scientology.* Turin: Signature Books.

- Melton, J. Gordon (2003). "A Contemporary Ordered Religious Community: The Sea Organization." In *New Religious Movements and Religious Liberty in America*, ed. Derek H. Davis and Barry Hankins, 2nd edn., 43-62. Baylor, TX: Baylor University Press.
- Melton, J. Gordon (2004). "Perspective: Toward a Definition of 'New Religion'." *Nova Religio* 8 (1): 73-87.
- Melton, J. Gordon, Aidan A. Kelly, and Jerome Clark, eds. (1990). *New Age Encyclopedia*. Detroit: Gale Research.
- Miller, Mark (1997). "Secrets of the Cult." *Newsweek* (April 14): 29.
- Miller, Russell (1987). *The Bare-Faced Messiah: The True Story of L. Ron Hubbard*. Toronto: Key Porter Books.
- Miller, Timothy (1995). *America's Alternative Religions*. Albany: State University of New York Press.
- Millikan, David (1994). "The Children of God, The Family of Love, The Family." In *Sex, Slander, and Salvation: Investigation The Family/Children of God*, ed. James R. Lewis and J. Gordon Melton, 181-252. Stanford, CA: Center for Academic Publication.
- Mizroch, Amir (2006). "Forget the F-16s, Israel Needs More Yogic Flyers to Beat Hizbullah." *The Jerusalem Post* (July 23).
- Moon, Sun Myung (1973). *Divine Principle*. Washington, DC: Holy Spirit Association for the Unification of World Christianity.
- Moon, Sun Myung (1992). "Leaders Building a World of Peace." Speech to the World Cultural and Sports Festival, Seoul, Korea (August 24). www.unification.org/ucbooks/Mspks/1992/920824.html (accessed March 2, 2006).
- Moore, Carol (1995). *The Davidian Massacre: Disturbing Questions about Waco which Must Be Answered*. Franklin, TN, and Springfield, VA: Legacy Communications.
- Murray, Margaret (1921). *The Witch-cult in Western Europe: A Study in Anthropology*. Oxford: Clarendon Press.
- Murray, Margaret (1931). *The God of the Witches*. London: Oxford University Press.
- Nash, Nathaniel C. (1993). "Argentines Say a Sex Cult Enslaved 268 Children." *The New York Times* (September 3).
- Nathan, Debbie, and Michael Snedeker (1995). *Satan's Silence: Ritual Abuse and the Making of a Modern American Witch Hunt*. New York: Basic Books.
- Natural Law Party (1999a). "Scottish Party Election Broadcast". www.natural-law-party.org.uk/index.htm (accessed July 22, 2006).
- Natural Law Party (1999b). "UK Party Election Broadcast" www.natural-law-party.org.uk/index.htm (accessed July 22, 2006).
- Neitz, Mary Jo, and Marion S. Goldman, eds. (1995). *Sex, Lies and Sanctity: Religion and Deviance in Contemporary North America*. Greenwich, CT: JAI Press.

- Newport, Frank, and Maura Strausberg (2001). "Americans' Belief in Psychic and Paranormal is up over Last Decade"; retrieved from www.galluo.com, December 22, 2004.
- Newport, Kenneth G. C. (2006). *The Branch Davidians of Waco: The History and Beliefs of an Apocalyptic Sect.* Oxford: Oxford University Press.
- *Nisqually Valley News* (1997). "Who Are the Students of the Ramtha School?" *Nisqually Valley News* (February 27).
- Oliver, Moorman (1994). "Today's Jackboots: The Inquisition Revisited" In *Sex, Slander, and Salvation: Investigating The Family/The Children of God*, ed. James R. Lewis and J. Gordon Melton, 137-52. Stanford, CA: Center for Academic Publication.
- Orenstein, Alan (2002). "Religion and Paranormal Belief." *Journal for the Scientific Study of Religion* 41 (2): 301-311.
- Ownby, David (2008). "In Search of Charisma: The Falun Gong Diaspora." *Nova Religio* 12(2): 106–120.
- Palmer, Susan J. (1994). *Moon Sister, Krishna Mothers, Rajneesh Lovers: Women's Roles in New Religions.* Syracuse, NY: Syracuse University Press.
- Palmer, Susan J. (1999). "Frontiers and Families: The Children of Island Pond." In *Children in New Religions*, ed. Susan J. Palmer and Charlotte Hardman, 153-170. New Brunswick, NJ: Rutgers University Press.
- Palmer, Susan J. (2001). "Spiritual Etiquette or Research Ethics? An Innocent Ethnographer in the Cult Wars." In *Toward Reflexive Ethnography: Participating, Observing, Narrating*, ed. David G. Bromley and Lewis Carter, pp. 133-156. Oxford: Elsevier Science.
- Palmer, Susan J. (2004). *Aliens Adored: Raël's UFO Religion.* New Brunswick, NJ Rutgers University Press.
- Partridge, Christopher, ed. (2003). *UFO Religions.* London and New York: Routledge.
- Passos, Nikos, and Manuel Escamillo Castillo (1992). "Scientology and Its 'Clear' Business." *Behavioral Science and the Law* 10: 103-116.
- Patanjali (1990). *The Yoga Sutras of Patanjali,* trans. Sri Swami Satchidananda. Yogaville, VA: Integral Yoga® Publications.
- Patrick, Robert (2013). "Missouri Library Agrees Not to Block Witch Websites." *St. LouisPost-Dispatch* (March 6). http://www.stltoday.com/news/local/crime-and-courts/missouri-library-agrees-not-to-block-witch-websites (accessed 12 December 2013).
- Pemberton, Lisa (2006). "Behind the Gates at Ramtha's School." *The Olympian* (July 16). www.theolympian.com/2006/07/16/50044_p3/behind-the-gatesat-ramthas-school.html(accessed October 21, 2013).
- Phelan, James S. (1976). "Looking for: The Next World." *New York Times Magazine* (February 29).
- Pike, Sarah M. (2001). *Earthly Bodies, Magical Selves: Cotemporary Pagans and the Search*

for Community. Berkeley and Los Angeles: University of California Press.

- Pittman, Nancy Chandler (2003). *Christian Wicca: The Trinitarian Tradition.* Bloomington, IN: First Books Library.
- Pitts, William L., Jr (1995). "Davidians and Branch Davidians: 1929-1987." In *Armageddon in Waco: Critical Perspectives on the Branch Davidian Conflict,* ed. Stuart A. Wright, 20-42. Chicago and London: University of Chicago Press.
- Puttick, Elizabeth (1997). *Women in New Religions: In Search of Community, Sexuality, and Spiritual Power.* New York: St Martin's Press.
- Rae, Stephen (1991). "Yes, They're Still At It! (Celebrity Cult Followers)." *Cosmopolitan* (US edition; August).
- Ramtha (channeled by JZ Knight) (1994). "Greetings from Ramtha: Ramtha's Introduction Talk, October 1994." www.ramtha.com/intram.html (date unknown).
- Ramtha (channeled by JZ Knight) (2004). *Ramtha: The White Book*, rev. edn. Yelm, WA: JZK Publishing.
- Ramtha's School of Enlightenment (n.d.). "Ramtha's School of Enlightenment: An Intro-duction." http://ramtha.com/html/pdf/introduction.pdf (accessed May 20, 2006).
- Rathbun, Marty (2013). *Memoirs of a Scientology Warrior.* Scotts Valley, CA: CreateSpace.
- RavenWolf, Silver (1993). *To Ride a Silver Broomstick: New Generation Witchcraft.* St Paul, MN: Llewellyn Publications.
- RavenWolf, Silver (1998). *Teen Witch for a New Generation.* St Paul, MN: Llewellyn Publications.
- RavenWolf, Silver (2003). *Solitary Witch: The Ultimate Book of Shadows for a New Gener-ation.* St Paul, MN: Llewellyn Publications.
- Reavis, Dick J. (1995). *The Ashes of Waco: An Investigation.* New York: Simon and Schuster.
- Reid, Siân (2000). "Witch Wars: Factors Contributing to Conflict in Canadian Neopagan Communities." *The Pomegranate* 11: 10-20.
- Reitman, Janet (2011). *Inside Scientology: The Story of America's Most Secretive Religion.* New York: Houghton Mifflin Harcourt.
- Reuters (1990). "Sect in Bid to Get 22 Children Back." *Sunday Herald* (July 15).
- Reuters (1993). "Police Swoop on Child Sex Cult." Press Association (June 10).
- Reuters (2002). "Double, Double, War and Trouble, Military Pagans Make the Cauldron Bubble" (December 5).
- Richardson, James T. (1995). "Manufacturing Consent about Koresh: A Structural Analysis of the Role of Media in the Waco Tragedy." In *Armageddon in Waco: Critical Perspective on the Branch Davidian Conflict*, ed. Stuart A. Wright, 153-176. Chicago and London: University of Chicago Press.

- Richardson, James T., Joel Best, and David G. Bromley, eds. (1991). *The Satanism Scare*. Hawthorne, NY: Aldine de Gruyter.
- Richardson, James T., and Massimo Introvigne (2001). "'Brainwashing' Theories in European Parliamentary and Administrative Reports on 'Cults' and 'Sects'." *Journal of the Scientific Study of Religion* 40 (2): 143-168.
- Rosin, Hanna (1999). "An Army Controversy: Should The Witches Be Welcome? Flap Over Wiccans Tests Military's Religious Tolerance." *Washington Post* (June 8).
- Sagan, Carl (1996). *The Demon-Haunted World: Science as a Candle in the Dark*. New York: Ballantine Books.
- Saliba, John A. (2003). *Understanding New Religious Movements*. Walnut Creek, CA: AltaMira Press.
- Sappell, Joel, and Robert W. Welkus (1990). "The Scientology Story: A Six-Part Series." *Los Angeles Times* (June 24-29).
- Sargent, William W. (1957). *Battle for the Mind: A Physiology of Conversion and Brainwashing*. New York: Doubleday.
- Satir, F. E. (1997a). "Academic Analysis: A Panel of Scholars Will Be at the Yelm Estate of Channeler JZ Knight to Discuss its Study of her School." *The Olympian* (Olympia, WA; February 7).
- Satir, F. E. (1997b). "JZ Knight's Journey Began Years Ago." *The Olympian* (Olympia, WA; February 16).
- Satir, F. E. (1997c). "Ramtha Seer Isn't Fraud, Scholars Say." *The Olympian* (Olympia, WA; February 15).
- Schnoebelen, William (1990). *Wicca: Satan's Little White Lie*. Chino, CA: Chick Publications.
- Schoen, Brigitte (2002). "Deconstructing Reality from Highly Deviant Perspectives." *Nova Religio* 6 (1): 102-118.
- Scott, R. D. (1978). *Transcendental Misconceptions*. San Diego: Beta Books.
- Shepherd, Gary, and Gordon Shepherd (2005). "Accommodation and Reformation in The Family/Children of God." *Nova Religio* 9 (1): 67-92.
- Shepherd, Gordon, and Garry Shepherd (2006). "The Social Construction of Prophecy in The Family International." *Nova Religio* 10 (2): 31-58.
- Shupe, Anson. ed. (1998). *Wolves Within the Fold: Religious Leadership and Abuses of Power*. New Brunswick, NJ: Rutgers University Press.
- Shupe, Anson D., Jr, and David G. Bromley (1980). *The New Vigilantes: Deprogrammers, Anti-Cultists, and the New Religions*. Beverly Hills, CA: Sage Publications.
- Shupe, Anson, and Susan E. Darnell (2006). *Agents of Discord: Deprogramming, Pseudo-Science, and the American Anticult Movement*. New Brunswick, NJ: Transaction

Publishers.

- Shupe, Anson D., William A. Stacey, and Susan E. Darnell, eds. (2000). *Bad Pastors: Clergy Misconduct in Modern America*. New York: New York University Press.
- Simpson, Jacqueline (1994). "Margaret Murray: Who Believed Her, and Why?" *Folklore* 105: 89-96.
- Singer, Margaret, and Janja Lalich (1995). *Cults in Our Midst*. San Francisco: Jossey-Bass.
- Sommer, Mark (2005). "Special Report: Church of Scientology." *Buffalo News* (January 30-Februay 2).
- Spiritual Counterfeits Project (1978). *TM in Count*. Berkeley, CA: Spiritual Counterfeits Project.
- Spiritual Regeneration Movement (1959). "Amended Articles of Incorporation of the Spiritual Regeneration Movement Foundation (July 7)"; reprinted in *TM-Ex Newsletter* (Spring 1993). http://minet.org/Documents/srm-incorporation (accessed June 14, 2006).
- Stammer, Larry B. (1993). "Cult's Believers Waiting for Judgment Day." *Los Angeles Times* (March 1).
- Starhawk (1989). *The Spiral Dance: A Rebirth of the Ancient Religion of the Great Goddess*, rev. edn. San Francisco: Harper and Row, Publishers.
- Starhawk, M. Macha NightMare, and The Reclaiming Collective (1997). *The Pagan Book of Living and Dying: Practical Rituals, Prayers, Blessings, and Meditations on Crossing Over*. New York: Harper-SanFrancisco.
- Stark, Rodney (1984). "The Rise of a New World Faith." *Review of Religious Research* 26 (1): 18-27.
- Stark, Rodney, and William Sims Bainbridge (1985). *The Future of Religion: Secularization, Revival, and Cult Formation*. Berkeley and Los Angeles: University of California Press.
- Staunton, Denis (1996). "German MPs Attack Scientology." *The Irish Times* (August 20).
- Sutcliffe, Steven J. (2003). *Children of the New Age: A History of Spiritual Practice*. London and New York: Routledge.
- Tabor, James D. (1995). "Religious Discourse and Failed Negotiation: The Dynamics of Biblical Apocalypticism." In *Armageddon in Waco: Critical Perspectives on the Branch Davidian Conflict*, ed. Stuart A. Wright, 263-81. Chicago and London: University of Chicago Press.
- Tabor, James D., and Eugene V. Gallagher (1995). *Why Waco? Cults and the Battle for Religious Freedom in America*. Berkeley and Los Angeles: University of California Press.
- Thibodeau, David (1999). *A Place Called Waco: A Survivor's Story*. New York: Public Affairs.
- Thomas, Evan, et al. (1997). "The Next Level." *Newsweek* (April 7).

- Ti and Do (1975). "First Statement of Ti and Do"；in *How and When "Heaven's Gate" (The Door to the Physical Kingdom Level Above Human)May Be Entered: An Anthologyof Our Materials.* http://religiousmovement.lib.virginia.edu/nrm/heavensgate_mirror/book/2-2.htm (accessed April 16,2006).
- Tkach, Joseph (1997). *Transformed by Truth: The Worldwide Church of God Rejects the Teachings of Founder Herbert W. Armstrong and Embraces Historic Christianity.* Colorado Springs, CO: Multnomah Press.
- Tumminia, Diana G. (2005). *When Prophecy Never Fails: Myth and Reality in a Flying-Saucer Group.* Oxford and New York: Oxford University Press.
- Urban, Hugh B. (2011). *The Church of Scientology: A History of a New Religion.* Princeton, NJ: Princeton University Press.
- Valiente, Doreen (1984). "Appendix A: The Search for Old Dorothy." In *The Witches' Way: Principles, Rituals and Beliefs of Modern Witchcraft*, by Janet Farrar and Stewart Farrar, 283-293. Custer, WA: Phoenix Publishing Inc.
- Van Baalen, J.K. (1960). *The Chaos of Cults: A Study in Present-Day ISMS*, 4th ed. Grand Rapids, MI: Eerdmans.
- Van Zandt, David E. (1991). *Living in the Children of God.* Princeton: Princeton University Press.
- Vedic Scholars (n.d.). "Maharishi Vedic Scholar Campus for America." http://vedicscholars.globalcountryofworldpeace.org/02.html (accessed June 14, 2006).
- Vicente, Mark, Betsy Chasse, and William Arntz, dir. (2004). *What the Bleep Do We Know!?* Lord of the Wind Films.
- Victor, Jeffrey S. (1993). *Satanic Panic: The Creation of a Contemporary Legend.* Chicago: Open Court.
- Wagner-Pacifici, Robin (1994). *Discourse and Destruction: The City of Philadephia versus MOVE.* Chicago and London: University of Chicago Press.
- Wallace, Robert (1970). "The Physiological Effects of Transcendental Meditation." *Science* 167: 1251-1254.
- Wallace, Robert, and Herbert Benson (1972). "The Physiology of Meditation." *Scientific American* 22: 84-90.
- Wallace, Robert, David W. Orme-Johnson, and Michael C. Dillbeck (1990). *Scientific Research on Maharishi's Transcendental Meditation and TM-Sidhi Program: Collected Papers*, vol. 5. Fairfield, IA: Maharishi International University of Management.
- Wallis, Roy (1976). *The Road to Total Freedom: A Sociological Analysis of Scientology.* London: Heinemann Educational.
- Wallis, Roy (1981). "Yesterday's Children: Cultural and Structural Change in a New Religious Movement." In *The Social Impact of New Religious Movements, ed. Bryan Wilson*,

97-133. New York: Rose of Sharon Press.

- Wangerin, Ruth (1993). *The Children of God.* Westport, CT: Bergin and Garvey.
- Wessinger, Catherine (2000). *How the Millennium Comes Violently: From Jonestown to Heaven's Gate.* New York and London: Seven Bridges Press.
- West, L. J., and M. D. Langone (1986). "Cultism: A Conference for Scholars and Policy Makers." *Cultic Studies Journal* 3: 117-134.
- White, Ethan Doyle (2011). "Robert Cochrane and the Gardnerian Craft: Feuds, Secret, and Mysteries in Contemporary British Witchcraft." *The Pomegranate* 13(2): 205-224.
- Whitsel, Bradley C. (2003). *The Church Universal and Triumphant: Elizabeth Clare Prophet's Apocalyptic Movement.* Syracuse, NY: Syracuse University Press.
- Williams, Miriam (1998). *Heaven's Harlots: My Fifteen Years as a Sacred Prostitute in the Children of God Cult.* New York: William Morrow.
- Wright, Lawrence. (2013). *Going Clear: Scientology, Hollywood, and the Prison of Belief.* New York: Alfred A. Knopf.
- Wright, Stuart A. (1995). *Armageddon in Waco: Critical Perspectives on the Branch Davidian Conflict.* Chicago and London: University of Chicago Press.
- Wright, Stuart A. (1997). "Media Coverage of Unconventional Religion: Any 'Good News' for Minority Faith?" *Review of Religious Research* 39 (2): 101-115.
- Wright, Stuart A. (2001). "Justice Denied: The Waco Civil Trial." *Nova Religio* 5 (1): 143-151.
- Yogi, Maharishi Mahesh (1963). *The Science of Being and the Art of Living.* New York: Signet.
- Zablocki, Benjamin, and Thomas Robbins, ed. (2001). *Misunderstanding Cults: Searching for Objectivity in a Controversial Field.* Toronto and London: University of Toronto Press.
- Zeller, Benjamin E. (2014). *Heaven's Gate: America's UFO Religion.* New York: New York University Press.
- Zukav, Gary (1979). *The Dancing Wu Li Masters: An Overview of the New Physics.* New York: HarperCollins.
- Zuzel, Michael (1997). "Fringe Religion Offers Different Nooks for Different Kooks." *The Columbian* (Vancouver; September 2).

索引

譯後記

　　本書是關於膜拜團體和新宗教運動歷史的簡明讀本，2008年初版，2015年再版。該書英文版出版後，旋即成為歐美教科書，並被譯成德語、捷克語和日語出版。《新宗教：替代與新宗教學報》（Nova Religio-The Journal of Alternative and Emergent Religious）、《宗教》（Religion）以及《宗教史學報》（Journal of Religious History）等刊物都有正面的評論。

　　本書的兩位作者是道格拉斯·E.考恩（Douglas E. Cowan）和大衛·G.布羅姆利（David G. Bromley）。考恩是加拿大滑鐵盧大學雷尼森學院（Renison College, University of Waterloo）教授，從事宗教學、社會發展等領域的研究，是《新宗教：替代與新宗教學報》的聯合主編之一。布羅姆利是美國弗吉尼亞聯邦大學世界研究學院（School of World Studies, Virignia Commonwealth University）教授，他的研究涉及宗教與社會、社會運動、異常行為等方面，有很多新宗教運動方面的論著，也曾擔任多種宗教學刊物的編輯。

　　本書的兩位作者通過對八個團體的分析介紹，展示了當代西方膜拜團體和新宗教運動的特點和歷史線索。結合這些分析介紹，作者們還嵌入了一些特定議題的討論，比如膜拜團體與宗教、巫術、科學、家庭、大眾媒體的關係，以及膜拜團體所涉及的洗腦、性、暴力、犯罪、文化恐

慌，以及脫教等問題。全書以「看不見的秩序」這一概念工具，把握膜拜團體的行事邏輯，重新思考宗教的本質，相信對讀者會很有啓發。針對每個個案，作者們分別介紹了相關的研究狀況，提供了拓展閱讀文獻，對於希望跟蹤研究進展和瞭解更多觀點的讀者來說，是很有幫助的。

我非常感謝中國科學院科技戰略諮詢研究院的趙超博士。他根據英文初版譯出了全書。現在呈現在讀者面前的這個漢譯本，雖然是我根據英文第二版翻譯的，但我是在趙超博士根據英文初版翻譯的文字基礎上工作的。而且，我在翻譯英文第二版的過程中，跟趙博士多有討論，他的社會學背景和他對本書英文初版的把握，極大地幫助了我。

叢書主編任定成教授，流覽了我的譯文文稿，提出了一些意見和建議。他並安排中國大陸三位專家匿名審稿，這些專家的評審意見幫助我提高了譯文的品質。蘭臺出版社也安排專家和編輯審稿，對改善譯文做出貢獻。此外，曹志紅副教授在落實主編意見，溝通編者、譯者、審稿者和編輯方面，付出許多勞動。我在此也一併致謝。

由於我本人學識所限，譯文難免存在疏漏和錯誤，請各位讀者不吝賜教。

邵鵬

謹識於2020年3月

譯者簡介

邵鵬，中國科學院大學理學博士，現爲天津行政學院教員。

國家圖書館出版品預行編目資料

膜拜團體與新宗教簡史 / 道格拉斯.E.考恩(Douglas E. Cowan), 大衛.G.布羅姆利(David G. Bromley)合著 ; 邵鵬 譯. -- 初版. -- 臺北市 : 蘭臺, 2020.11, 面 ; 公分. -- (膜拜現象研究叢書2)
譯自 : Cults and New Religions : A Brief History (Second Edition)
ISBN ：978-986-5633-53-0
1.宗教史 2.宗教團體
209   109013546

膜拜現象研究叢書2

膜拜團體與新宗教簡史(第二版)

作　　者：[加]道格拉斯‧E‧考恩(Douglas E. Cowan),
　　　　　[美]大衛‧G‧布羅姆利 (David G. Bromley) 合著 ; 邵鵬 譯
主　　編：任定成
編　　輯：党明放　楊容容
封面設計：塗宇樵
出 版 者：蘭臺出版社　　發　　行：蘭臺出版社
地　　址：台北市中正區重慶南路1段121號8樓之14
電　　話：(02)2331-1675或(02)2331-1691
傳　　真：(02)2382-6225
E—MAIL：books5w@gmail.com或books5w@yahoo.com.tw
網路書店：http://5w.com.tw/ , https://shopee.tw/books5w
　　　　　https://www.pcstore.com.tw/yesbooks/
　　　　　博客來網路書店、博客思網路書店
　　　　　三民書局、金石堂書店
經　　銷：聯合發行股份有限公司
電　　話：(02) 2917-8022　　傳 真：(02) 2915-7212
劃撥戶名：蘭臺出版社　帳號：18995335
香港代理：香港聯合零售有限公司
電　　話：(852)2150-2100　　傳真：(852)2356-0735
出版日期：2020年11月　初版
定　　價：新臺幣380元整（平裝）
ISBN：978-986-5633-53-0